POLARIS

VINCE EBERT

UNBERECHENBAR

**WARUM DAS LEBEN
ZU KOMPLEX IST, UM ES
PERFEKT ZU PLANEN**

ROWOHLT POLARIS

5. Auflage Juni 2018
Originalausgabe • Veröffentlicht im Rowohlt Taschenbuch Verlag,
Reinbek bei Hamburg, März 2016 • Copyright © 2016 by Rowohlt
Verlag GmbH, Reinbek bei Hamburg • Redaktion Andy Hartard,
Herbert Management Frankfurt/M. • Umschlaggestaltung und
Innenlayout ANY. Konzept und Design • Umschlagfoto Michael
Zargarinejad/www.fotokain.de • Foto des Autors Frank Eidel
• Satz Adobe Garamond und Futura, InDesign, bei Dörlemann Satz,
Lemförde • Druck und Bindung GGP Media GmbH, Pößneck,
Germany • ISBN 978 3 499 63112 2

INHALTSVERZEICHNIS

VORWORT — SEITE **7**

PROLOG Zufall oder Fügung? SEITE **15**

DAS ERSTE KAPITEL — PRIVATLEBEN

- **PARTNERSUCHE** Unsichtbare Gorillas im Nebel — 29
- **PARTNERSCHAFT** Liebe ist wie die Zahl Pi — 41
- **FAMILIENPLANUNG** Flussbarsch müsste man sein — 53
- **SELBSTOPTIMIERUNG** Die vermessene Illusion — 63

DAS ZWEITE KAPITEL — ARBEITSWELT

- **JOBSUCHE** Head down and deliver — 83
- **KARRIERE** Guru ist kein Ausbildungsberuf — 97
- **ZUKUNFTSPROGNOSEN** Von schwarzen und blauen Schwänen — 107
- **PERFEKTIONISMUS** Wie man am sichersten <u>nicht</u> auf den Mond fliegt — 125

DAS DRITTE KAPITEL — WISSENSCHAFT

- **SERENDIPITY** «…denn sie wissen nicht, was sie tun» — 141
- **HOMO SAPIENS** Teambuilding als Erfolgsrezept — 156
- **TRIAL & ERROR** Die schönste Nebensache der Welt — 173
- **UNIVERSUM** Am Anfang war der Zufall — 188

DAS VIERTE KAPITEL — ZUKUNFT

- **BIG DATA** Die Last des Allzu-viel-Wissens — 201
- **IRRATIONALITÄT** Es lebe der Weihnachtsmann! — 218
- **KREATIVITÄT** If nothing goes right, go left — 234
- **SCIENCE-FICTION** Zukunft is the future — 257

FAZIT Dieser Weg wird kein leichter sein… SEITE **275**

ANHANG SEITE **295**

LIEBE LESERIN, LIEBER LESER,

im Frühjahr 2015 moderierte ich in Berlin den Felix-Burda-Award. Er wird von der Felix-Burda-Stiftung an Menschen verliehen, die sich für die Bekämpfung von Darmkrebs einsetzen. Es war eine sehr glamouröse Veranstaltung mit Persönlichkeiten aus Forschung, Wirtschaft und selbstverständlich auch vielen Promis. Der Preis für das «Engagement des Jahres» ging an Petra Thomas, eine lebenslustige Frau Anfang dreißig, die im August 2013 die Diagnose Enddarmkrebs im vierten Stadium erhielt und daraufhin den Verein Rote Hose e. V. gründete, der sich für gesundheitliche Aufklärung einsetzt.

Eigentlich hätte Petra diese Krankheit gar nicht bekommen dürfen. Sie lebte gesund, es gab keinerlei familiäre Vorerkrankungen, und auch statistisch gesehen war sie zu jung, um an dieser Krebsart zu erkranken. Sie hatte schlicht und einfach biologisches Pech.

Als sie die Bühne betrat, um ihren Preis in Empfang zu nehmen, und mich dabei offen und fröhlich anlächelte, war ich plötzlich mit meinem Latein am Ende. Ich hatte mich inhaltlich gut gewappnet, war perfekt vorbereitet und dachte, ich wüsste, was auf mich zukommen würde – und trotzdem fiel es mir in diesem Moment unsagbar schwer, die Fassung zu wahren. Denn nichts an Petras Schicksal war logisch, nichts rational begründbar, und vor allem war nichts daran fair!

Ursprünglich habe ich Physik studiert, weil ich von der Berechenbarkeit der Welt begeistert war. Neben all den komplizierten Formeln und Gesetzen, die man in diesem Studium lernen muss, geht es im Kern darum, fundamentale Zusammenhänge zu verstehen. Naturwissenschaftler stellen Fragen, die sie mit Hilfe der Mathematik und dem Aufbau von cleveren Experimenten zu lösen versuchen: Wie schnell fällt ein Stein zu Boden? Wann gibt es die nächste Sonnenfinsternis? Drehen sich die Stripperinnen an der Stange auf der südlichen Hemisphäre andersherum als auf der Nordhalbkugel?

Im Laufe der letzten 300 Jahre haben wir durch die Wissenschaft eine Menge Dinge erkannt und erreicht. Inzwischen können wir die Eigenschaften der kleinsten Elementarteilchen bestimmen, schicken eine Raumsonde punktgenau auf einen Millionen Kilometer entfernten Kometen und sind sogar fähig, 13,7 Milliarden Jahre in die Vergangenheit bis kurz vor den Ursprung unseres gesamten Universums zu blicken.

Und trotzdem haben wir nach wie vor keinen blassen Schimmer, ob nächste Woche der ICE von Hamburg nach Frankfurt pünktlich abfahren wird, warum sich zwei Menschen verlieben oder wieso Petra Thomas aus dem Nichts heraus erkrankte.

Ein erheblicher Teil unseres Lebens besteht aus Unberechenbarkeiten. Dinge, die sich unserem Wunsch nach Voraussage, Kalkulation und Sicherheit entziehen. Wir können alles richtig machen und trotzdem falsch liegen. Manche Menschen machen nach objektiven Kriterien fast alles falsch und sind dennoch extrem erfolgreich. Der Zufall ist die physikalische Grauzone des Lebens. Im Positiven wie im Negativen.

In diesem Buch möchte ich mit Ihnen die vielen Zufälle und Unberechenbarkeiten unseres Lebens erkunden. Nicht zuletzt, weil für mich, als rationaler, zahlengeprägter Mensch, viele dieser Unberechenbarkeiten nur schwer zu ertragen sind.

Ich bin mir bewusst, dass das Thema «Unberechenbarkeit» nicht so recht in unser aktuelles Weltbild passt. In Zeiten von Big Data entsteht mehr und mehr der Eindruck, wir wären nur noch einen winzigen Schritt von der kompletten Berechenbarkeit unseres Daseins entfernt. Auch in anderen Lebensbereichen versucht man uns unablässig weiszumachen, dass wir lediglich klar definierte Schritte befolgen müssen, damit unser Leben funktioniert: die sieben Tibeter zum persönlichen Glück, die sechs Prinzipien für den beruflichen Erfolg, vier totsichere Flirtstrategien, um die Liebe des Lebens zu finden. Jetzt auch als App! Wer all diese Ratschläge akribisch berücksichtigt, so suggeriert man uns, wird automatisch zum Winner. Und falls nicht, ist nicht etwa der Weg falsch oder gar das Ziel selbst, sondern wir sind den Weg einfach nicht konsequent genug gegangen. «Du musst deine negativen Gedanken abwehren, auf Kohlenhydrate verzichten, einen cleveren Businessplan aufstellen und das richtige Foto auf *Parship* hochladen», heißt es dann. Ständig werden wir angehalten, unsere Zukunft zu planen und unsere Work-Life-Balance zu optimieren. Mit dem Heilsversprechen, Glück, Gesundheit, Zufriedenheit und Erfolg zu erreichen.

Nur allzu gerne lassen wir uns von diesen hoffnungsfrohen, verführerischen Worten umgarnen – und zwar völlig unabhängig von Intelligenz und Bildung. Selbsthilfebücher, die ihren Lesern genaue Vorschriften und Regeln an die Hand geben, verkaufen sich nachweislich besser als Bücher, die betonen, dass bestimmte Ziele möglicherweise nicht erreicht werden können, weil sie schlichtweg nicht in unserem Einflussbereich liegen.

Sie merken schon, Sie lesen gerade ein Buch, das statistisch gesehen ein ziemlicher Flop werden könnte. Aber zumindest habe ich dafür dann eine eindeutig berechenbare Erklärung. Das ist doch schon mal was.

Und: Ich kann nicht anders. Ich habe eine natürliche Abneigung gegen jede Art von Selbsthilfe-Literatur. Ich traue diesen Autoren nicht. Ein paar von ihnen habe ich im Laufe der Jahre persönlich kennengelernt, und alles, was ich dazu sage, ist: If you don't reach it, teach it.

Demzufolge ist das hier auch kein Ratgeber. Seien Sie froh, denn wenn Sie mich privat kennen würden, wären Sie sowieso nicht der Meinung, von mir Hilfe bekommen zu können. Ich bin definitiv nicht der Typ, den Sie nachts um drei Uhr anrufen wollen, um zu fragen, ob das Leben einen Sinn hat, während Sie sich ein Steakmesser an die Pulsadern halten. Ich schätze, Sie ahnen, in welche Richtung meine Antwort ginge. Wenn ich die Wahl hätte zwischen einem guten Rat und einer guten Pointe – ich wüsste, wie ich mich entscheiden würde.

Ich glaube nicht daran, dass man anderen Menschen Ratschläge in Buchform geben kann. Vielmehr glaube ich, dass man nur ganz selten jemandem überhaupt einen guten Ratschlag geben kann. Immer, wenn jemand zu mir sagte: «Ich geb dir jetzt mal 'nen guten Rat ...», war das, was folgte, ziemlicher Blödsinn.

Der einzige Selbsthilfe-Spruch, mit dem ich etwas anfangen kann, ist ein Gebet: «Gott, gib mir die Gelassenheit, Dinge hinzunehmen, die ich nicht ändern kann, den Mut, Dinge zu ändern, die ich ändern kann, und die Weisheit, das eine vom anderen zu unterscheiden.» Obwohl ich bekanntlich mit Gott wenig am Hut habe, trifft dieser Satz den Kerngedanken dieses Buches.

Die Vorstellung, dass es irgendwo da draußen eine Antwort gibt, die alles auflöst, erstreckt sich über nahezu jeden Lebensbereich: die Weltformel, den Traumberuf, den Traumpartner, sogar den Sinn des Lebens. Und irgendwann lautet die Antwort dann: 42. Aber wie lautete die Frage?

Wie hoch also ist der Einfluss des Zufalls? Welche Aspekte unseres Lebens können wir beeinflussen? Und welche nicht? Wo ist Planung sinnvoll, und in welchen Situationen geraten wir durch übermäßige Organisation womöglich in eine Sackgasse? Diesen Fragen versuche ich auf den Grund zu gehen.

Ich wünsche Ihnen viel Spaß beim Lesen.
Ihr

Vince Ebert

12

PROLOG

ZUFALL ODER FÜGUNG?

In meinen Vorträgen frage ich die Zuhörer am Anfang immer: «Wer von Ihnen glaubt, dass der Zufall maßgeblich unser Leben bestimmt?» Meistens meldet sich nur eine Handvoll Leute. Und vielleicht haben auch Sie, liebe Leserin, lieber Leser, das Gefühl, dass die meisten Dinge in Ihrem Leben grundsätzlich geplant waren. Doch allein Ihre Existenz ist das Produkt eines unglaublichen Zufalls. Damit Sie entstehen konnten, mussten sich Ihre Eltern kennen- und – im Idealfall – lieben lernen. Dann mussten sie genau neun Monate vor Ihrer Geburt zusammen ... – na ja, Sie wissen schon. Und selbst *das* war noch keine Garantie, dass genau Sie entstehen konnten. In welcher Weise sich das Erbmaterial Ihrer Eltern miteinander kombiniert, ist nämlich vollkommen willkürlich. Bei jeder geschlechtlichen Vermehrung vereinigen sich 23 zufällig zusammengewürfelte männliche Chromosomen mit 23 beliebig ausgewählten weiblichen Chromosomen. Statistisch gesehen können also aus der DNA Ihrer Eltern 2^{23} verschiedene Kinder hervorgehen. Das sind etwa 70 Billionen Möglichkeiten. Eine Zahl, die selbst Senior Iglesias in die Verzweiflung treibt. Aber eine von diesen 70 Billionen Möglichkeiten sind genau Sie! Ein unfassbarer Zufall, oder?

«Papperlapapp», sagte neulich eine offensichtlich etwas esoterisch angehauchte Zuhörerin zu mir. «Es gibt keine Zufälle! Alles in unserem Universum ist mit allem verbunden, und deshalb hat auch alles in unserem Leben einen tieferen Sinn.» Ich blickte sie etwas irritiert an, woraufhin sie fortfuhr: «Jaja, Sie sind bestimmt ein Widder mit Aszendent Steinbock – und die glauben sowieso nicht an den Einfluss der Gestirne.» Das mag sein. Aber warum sollten gerade Himmelskonstellationen unser Schicksal bestimmen? Ein Lkw, der zum Zeitpunkt unserer Geburt am Krankenhaus vorbeifährt, übt eine zigfach stärkere Gravitationskraft auf uns aus als Jupiter oder Neptun. Meine Hebamme hat 120 Kilo gewogen. Was kümmert mich da mein Aszendent?

Die große Schicksalsgöttin *Wikipedia* schreibt über den Zufall: «Von Zufall spricht man dann, wenn für ein einzelnes Ereignis oder das Zusammentreffen mehrerer Ereignisse keine kausale Erklärung gegeben werden kann.»

Demnach treten Zufälle ziemlich häufig auf. Überlegen Sie zum Beispiel mal, wie Sie Ihren Partner kennengelernt haben. Oder wie Sie zu Ihrem ersten Job gekommen sind. Vielleicht steigen Sie schon morgen in die U-Bahn und setzen sich zufällig neben jemanden, der Ihr Leben entscheidend verändern wird. Vielleicht setzen Sie sich sogar neben Ihre zukünftige Traumfrau? (Was problematisch werden könnte, wenn Sie bereits verheiratet sind.) Oder Sie verpassen die Liebe Ihres Lebens, weil die Person, die Sie glücklich machen könnte, auf ihr Smartphone starrt oder Taxi statt U-Bahn fährt.

Zufälle wie diese beeinflussen unser Leben mehr, als wir uns das eingestehen wollen. Wäre nur eine klitzekleine Kleinigkeit in meinem Leben anders verlaufen, würde ich heute vielleicht Versicherungen verkaufen, hätte drei Kinder, ein Reihenhäuschen und steckte mir eines Morgens im Hobbykeller das Jagdgewehr meines Nachbarn in den Mund.

Am ehesten akzeptieren wir das Auftreten des Zufalls beim Glücksspiel. Zumindest solange sich das Glücksspiel an das hält, was wir unter «Zufall» verstehen. 1913 geschah jedoch im Spiel-

vor 13,8 Mrd. Jahren

kasino von Monte Carlo etwas höchst Verblüffendes. An einem Roulettetisch kam die Kugel 26-mal hintereinander auf einem schwarzen Feld zum Liegen. Wie man sich vorstellen kann, wurden daraufhin immer höhere Summen auf Rot gesetzt. Die Serie war unglaublich, und im Kasino entstand eine hektische Anspannung. Einige vermuteten sogar Manipulation. Doch in Wahrheit war es nur ein seltener Zufall, der für diese erstaunliche Reihung verantwortlich war. Ein Phänomen, wie es in dieser Form nur alle 67 Millionen Mal auftritt. Das ist nicht gerade oft, aber eben auch nicht unmöglich. Zum Vergleich: Ein Hauptgewinn im Lotto kommt nur alle 140 Millionen Spiele einmal vor. Und trotzdem wird regelmäßig der Jackpot geknackt, ohne dass man Manipulation, eine günstige Sternenkonstellation oder die Anwesenheit einer höheren Macht dahinter vermutet.

Der Zufall ist uns zuwider. Wir mögen ihn nicht. Besser gesagt: Unser Gehirn mag ihn nicht. Es ist vor allem darauf ausgelegt, permanent nach Mustern zu suchen, und filtert dafür riesige Datenmengen, die unablässig auf uns einströmen – und wenn dann plötzlich ein bekanntes Gesicht in der Menge auftaucht, sagt es uns: «Hey! Das ist doch der ..., der Dings ...»

Evolutionär ergibt dieser Mechanismus Sinn. Unsere steinzeitlichen Vorfahren haben überlebt, weil sie blitzschnell erkannten, ob der Typ, der da am Hügel auftauchte, der ..., na ja, der Dings eben war oder der andere Typ, der letzten Winter die Höhle des Nachbarclans in Schutt und Asche gelegt hat. Erkennt unser Gehirn ein bestimmtes Muster, zieht es sofort Rückschlusse: Gesicht 1: der Dings aus der Buchhaltung – harmlos. Gesicht 2: der Schnösel von McKinsey – Gefahr!

Leider sucht unser Gehirn selbst dann verzweifelt nach Gründen und Erklärungen, wenn ein Muster überhaupt nicht sinnvoll ist. Oder wenn es überhaupt kein Muster gibt. Teilt man zum Beispiel bei der Cheops-Pyramide die Grundfläche durch die

Höhe und multipliziert das Ergebnis mit der Anzahl der unteren Steinblöcke, dann ergibt diese Zahl genau die Telefonnummer des Vatikans. Das kann doch kein Zufall sein! Eben doch!

Aber da der Zufall kein für uns erkennbares Muster aufweist, macht er uns ein wenig hilflos. Und weil unser Gehirn nicht gerne hilflos ist, konstruiert es im Zweifelsfall Zusammenhänge, die es gar nicht gibt. Das ist der Grund, weshalb wir so empfänglich für Verschwörungstheorien sind. Wir picken uns einzelne, zufällige Ereignisse heraus und interpretieren dann ein geheimes Muster in sie hinein: «Ist doch klar, warum Mohammed Atta gerade in Hamburg studiert hat. Die deutsche Regierung hält bewusst Beweise zurück, die auf einen ganz anderen Grund für die Anschläge am 11. September hinweisen!» Das ist natürlich eine gewagte These. Denn das bedeutete, unsere Regierung wäre in der Lage, eine riesige Sache unter dem Deckel zu halten. Aber denken Sie daran: Es ist dieselbe Regierung, die den Berliner Flughafen baut.

Insgesamt können wir bis zu 300 Millionen verschiedene Muster unterscheiden, von einfachen geometrischen Mustern bis hin zu komplexen Inhalten. Während Sie diesen Text lesen, erkennt Ihr Auge zuerst einfache Muster wie Linien und Kreise. Daraus werden Buchstaben, Wörter, Sätze. In der höchsten Stufe der Mustererkennung wird Ihnen der Inhalt dieses Satzes bewusst. Das ist wirklich beeindruckend.

Normalerweise funktioniert diese Mustererkennung in unserem Gehirn sehr gut. Sie ermöglicht uns, unser Kind in einer riesigen Menschenmenge beim Sommerschlussverkauf wiederzufinden. Wenn sie allerdings *zu* gut funktioniert, dann erkennen wir in einem verschimmelten Käsesandwich das Porträt von Jesus Christus.

In den siebziger Jahren führte der amerikanische Psychologe Philip Tetlock ein faszinierendes Experiment durch. Er konstruierte einen T-förmigen Gang, an dessen Fuß eine Gemeine Wanderratte lauerte. Im T-Querbalken gab es jeweils links und rechts eine Futterluke, die sich nach einem bestimmten Zufallsprinzip öffnete: Auf der rechten Seite öffnete sie sich in 60 Prozent der Fälle, auf der linken Seite in 40 Prozent. Wenn es um Futter geht, muss man einer Ratte den Versuchsaufbau nicht groß erklären. Und tatsächlich lernte sie sehr schnell. Nach kurzer Zeit verstand sie das Prinzip, ging fortan IMMER nach rechts und erreichte damit eine Trefferquote von 60 Prozent.

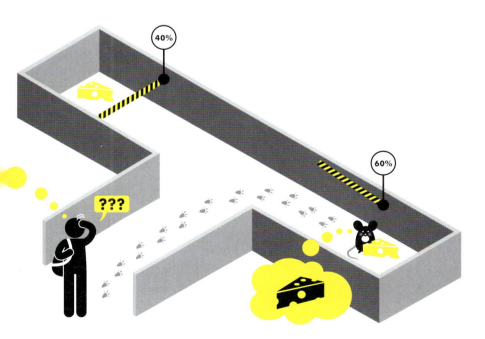

Danach bat Tetlock seine Studenten zum Experiment: junge, intelligente Hochschüler der renommierten Yale-Universität. Denen war die Strategie der Ratte viel zu simpel. 60 Prozent Trefferwahrscheinlichkeit? Pah! Das würde ja bedeuten, in 40 Prozent der Fälle zu scheitern! Und Yale-Studenten scheitern nicht gerne. Also begannen sie, die ihnen unbekannte Futterverteilung zu analysieren. Wie war nochmal die letzte Sequenz? Zweimal rechts, einmal links, dann wieder rechts. Wie zum Teufel muss also die Verteilungsformel lauten? Nach welchem mathematischen Algorithmus öffnen sich diese verdammten Luken?

Ich mach's kurz: Nach stundenlanger Rumrechnerei erreichten die Yale-Studenten eine Trefferquote von nur 52 Prozent.

Wir sehen, was wir erwarten, und dadurch interpretieren wir unsere Umwelt systematisch verzerrt. Wenn ich am Strand eine attraktive Frau in einem Tanga sehe, dann denke ich sofort an … – natürlich, die Stringtheorie! Tut mir leid, Ladys, da kann ich einfach nicht aus meiner Haut.

Aber so hat jeder Berufszweig sein Päckchen zu tragen. Zum Beispiel fällt es jungen Ärzten, die sich nach dem Klinikpraktikum in einer Großstadt als Landarzt niederlassen, am Anfang ziemlich schwer, bei ihren Patienten die richtigen Diagnosen zu stellen. Auch hier liegt der Grund in einer verzerrten

Mustererkennung: Die Krankheiten, die häufig in der Berliner Charité diagnostiziert werden, unterscheiden sich massiv von den Erkrankungen der Patienten, die eine Hausarztpraxis im Odenwald aufsuchen. Der junge Arzt muss deshalb seine Mustererkennung an die neue Umgebung anpassen. Sonst läuft er Gefahr, eine Laktoseintoleranz zu diagnostizieren, obwohl es sich in Wirklichkeit um einen Mähdrescherunfall handelt.

Tief in unserem Inneren lehnen wir den Zufall ab und versuchen, ihn stattdessen in ein Muster zu pressen. Wir spielen Lotto mit einem «todsicheren» Systemtipp und ignorieren die Tatsache, dass die Wahrscheinlichkeit, auf dem Weg zur Annahmestelle von einem Mähdrescher überfahren zu werden, fünfmal höher ist, als den Jackpot zu knacken.

Paradoxerweise weisen wir bei Ereignissen, die wir für zufällig halten, bei denen aber zufällig Muster auftreten, diese Muster intuitiv zurück – siehe die Roulette-Episode von Monte Carlo. Auch die folgende Geschichte zeugt

davon: Als im Jahr 2001 der iPod herauskam, war er unter anderem mit einer Shuffle-Funktion ausgestattet. Diese war anfangs mit einem idealen Zufallsalgorithmus programmiert. Das Gerät generierte somit eine vollkommen zufällige Playlist. Trotzdem wunderten sich viele iPod-Nutzer, dass manchmal mehrere Songs von ein und demselben Künstler hintereinanderliefen (was bei Künstlern wie Chris de Burgh oder David Hasselhoff tatsächlich eine ziemliche Zumutung ist).

Einige iPod-User hatten gar den Eindruck, das Gerät «denke mit» und stelle die Auswahl nach den persönlichen Vorlieben zusammen. So setzte sich nach und nach die dubiose Theorie durch, die Musikindustrie hätte einen mysteriösen Deal mit Steve Jobs abgeschlossen und manipuliere die Hörer durch den Shuffle-Modus auf perfide Art und Weise. Unter dem Druck der öffentlichen Spekulationen änderte *Apple* schließlich den Algorithmus des Gerätes. Steve Jobs kommentierte das mit dem paradoxen Satz: «We're making the shuffle less random to make it feel more random.»

Offenbar ist der Zufall viel regelmäßiger, als wir glauben. Dazu ein kleiner Test:

3	2	4	2	6	4	5	5	5	3	3	5
4	1	6	3	1	2	5	4	1	6	2	4

Welche dieser Zahlenreihen wurde durch einen Würfel erzeugt, und welche hat sich ein Mensch ausgedacht, dem gesagt wurde: Schreibe eine zufällige Würfelreihe auf?

Die meisten sagen intuitiv: Die obere Reihe ist viel zu regelmäßig, um von einem Würfel erzeugt worden zu sein. Doch erstaunlicherweise ist genau das Gegenteil richtig. Wenn wir aufgefordert werden, Zufall zu simulieren, scheitern wir. Anscheinend ist der echte Zufall viel regelmäßiger als der ausgedachte.

In vielen Fällen unterschätzen wir tatsächlich, wie geordnet der Zufall daherkommt. Steuermogler zeichnen sich unter anderem dadurch aus, dass ihre «zufälligen» Schwankungen in Einnahmen und Ausgaben etwas «zu zufällig» sind. Für einen erfahrenen Steuerfahnder ist das ein sicheres Indiz, dass sie gefälscht wurden. Inzwischen existieren sogar leistungsfähige Computerprogramme, die schnelle und präzise Datenmanipulationen im Rechnungswesen, in wissenschaftlichen Studien oder bei Wahlergebnissen aufdecken. Ich will Ihnen nichts unterstellen – aber halten Sie beim Verfassen Ihrer nächsten Steuererklärung vorsorglich einen Würfel bereit.

Es ist also ein fataler Irrtum anzunehmen, dass der Zufall ein Wirrwarr ohne Struktur ist. Im Gegenteil. Auch er gehorcht Gesetzen. Das vielleicht spektakulärste Beispiel dafür ist die Radioaktivität: Wenn Sie in Ihrem Hobbykeller ein Kilo Plutonium rumliegen haben und aus diesem Klumpen einen einzelnen Kern herausnehmen, dann haben Sie keine Chance vorauszusagen, wann dieser Plutoniumkern zerfallen wird. Es ist unmöglich zu prognostizieren, ob er in der nächsten Sekunde, in vier Wochen oder erst nach 100 000 Jahren zerfällt. Und zwar nicht, weil wir Physiker die Formel dazu noch nicht gefunden haben. Sondern weil es keine Formel gibt! Ein einzelner Plutoniumkern verhält sich komplett unberechenbar.

Ganz anders sieht die Sache aus, wenn es sich um eine Ansammlung von sehr vielen radioaktiven Kernen handelt. Dann können Sie nämlich exakt voraussagen, dass die Hälfte dieser Kerne in 24 110 Jahren zerfallen sein wird (das ist die berühmte Halbwertszeit, die Sie auch aus der Kaffeeküche kennen: Nach zwei Wochen ist nur noch die Hälfte der Kaffeelöffel übrig).

Und diese Halbwertszeit gilt immer und überall. Egal, ob Sie das Kilogramm Plutonium aufheizen, es abkühlen, fester zusammenpressen, es ins Weltall schießen oder mit ihm nach Bielefeld fahren. Die Zerfallsrate bleibt in allen Fällen gleich. Immer und überall. Sogar in Bielefeld.

Und das, obwohl sich die einzelnen, zufällig zerfallenden Kerne gegenseitig nicht beeinflussen. Wie aber wissen sie voneinander? Haben sie gar ein kollektives Gedächtnis? Wir haben nicht die leiseste Ahnung!

Das ist der Grund, weshalb sich selbst Physiker mit dem Zufall schwertun. Einstein hat mal gesagt: «Gott würfelt nicht!» Aber Gott hat nur gelächelt und geantwortet: «Doch!»

Lassen Sie mich Ihnen ein Beispiel geben: Der deutsche Formel-1-Rennfahrer Graf Berghe von Trips stornierte 1961 kurzfristig eine Flugreise in die USA. Zum Glück für ihn, denn genau dieser Flug stürzte ab, und alle Passagiere kamen ums Leben. Nur wenige Tage später fuhr Graf Berghe nach Italien, startete in Monza bei einem Rennen und verunglückte tödlich. Er hatte ein Doppelticket in den Tod gelöst. Zufall oder Schicksal?

Unser Leben besteht aus einer Aneinanderreihung von Zufällen. Und weil wir tagtäglich Tausende Dinge erleben, ist es unwahrscheinlich, dass nichts Unwahrscheinliches passiert.

In England gibt es einen jungen Mann, der während eines Purzelbaums auf dem Sportplatz einen leichten Schlaganfall bekam und danach homosexuell war. Kein Witz! Offensichtlich hatten sich durch den Unfall die Nervenbahnen neu vernetzt, sodass er ab diesem Zeitpunkt Männer attraktiv fand. Ein absurder Zufall der Neurologie. Bisher hatte ich Angst, nach einem Schlaganfall nicht mehr sprechen oder laufen zu können – jetzt weiß ich, dass der Zufall viel mehr bereithält. Du kippst um, wachst wieder auf und bist schwuppdiwupp Andrea-Berg-Fan. Oder noch schlimmer: Du hältst dich *selbst* für Andrea Berg.

Angenommen, jeder Deutsche träumt einmal im Leben vom Tod eines Bekannten. Das macht bei 80 Millionen Deutschen etwa 2000 Todesträume pro Nacht. Da in Deutschland pro Jahr etwa 900 000 Menschen sterben, muss folglich aus rein statistischen Gründen etwa 30-mal pro Jahr das unglaubliche Ereignis eintreten, dass ein realer Todesfall von einem nahen Verwandten oder Freund im Traum vorweggenommen wird.

Sie sehen, wir brauchen also weder göttliche Fügung noch eine teuflische Verschwörung, damit in unserem Leben kuriose, sonderbare Dinge passieren. Der Zufall unterliegt nicht einem höheren Schicksal, sondern purer Statistik. Und sollte es tatsächlich einen Gott geben, ist er vermutlich der größte Zocker.

UNBERECHENBAR
BERECHNET

KNALLHARTE FAKTEN ZUM BUCH

Verschobene Goldene Hochzeiten meiner Eltern

1

Abgesagte Abendessen mit Freunden

23

Ausprobierte Health-Apps | davon als sinnvoll erachtet

5 0

Nichtgejoggte Kilometer

148

Gewichtszunahme

 3,4 kg

Blutdruck bei Abgabe des 2. Kapitels

 170/90

Auseinandersetzungen mit Valerie

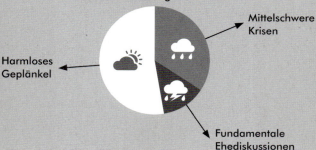

- Harmloses Geplänkel
- Mittelschwere Krisen
- Fundamentale Ehediskussionen

PARTNERSUCHE

UNSICHTBARE GORILLAS IM NEBEL

In kaum einem anderen Bereich wird mehr über die Frage «Zufall oder Schicksal?» philosophiert als bei der Partnersuche. Einerseits versuchen wir mit Hilfe zahlreicher Datingportale, möglichst präzise potenzielle Traumpartner auszuwählen, andererseits betonen gerade Pärchen, die sich über Partnerbörsen im Internet gefunden haben, wie groß doch der Einfluss des Zufalls für ihr Zusammenkommen war. «Also eigentlich wollte ich an dem Abend meinen Rechner gar nicht mehr hochfahren. Aber dann ist Wanda, eine meiner Vogelspinnen, mal wieder ausgebüchst und hat meinen Nachbarn gebissen. Beim Googeln nach dem Allergologen-Notdienst habe ich mich dann ganz spontan bei *Parship* umgeschaut. So habe ich Brigitte kennengelernt.»

Viele Paare haben eine spannende Kennenlerngeschichte. Und ganz oft spielt darin der Zufall, das unberechenbare Moment, eine maßgebliche Rolle. Als ich 2005 eine Einladung zur Zehn-Jahres-Party des *Quatsch Comedy Clubs* nach Berlin erhielt, wollte ich erst nicht hin. Ich hatte davor und danach eine Menge Auftritte und plante, diesen Tag zum Entspannen auf der Couch zu nutzen. Doch meine Managerin insistierte: «Vince, geh da hin, das ist wichtig für deine Karriere!» Also buchte ich etwas widerwillig einen Flug, besuchte die Party und lernte dort Valerie kennen. Eine lustige österreichische Schauspielerin, die mich vom Typ ein wenig an Barbara Schöneberger erinnerte (die im

Übrigen ebenfalls anwesend war). Valerie und ich verstanden uns prächtig, scherzten zusammen – und fanden uns irgendwann wild knutschend in einer schummrigen Ecke neben der Tanzfläche wieder. «Dein Künstler schleppt gerade die Schöneberger ab», zischten die Kollegen meiner Managerin zu, die sich zu dem Zeitpunkt im Foyer unterhielt. «Oh mein Gott!», dachte sie sich. «Der wird sich doch nicht etwa hochschlafen wollen? So war das mit der Karriereplanung nicht gemeint ...» Aber mit Barbara lief nichts. Ehrlich! Mit Valerie jedoch bin ich inzwischen seit sieben Jahren verheiratet. Ich hoffte auf einen Vertrag bei RTL, bekam stattdessen eine Affäre mit Frau Schöneberger angedichtet und fand quasi im Vorübergehen die Frau fürs Leben. Im Nachhinein kein schlechter Deal – sieht man vom Finanziellen mal ab.

Der Paartherapeut Arnold Retzer glaubt, dass ein romantischer Gründungsmythos die Chance für eine lange, stabile Partnerschaft erhöht. Die Erinnerung an diesen einzigen, schicksalshaften Augenblick, der zwei Menschen zusammengeführt hat, belebt eine Beziehung immer wieder neu. «Weißt du noch, Schatz? Als wir damals Wanda einschläfern lassen mussten ...?»

Laut Statistischem Bundesamt hat sich der Anteil der in Deutschland lebenden Singles in den letzten 20 Jahren stetig erhöht. Und parallel dazu stieg die Zahl der sogenannten Fischsucht-Fahrrad-Partys. Wahrscheinlich kommt der absurde Name daher, dass die Gäste mitunter genauso aussehen. Man bretzelt sich Wochenende für Wochenende auf in der Hoffnung, den großen Wurf zu landen. Dabei ist die Musik, die bei diesen Veranstaltungen gespielt wird, ein untrügliches Zeichen: Sie erinnert ein wenig an das Orchester der *Titanic*, das für die todgeweihten Normalo-Passagiere weitergespielt hat, während die 1. Klasse schon in den Rettungsbooten saß. Und die Übriggebliebenen prügeln sich bei «I will survive» um die Restplätze.

PRIVATLEBEN | Partnersuche

In Großstädten – also in den Regionen, in denen das Angebot an Suchenden am größten ist – nimmt der Singleanteil mit rund 30 Prozent einen Spitzenplatz ein. Offensichtlich nicht, weil es an Auswahl fehlt, sondern gerade, weil es *zu viel* Auswahl gibt. Auf der theoretischen Suche nach dem perfekten Partner merken viele Menschen nicht, wie sie praktische Lebenszeit verplempern.

In Zeiten des Internets ist Partnersuche zu einem wissenschaftlichen Analysetool geworden. *CSI Harmony.* Mit Hilfe von komplizierten Suchalgorithmen gaukeln die Anbieter der Datingportale den Beziehungswilligen nahezu hundertprozentige Liebesgarantie vor. Dafür muss man endlose Fragebögen ausfüllen und Psychotests über sich ergehen lassen, die selbst der NSA zu persönlich wären: Ist Liebe wie ein Muskel, der bei Gebrauch gestärkt wird, oder wie ein Gelenk, das sich schneller abnutzt, je mehr man es benutzt? Welche Charaktereigenschaften erwarten Sie von Ihrem Partner und welche von Ihrem Haustier – gibt es Übereinstimmungen? Angenommen, Sie treffen sich zu einem Blinddate und merken, dass es nicht funkt. Wann sagen Sie es der betreffenden Person: beim Essen? Am Morgen danach? Bei der Scheidung?

FISCH SUCHT FAHRRAD

Einsame junge Frau sucht psychisch stabilen Partner, der mit Depressionen und Ängsten umgehen und dennoch etwas Liebenswertes in ihr sehen kann. Auch wenn sich eine klar abgrenzende Freundschaft entwickeln könnte, wäre es schön. Keine Physiker.
Chiffre 804

vor 13,3 Mrd. Jahren

All diese gesammelten Daten und Informationen werden in eine Software eingegeben, die unsere Präferenzen und Charaktereigenschaften mit potenziellen Partnern abgleicht. Wenn der errechnete Übereinstimmungskoeffizient eine bestimmte Schwelle nicht überschreitet, bietet uns der Computer den Kandidaten erst gar nicht an. Doch selbst wenn wir laut Computeralgorithmus den «perfekten» Partner treffen, schauen wir uns insgeheim weiter nach einem *noch* perfekteren um. Nicht wenige in meinem Bekanntenkreis optimieren die Suche nach ihrem Traumpartner genau so, wie sie auf einem Buchungsportal nach dem besten Hotelzimmer Ausschau halten. Es kann kein Zufall sein, dass sie seit Jahren Singles sind.

Meist wird die elektronische Endlosschleife des Suchens auch noch mit dem exzessiven Gebrauch diverser Ratgeberliteratur kombiniert. Beinahe jede Zeitschrift überschüttet uns mit Tipps und Tricks, den «Richtigen» zu finden. Welcher Einstiegssatz ist für welchen Frauentyp der beste? Wie genau muss ich mir durchs Haar fahren, damit «er» anbeißt? Soll ich beim ersten Date lieber ein frisches Manilagrün oder ein dezentes Steingrau tragen?

Auch die Industrie zieht mit. Neulich las ich auf der Website von *Teekanne*: «Mit *Teekanne* lassen sich Herzen im Sturm erobern.» Und ob. Man hört ja permanent Frauen seufzen: «Erst hielt ich ihn für einen totalen Deppen, aber als er mir eine Tasse ‹Frecher Flirt› aufgebrüht hat, war es um mich geschehen.»

Übrigens: Laut einer repräsentativen Studie des Wissenschaftsmagazins *Cosmopolitan* haben Flirtumfragen ergeben, dass die Wahrscheinlichkeit für einen heißen Flirt im Urlaub oder auf einer Party am größten ist. Irre, oder? Rein intuitiv hätte ich auf «Kanalarbeiten» getippt.

Aus der Wahrnehmungsforschung ist bekannt: Wer sich zu sehr auf Details konzentriert, dem entgeht oft das Entscheidende. Vielleicht haben Sie auf *YouTube* das Experiment mit dem «unsichtbaren Gorilla» gesehen? Der Clip zeigt sechs Studenten, die sich auf einem Flur zwei Bälle zupassen. Zu Beginn werden Sie als Zuschauer aufgefordert, genau zu zählen, wie oft sich die drei Teilnehmer mit den weißen Shirts den Ball zuspielen. Die Pässe der drei anderen, die schwarze Shirts tragen, sollen vernachlässigt werden. Während der 25-sekündigen Sequenz läuft plötzlich ein Student in einem Ganzkörper-Gorillakostüm durch die Szenerie, bleibt mitten in der dribbelnden Gruppe stehen, schaut frontal in die Kamera und trommelt sich mit beiden Händen auf die Brust. Dann verschwindet er wieder.

Wer vor dem Anschauen von dem Gorilla weiß, kann sich nie und nimmer vorstellen, dass man ihn übersehen kann. Und doch wird er von 50 Prozent aller Personen, die vorher nichts von dem Gorilla gesagt bekommen, nicht wahrgenommen! Sie sind so intensiv damit beschäftigt, die Pässe zu zählen, dass sie keinerlei Blick für das Offensichtliche haben.

Ein ganz ähnliches Experiment wurde an der Kasse einer Tankstelle durchgeführt. Während des Bezahlens bückt sich der Kassierer nach einem heruntergefallenen Kugelschreiber. Allerdings taucht nicht er selbst wieder auf, sondern ein anderer Mitarbeiter, der sich unter dem Tresen versteckt hielt. 80 Prozent aller Kunden bemerken nicht, dass ihr Gegenüber sich «verwandelt» hatte. Selbst wenn der zweite Mitarbeiter eine attraktive Frau war, wurden nur 38 Prozent stutzig. Dieses Experiment lässt erahnen, warum manche lebenslang Singles bleiben.

Vielleicht haben wir es bei der heutigen Form der Partnersuche tatsächlich mit einer Art Unsichtbarer-Gorilla-Phänomen zu tun: Eigentlich soll durch den unkomplizierten Zugang zu einer riesigen Anzahl potenzieller Partner der Zufall weitgehend eliminiert werden. In der Realität bleiben viele trotzdem Single, weil womöglich zu viele Informationen das Relevante verdecken.

Noch vor 40, 50 Jahren lief die Partnersuche völlig anders ab. In dieser Zeit lernte man im Laufe seines Lebens gerade mal ein paar hundert Kandidaten kennen. Wenn überhaupt. In meiner Heimat, dem bayerischen Odenwald, war man schon froh, wenn einem an Fasching oder dem jährlichen Bockbierfest eine Handvoll Mädels aus dem Nachbardorf über den Weg liefen. Da wurde nicht lange gefackelt. Wenn es irgendwie passte, kam man halt zusammen, und die unangenehmen Details des anderen wurden mit genügend Alkohol zurechtgetrunken. Heute ziehen wir bereits *vor* dem ersten Date das komplette World Wide Web auf links, um eventuelle Ausschlusskriterien zu entdecken. «Guck mal, der hat doch tatsächlich in den Neunzigern ein Freundschaftsbändchen von Wolle Petry getragen! Das geht ja wohl gaaar nicht ...»

Der hohe Single-Anteil ist jedoch keine Erscheinung der Moderne. Wenn wir uns heute über das Alleinsein beschweren, dann sollten wir hundert Jahre zurückblicken. Damals fand nur etwa die Hälfte der Bevölkerung überhaupt einen Partner. Unzählige Hausangestellte, schrullige Tanten, alte Jungfern, arme Bauern und Mägde bekamen nie jemanden ab. Die Ursachen dafür waren allerdings andere. Die meisten konnten es sich aus wirtschaftlichen Gründen nicht leisten zu heiraten. Und die, die es sich leisten konnten, taten es oft gezwungenermaßen: Bauer 1 verheiratete seine Tochter mit dem Sohn von Bauer 2, damit der Hof erhalten blieb. Sohn und Tochter wurden einander vorgestellt, hassten sich und lernten sich im Laufe der Ehe lieben. Heute lernt man sich kennen, verliebt sich und lernt sich im Laufe der Ehe hassen. Gesellschaftlich gesehen ein großer Fortschritt.

Hört man sich im Freundeskreis um, so ertönt meist der Satz, dass man sich in dem Moment gefunden habe, als man gar nicht auf der Suche war. Und dann habe das Schicksal zugeschlagen!

Zur richtigen Zeit am richtigen Ort. Wie romaaaantisch! Schaut man indes auf die unromantische Wissenschaft, nimmt der Zufall einen so großen Stellenwert gar nicht ein. Damit es zwischen zwei Menschen funkt, müssen beide dazu bereit sein und gerade *nicht* mit etwas anderem beschäftigt.

Der amerikanische Sozialpsychologe Stanley Schachter fand in den sechziger Jahren heraus, dass eine große Anzahl von Gefühlen durch simple körperliche Erregungszustände simuliert werden können. Spritzt man männlichen Versuchspersonen beispielsweise Adrenalin und bringt sie kurz darauf mit einer Frau zusammen, die sich nett mit ihnen unterhält, so geben viele Männer danach an, ein starkes Gefühl der Verliebtheit empfunden zu haben. Das Problem: Adrenalin wird auch bei Gefühlen wie Ekel, Abscheu oder Wut ausgeschüttet. Schachter konnte zeigen, dass (männliche wie weibliche) Probanden einen identischen körperlichen Zustand völlig unterschiedlich interpretieren, je nachdem, welche Erklärung ihnen den äußeren Umständen nach sinnvoll erscheint. Wenn Sie sich also zum ersten Date beim Italiener um die Ecke verabreden und glauben, es würde funken, dann könnte Ihr beschleunigter Puls auch an dem verdorbenen Pilzrisotto liegen, das Sie gerade gegessen haben. Es mag unromantisch klingen, aber manchmal sind Schmetterlinge im Bauch von einer handfesten Lebensmittelvergiftung kaum zu unterscheiden. Abends war er noch der tolle Typ, und am nächsten Morgen ist er zum Kotzen.

Gefühle können also trügerisch sein. Und genau das macht es schwierig, den oder die Richtige zu finden. Zweifellos kann man mit Hilfe von Datingportalen die Suche nach dem Traumpartner optimieren. Die Ironie dabei: Die nahezu grenzenlose Auswahl an unterschiedlichen Partnern führt nicht etwa dazu, dass in Partnerschaften gesellschaftliche und soziale Unterschiede nivelliert werden – tatsächlich ist das Gegenteil der Fall. Seit dem

Aufkommen von Online-Partnerbörsen nimmt die Anzahl derjenigen Beziehungen zu, bei denen beide der gleichen sozialen Schicht entstammen. Unsere Beziehungen werden also immer homogener. Denn die Match-Kriterien sind auf Ähnlichkeiten der jeweiligen Kandidaten ausgelegt. Altersverteilung, Bildungsstand, aber auch Konfession, Herkunft und vor allem das Einkommen haben den Partnermarkt fest im Griff.

Männer tun deshalb gut daran, ein hohes Einkommen anzustreben. Genauer gesagt sollte das Einkommen des Mannes auf jeden Fall höher sein als das der Frau. Und damit Sie jetzt nicht denken, das wären blöde Macho-Sprüche: Es sind nicht die Männer, die ihr Ego mit dem Geld befriedigen wollen, in Wirklichkeit sind die Frauen der Grund, weshalb wir Typen auf Teufel komm raus Karriere machen. Statistiken zeigen eindeutig: Wann immer Frauen die Gelegenheit haben, frei unter mehreren Bewerbern zu wählen, entscheiden sie sich für den mit dem höheren Status. Ehefrauen, die mehr verdienen als ihr Partner, reichen doppelt so häufig die Scheidung ein wie diejenigen, die weniger verdienen.

Liebe Feministinnen, wir Männer sind an dieser ganzen Karriere- und Konkurrenznummer unschuldig. IHR habt uns zu dem gemacht, was wir sind! Oder wie es eine gute Freundin von mir ausdrückte: Wer einen reichen Mann kennenlernt und sich nicht augenblicklich in ihn verliebt, der hat kein Herz.

Der Songtitel «Money can't buy me love» ist demnach also nicht ganz korrekt. Nennen Sie mir ein einziges Fotomodell, das mit einem Busfahrer oder einem Kioskverkäufer liiert ist. Warum, glauben Sie, ist der Formel-1-Boss Bernie Ecclestone wohl mit einer fast 50 Jahre jüngeren brasilianischen Schönheit verheiratet? Weil er so brillant aussieht, so sensibel ist und ein solch geduldiger Zuhörer?

Machen wir uns nichts vor: Geld und Macht wirken auf viele

Frauen betörend. Da die Anziehungskraft eines Mannes mit seinem Vermögen steigt, gehen Männer zwischen 40 und 60 am meisten fremd. In dieser Zeit haben sie in der Regel beruflich ihren Zenit erreicht. Mit 50 ist ein Mann zeugungsfähig, erfolgreich und untreu. Das ist übrigens auch der Grund, weshalb sich Glatzenbildung bei Männern evolutionär durchgesetzt hat. So können junge Männer mit schütterem Haupthaar den Damen ein höheres Alter und damit einen höheren Status vorgaukeln. Meine hohe Stirn zum Beispiel ist nicht genetisch bedingt, nein, ich habe mir vor einigen Jahren den Haaransatz weglasern lassen.

In der Frühzeit war vor allem die körperliche Fitness ein wichtiges Kriterium für die Partnerwahl. Denn die Steinzeitfrau musste bei der prähistorischen Fisch-sucht-Fahrrad-Party sichergehen können, dass der nette Typ kein genetischer Vollpfosten war. Daher achteten unsere weiblichen Vorfahren bei der Partnerwahl auf sogenannte fälschungssichere Signale – Eigenschaften also, die man nicht faken kann und die einen gesunden, treusorgenden Vater versprechen: starker Muskelbau, gute Zähne, aber auch Persönlichkeitsmerkmale wie Mut oder Verantwortungsgefühl.

Das Konzept des fälschungssicheren Signals ist im Übrigen auch der Grund, weshalb der Homo sapiens von allen Primaten im Vergleich zu seiner Körpergröße den mit Abstand größten Penis entwickelt hat (worauf ich ehrlich gesagt ein bisschen stolz bin). Der Penis eines Gorillas ist gerade mal drei Zentimeter lang. Also fast unsichtbar – selbst bei einem sichtbaren Tier! Länger muss er nicht sein, denn der Silberrücken ist sowieso der Pascha, der das Recht hat, alle Weibchen zu begatten. Folglich muss er sie nicht mit seiner Performance beeindrucken. Beim Homo sapiens dagegen haben die Weibchen die Auswahl. Und deswegen hat uns Mutter Natur einen großen Penis gegeben. Der die unangenehme Eigenschaft hat, versagen zu können. Und genau da schlägt das Pendel zurück: Bei drei Zentimetern steht das Ding mehr oder weniger immer. Bei dreizehn Zentimetern wird's schon schwieriger. Die versagen bei Stress, bei schlechter Ernährung, bei geringem Selbstvertrauen. Und damit war der Penis für die Steinzeitfrau ein perfekter Indikator für körperliche und seelische Fitness. Für uns Männer dagegen ist ein großer Penis eigentlich ziemlich blöd. Er ist verletzbar – springt man über einen Zaun, können schlimme Dinge passieren. Aber die Frauen sagen sich: Ein Typ, der mit einem solch dämlichen Teil überlebt hat, der muss was auf der Pfanne haben!

Wobei wir im Vergleich zum Tierreich noch Glück gehabt haben. Der Penis der argentinischen Ruderente kann bis zu 40 Zentimeter lang werden. Und diese Ente ist nicht besonders groß! Wenn die kopuliert, ist das eine Fernbeziehung.

Noch extremer treibt es die Seepocke. Der kleine Krebs ist festsitzend und hat deshalb keine Möglichkeit, auf Brautschau zu gehen. Daher hat er im Verhältnis zur Körpergröße den längsten Penis aller Geschöpfe und gilt als «Long Dong Silver» des Tierreichs. Das Zeugungsorgan kann zehnmal (!) länger werden als der Körper. Übrigens stehen Seepocken üblicherweise auf ihren Köpfen und fressen mit den Füßen – ein eindeutiger Hinweis, dass ein übermäßig großes Gemächt zu schweren psychischen Störungen führen kann.

Auch wir Männer achten bei einer potenziellen Partnerin auf fälschungssichere Signale. Auf Symmetrie zum Beispiel. «Hat die Frau zwei Augen? – Passt!»

Tatsächlich ist die angeblich so oberflächliche Konzentration auf die weibliche Schönheit ein wichtiges evolutionäres Selektionskriterium. «Wäre Dornröschen nicht wunderschön, sondern einfach nur sympathisch gewesen – sie würde heute noch schlafen», lautet ein bekannter T-Shirt-Spruch. Und der ist deckungsgleich mit allen Forschungsergebnissen. Man konnte zeigen, dass die typisch weiblichen Schönheitsmerkmale durch einen hohen Östrogenspiegel ausgebildet werden. Es mag banal klingen, aber: Hübsche Frauen sind fruchtbarer. Weibliche Schönheit ist also kein überflüssiger Luxus, sondern ein Indikator für gesunden Nachwuchs. Kein Wunder, dass wir Typen eher auf Rundungen als auf Hirnfurchen abfahren.

Die Analysen von Partnerportalen zeigen eindeutig: Es braucht nicht allzu viel, damit ein Mann Interesse an einer Frau zeigt. Wenn das Foto der Kandidatin okay ist, ist das für uns Typen schon die halbe Miete. Oft sogar die ganze. Hohe Intelligenz ist ebenfalls ein Pluspunkt – solange die Frau sie einigermaßen verheimlicht. Viel wichtiger ist Männern jedoch die Frage: Ist sie nett zu mir? Wobei man sagen muss, dass ein Großteil der Herren unter «nett sein» versteht, dass die Frau grundsätzlich von ihnen begeistert ist und sich auch dann noch vor Lachen auf den Boden schmeißt, wenn er den müdesten Kalauer ever abfeuert. Doch Vorsicht, liebe Männer: Falls ihr glaubt, die Gabe zu besitzen, eine Frau zum Lachen zu bringen, stellt euch in einer stillen Stunde mit größtmöglicher Ehrlichkeit die Frage: Liegt es wirklich an meinem Witz oder bin ich womöglich selbst der Witz?

Das Problem bei den fälschungssicheren Signalen ist: Sie sind selbst beim detailliertesten Parship-Profil nur schwer erkennbar. Wesentlich vielversprechender ist eine Methode, die der Psychologe Samuel Gosling entwickelt hat. Gibt man einer Person fünfzehn Minuten Zeit, sich in einer fremden Wohnung umzusehen, und bittet sie danach, die grundsätzliche Persönlichkeit des Bewohners zu beschreiben, dann «kennt» diese Person den Bewohner genauso gut wie seine besten Freunde.

Sollten Sie also den Partner fürs Leben suchen, dann vergessen Sie fortan zeitaufwändige Kennenlernrunden und sündhaft teure Abendessen. Besorgen Sie sich unauffällig einen Zweitschlüssel von Ihrem Date, und schauen Sie sich ein wenig in seiner Bude um. Dort werden Sie Dinge bemerken, die das allwissende World Wide Web nicht im Entferntesten weiß.

Zweifellos hat die neue Form der elektronischen Partnerfindung die Möglichkeiten des Kennenlernens immens erhöht. Ob's jedoch tatsächlich «funkt», erlebt man erst, wenn man sich persönlich gegenübertritt. Dieser berühmte magische Moment, der entsteht, wenn man plötzlich realisiert: WOW! Oder eben auch: WÄÄÄÄÄHH! Dieser magische Moment wird niemals durch einen Computer berechenbar sein. Und das ist gut so!

PARTNERSCHAFT

LIEBE IST WIE DIE ZAHL PI

Möglicherweise ist der erste magische Moment tatsächlich vom Zufall geprägt. Doch die eigentliche Partnerentscheidung fällt meist nicht in diesem Augenblick, sondern später. Erst der Erfolg einer andauernden Liebe gibt der Kennenlerngeschichte ihre wahre Bedeutung. Was also ist das Geheimnis einer dauerhaften Beziehung? Können wir es beeinflussen oder unterliegt es dem Zufall?

Rudy Giuliani, der legendäre Bürgermeister von New York, hat einmal gesagt: «Ich fürchte mich nicht vor Terrorismus, ich bin verheiratet.» Das ist ein bisschen übertrieben, ich gebe es zu. Statistisch gesehen hat er allerdings nicht unrecht: In Deutschland geht immerhin jedes fünfte Mordopfer auf das Konto des Ehepartners. Der gefährlichste Mensch in Ihrem Leben ist also nicht der durchgeknallte Salafist um die Ecke – der gefährlichste Mensch sitzt neben Ihnen auf der Couch!

Auch wenn es nicht immer zum Äußersten kommen muss, beantworten Sie mit größtmöglicher Ehrlichkeit einmal folgende Frage: Welche Sportart ist Ihrer Partnerschaft am ähnlichsten: Tennis, Marathon oder Kleinkaliberschießen? Da kann man schon mal ins Grübeln kommen.

Derzeit werden in Deutschland über 30 Prozent aller Ehen geschieden. Trotzdem heiraten die meisten. Man investiert sein gesamtes Leben für eine Gewinnchance von 2:1 – das ist beim russischen Roulette eine Quote, bei der nur Lebensmüde abdrücken.

Ich bin ja nun auch verheiratet. Aber *ich* bin das Ganze logisch angegangen. Ganz rational! Ich habe mich irgendwann dem Drängen meiner Frau gebeugt. Kurz vor unserer Hochzeit hat sie mich zur Seite genommen und gesagt: «Okay, ich weiß, 30 Prozent aller Ehen werden geschieden. Andererseits: 100 Prozent aller Menschen sterben. Hält dich das davon ab weiterzuatmen?» Wenn Sie permanent diesen Psychodruck haben: «Wollen wir nicht ...? Du, wir könnten doch ...», dann ist es irgendwann die rationalste Entscheidung zu sagen: «Na guuuut ...»

«Guck dir doch nur Martin und Christine an», versuchte meine Frau mich damals zu beruhigen. «Die sind jetzt schon seit zehn Jahren glücklich!» Genau *das* ist der Logikfehler. Man sucht sich zwei, drei statistische Messfehler heraus und ignoriert die Grundgesamtheit. «Bei denen stimmt einfach die Chemie», schwärmt meine Frau. Logisch, weil sie dieselben Tabletten einwerfen.

Eheähnliche Beziehungen zwischen Menschen gab es schon immer, doch mit Liebe hatte das bis zur Moderne nicht viel zu tun. Meist handelte es sich um Arrangements, die Sippen miteinander verbanden und so Frieden und Wohlstand sicherten. Den Deal machten die Väter per Handschlag, daher der Ausdruck «um die Hand anhalten». Am geschicktesten waren dabei die Österreicher. «Bella gerant alii, tu felix Austria nube», lautete der Wahlspruch der Habsburger. «Andere mögen Kriege führen, du, glückliches Österreich, heirate». Man hat das Schlachtfeld einfach ins Schlafzimmer verlegt. Und es hat funktioniert, zumindest halbwegs. Denn das alljährliche Einfallen der deutschen Urlauber am Arlberg kann man durchaus als kriegerischen Akt ansehen.

Lange Zeit betrachtete man das Zusammenleben zwischen Mann und Frau als eine pure Zweckgemeinschaft. Nichts wurde dem Zufall überlassen, denn noch zu Zeiten unserer Großeltern bedeutete Glück in der Beziehung vor allem, den wirtschaftlichen Status zu halten. Da ging es nicht primär um Liebe, sondern um Fixkostendegression: Wenn bestimmte Güter und Dienstleistungen von mehreren Personen genutzt werden, sinken die Kosten pro beteiligte Person. So gesehen ist Liebe buchstäblich die halbe Miete. Zwei Personen sind super. Drei wären in ökonomischer Hinsicht noch besser. Hat sich in unserem Kulturkreis jedoch nicht so recht durchgesetzt. Bigamie heißt ja «eine Frau zu viel». «Quatsch», sagt mein Vater, «das heißt schon Monogamie.»

Die reine Liebesheirat ist eine sehr junge Erfindung. Erst im Laufe des 19. Jahrhunderts setzte sich mehr und mehr das Konzept der «romantischen Liebe» durch. Anfangs allerdings noch mit einem klar definierten Verhaltenskodex. Zu ihm gehörte Treue genauso wie die klassische Rollenverteilung. Putzte die Frau schlecht, so war das bis in die sechziger Jahre hinein ein rechtmäßiger Scheidungsgrund. Liebe? Schön und gut, aber vor allem das Klo muss tipptopp sein!

Heutzutage sind die Erwartungen an eine Ehe unendlich komplexer. Alles muss optimal passen. Der Lebensgefährte soll gleichzeitig Liebespartner und Freund sein. Natürlich ohne dass die Beziehung rein freundschaftlich wird. Männer sollten möglichst erfolgreich im Beruf agieren, aber darüber hinaus natürlich genug Zeit für Beziehung und Familie haben. Und Frauen bringen selbstverständlich Kinder und Karriere locker unter einen Hut. Heidi Klum und Angelina Jolie schaffen das schließlich auch.

Durch solch unrealistische Lebensmodelle manövrieren sich viele in eine Sackgasse. Anstatt die Angelegenheit entspannt zu sehen, fordern sie verkrampft unbedingtes Gelingen. In einer Zeit, in der Beziehungen jederzeit kündbar sind, wächst die Sehnsucht nach beziehungstechnischer Vollkommenheit. Aber diese Perfektion ist kaum zu erreichen.

Das soll nicht zynisch klingen, aber die aktuelle Form der Ehe hat definitiv Nachteile. Angenommen, Sie vereinbaren mit dem Besitzer Ihres Lieblingsrestaurants per Vertrag, dass Sie ab jetzt nur noch bei ihm essen werden. Ist das eine gute Idee? Nein. Es ist sogar eine ziemlich bekloppte Idee. Was hindert Ihr Restaurant daran, Ihnen ab jetzt statt Steaks, Austern und Bananen nur noch trocken' Brot mit Kunsthonig zu servieren? Nichts! In dieser Hinsicht ist die Ehe vergleichbar mit dem Sozialismus: Theoretisch ist er eine gute Idee, aber in der Praxis steht man immer ohne Bananen da. Aus ökonomischer Perspektive betrachtet, ist die Heirat ein Dorn im Auge des Wettbewerbs.

Deswegen haben wir vermutlich in Zeiten des Kapitalismus auch so hohe Scheidungsraten. Weil wir es uns ökonomisch und gesellschaftlich leisten können. Noch vor wenigen Jahrzehnten war man durch eine Ehe aneinandergekettet wie ein Doppeltier –

ein Lebewesen, das zur Klasse der Plattwürmer gehört. Wenn sich zwei dieser putzigen Gesellen kennen und lieben lernen, verwachsen sie zu einem einzigen und verschmelzen an ihren Geschlechtsorganen. Den Rest ihres Lebens verbringen sie in Dauerkopulation. Das mag sich im ersten Moment reizvoll anhören, wenn es allerdings zwischen den beiden nicht mehr funktioniert, wird eine Trennung extrem schwierig. Da braucht man neben einem guten Scheidungsanwalt auch einen geschickten Chirurgen. Aber dann geht die Streiterei ja erst los: «Also meine Hüfte kannst du haben, solange ich deine Leber bekomme ...» «Okay, aber nur, wenn du meine Cellulite nimmst ...»

Heutzutage ist eine Scheidung zwar immer noch teuer, aber nicht mehr unmöglich. Das Wirtschaftswachstum nach dem Krieg und die Errungenschaften der Emanzipationsbewegung erlaubten es uns in viel größerem Maße, Partnerschaften freiwillig einzugehen und auch wieder zu lösen. Dadurch geriet das Motiv «Liebe» mehr und mehr in den Vordergrund. Doch wie wir alle wissen, währt die Liebe meist nicht ewig.

Vor einigen Jahren untersuchten die drei Wissenschaftler Andrew E. Clark, Ed Diener und Yannis Georgellis die Lebenszufriedenheit von Paaren in Abhängigkeit von der gemeinsam verbrachten Zeit. Heraus kam folgende Kurve:

Nach dem Kennenlernen steigt die Lebenszufriedenheit zunächst an, zum Zeitpunkt der Hochzeit erreicht sie ihren Spitzenwert, um dann gnadenlos über die Jahre hinweg wieder kontinuierlich zu fallen. Bei manchen sogar bis unter den Ausgangswert, den die Männer und Frauen als Single angegeben hatten! Nach etwa fünf Jahren geht die Zufriedenheit in die Sättigungsphase über. Das ist das sogenannte Frach-net-Niveau. «Und? Wie läuft's mit Peter?» – «Frach net!»

Meine Oma war 62 Jahre mit meinem Opa verheiratet. Als ich sie gefragt habe, wie sie das nur ausgehalten habe, antwortete sie: «Auch die schleschte Dänz müsse gedanzt wern!»

Obwohl die hohe Scheidungsrate etwas anderes suggeriert, haben wir Menschen einen einigermaßen guten Kompromiss im Zusammenleben gefunden. Der Drang nach sexueller Freiheit ist zwar immer noch in uns, gleichzeitig sind wir aber auch – mehr als die meisten anderen Lebewesen – von Monogamie, Hingabe und Liebe geprägt. Was also ist das Beziehungsgeheimnis des Homo sapiens?

Lange Zeit waren unsere Vorfahren Beute. Sie lebten in ständiger Angst vor Hyänen und Säbelzahntigern. Mütter mit ihren Kindern waren dabei am meisten gefährdet. Ohne männlichen Schutz wären sie verloren gewesen. Daher mussten die Frauen eine clevere Methode entwickeln, um Männer an sich zu binden. Das war nicht ganz leicht, denn die männlichen Vertreter der meisten höheren Wirbeltierarten agieren nach dem sogenannten Fuck-and-go-Prinzip. (Ja, es ist genau das, was Sie denken ...)

Wie also schaffte es der weibliche Homo sapiens, die Männchen bei sich zu halten? Sie können es sich wahrscheinlich denken. Durch den ältesten und billigsten Trick der Welt: SEX!

Die Evolution hat das Ganze noch begünstigt, indem sie beim männlichen Orgasmus das Hormon Vasopressin ausschüttet. Das macht zwar schlapp und müde, aber auch fürsorg-

vor 4,57 Mrd. Jahren

lich und bindungsfähig. Hinzu kommt, dass Menschenweibchen im Gegensatz zu allen anderen Primaten einen Eisprung haben, den man nicht sehen oder riechen kann. Mann weiß also nicht genau, wann man Vater werden kann. Um sicherzustellen, dass die eigenen Gene auch weitergegeben werden, mussten sich die Männchen also permanent um die Weibchen bemühen, nicht nur an ihren fruchtbaren Tagen. Und die Frauen dankten es den Männern mit häufigem Geschlechtsverkehr. Dadurch wiederum entstand eine noch intensivere Bindung, die garantierte, dass der Vater auch nach der Geburt auf das Fuck-and-go-Prinzip pfiff, bei der Familie blieb und für den Nachwuchs sorgte. Es ist demnach nicht korrekt, wenn konservative Kirchenleute behaupten, Sex solle ausschließlich dem Kinderkriegen dienen. Es dient vor allem der gegenseitigen Bindung. Wenn Fortpflanzung das einzige Ziel von Sex wäre, würde er nicht so viel Spaß machen. Wir würden Sex dann wahrscheinlich genauso beurteilen wie Gemüse: wichtig, aber auch nicht sonderlich aufregend.

Evolutionsbiologisch stellt die monogame Zweierbeziehung zwischen Mann und Frau eine Win-win-Situation dar. Die Männer minimierten durch sie das Risiko, dass der Nachwuchs von einem anderen stammen könnte, und die Frauen stellten sicher, dass ihre Kinder vom Partner beschützt und versorgt wurden. Damit wurde das tägliche Leben mitunter etwas langweiliger, aber eben auch berechenbarer.

Doch selbst wenn die Kinder aus dem Haus sind und die biologischen Gründe für die Monogamie wegfallen, funktioniert die Paarbindung verblüffend gut. Das zeigen auch Daten über Homo-Ehen, die ähnlich stabil sind wie klassische Beziehungsmodelle. Einige Konservative stehen solchen Partnerschaften ja skeptisch gegenüber. Wenn zwei Menschen gleichen Geschlechts heiraten dürfen, sei es nur eine Frage der Zeit, bis man einen Hamster oder einen Kugelfisch vor den Traualtar führen dürfe. Vielleicht ist das ja der Grund, weshalb Donatella Versace seit langem Single ist.

Wir Menschen sind soziale Wesen und haben eine Menge Träume und Ziele, die wir mit einem anderen Menschen teilen möchten. Am Meer zu sitzen und in den Sonnenuntergang zu schauen macht zu zweit einfach mehr Spaß.

Wir Männer profitieren von einer langjährigen Partnerschaft noch auf eine ganz andere Art und Weise: Statistisch gesehen leben verheiratete Männer deutlich länger. Warum? Weil Singlemänner ungesünder leben. Das kann ich aus meiner Single-Zeit nur bestätigen. Kennen Sie das, wenn kurz nach acht der Pizzabringdienst anruft und fragt, ob man's nur vergessen hat oder heute wirklich nicht das Gleiche möchte wie immer?

In meiner Single-Wohnung sah es aus wie in einem billigen Italowestern: Beim Lüften wanderten Staubmäuse so groß wie Reisigbüschel durch die Flure. Nein, das ist natürlich ein Scherz. Welcher männliche Single lüftet schon?

Seit ich verheiratet bin, hat sich in puncto Sauberkeit jedoch alles komplett verändert. Ich würde sogar behaupten, dass ich inzwischen einen echten Putzfimmel habe. «Davon habe ich ja noch gar nichts bemerkt!», sagt meine Frau. Kunststück! Ich habe ihn auch sehr gut unter Kontrolle.

Lässt es sich voraussagen, ob eine Ehe hält oder nicht? Ein paar Indizien gibt es. Zick Rubin, Forscher an der Harvard University in Cambridge, hat 231 junge Paare über zwei Jahre hinweg beobachtet. Am Ende hatten sich 103 Paare getrennt. Bei der Suche nach der Ursache stellte sich eindeutig heraus, dass es wohl Differenzen in ihren Wertvorstellungen und ihrer Persönlichkeit waren, die zu unüberwindlichen Problemen geführt

OOOPS ...
Turbulenzen im Raum-Zeit-Kontinuum?

hatten. Die gescheiterten Partner glichen sich von Anfang an weniger als die, die noch nach Jahren zusammen waren. Das Sprichwort «Gegensätze ziehen sich an» scheint damit widerlegt. Das Matching der Onlineportale in Hinblick auf gegenseitige Ähnlichkeiten ist also gar nicht so dumm.

Gegensätze sind super für eine aufregende Affäre. Das permanente Hin und Her zwischen Streit und Versöhnung kann eine Zeitlang ziemlich prickelnd sein. Im Alltag aber will man vor allem Ruhe und Sicherheit, und das heißt letztlich – Ähnlichkeit. Je mehr der andere so ist wie wir selbst, umso mehr können wir uns in ihn hineinversetzen und sogar seine Macken entschuldigen. Paare, die lange zusammen sind, gleichen sich oft sogar optisch aneinander an. Als ich meiner Frau mal ein Foto von meinen Großeltern mütterlicherseits gezeigt habe, hielt sie die beiden ganz spontan für Geschwister: «Das ist ja witzig, deine zwei Opas sehen sich so ähnlich, die könnten Brüder sein» (was zugegebenermaßen bei uns im Odenwald nicht selten vorkommt).

Der wohl berühmteste «Ehe-Prognostiker» ist John Gottman, den ich schon in meinem Buch «Bleiben Sie neugierig» eingehend vorgestellt habe. Der Psychologe hat in seinem «Love-Lab» unzählige Paare analysiert und seine Ergebnisse in eine mathematische Formel übertragen, die es ihm ermöglicht, schon nach den ersten drei Minuten, die er ein streitendes Paar beobachtet, vorauszusagen, wie der Streit enden wird. Das wiederum liefert entscheidende Hinweise, ob die Beziehung hält. In 90 Prozent aller Fälle behält Gottman recht. Damit ist er nicht nur in der Lage, den Verlauf von Beziehungen vorherzusagen, sondern er kann auch Regeln ableiten, die für besonders stabile Partnerschaften gelten (wenn Sie die grausame Wahrheit nicht hören wollen, können Sie jetzt gerne weiterblättern).

Eine der wichtigsten Faktoren für eine dauerhaft glückliche

vor 4,53 Mrd. Jahren

Beziehung ist der gemeinsame Humor. Eine Erkenntnis, die ich nur bestätigen kann. Auch wenn ich im Laufe dieses Buches immer wieder ein klein wenig über meine Frau lästere – Humor hat sie! Vor einiger Zeit waren wir bei einem befreundeten Pärchen eingeladen, die ihr erstes Kind bekommen haben: Kim. Gleich bei der Begrüßung sagte meine Frau in Richtung des Babys: «Kim? Wie der nordkoreanische Diktator? Gut gewählt, so wie der brüllt, haha …» Ich fand's lustig. Die junge Mutter dagegen verzog den Mund und erwiderte säuerlich: «Kim ist ein Mädchen.» Meine Frau schluckte kurz, fing sich wieder und plapperte weiter drauflos: «Ein Määäädchen. Wie süüüß! Endlich mal nicht so ein blöder, affiger Name wie Leeeoniiiieee … Hat Kim eigentlich noch einen zweiten Vornamen?» Die Stille, die sich daraufhin in der Wohnung ausbreitete, war noch fünf Kilometer entfernt zu hören.

Seltsamerweise wurden wir seitdem nie wieder von den beiden eingeladen. Aber jedes Mal, wenn wir uns an die Geschichte erinnern, lachen Valerie und ich uns tot. Gemeinsamer Humor verbindet. Und keine Kinder zu haben auch.

Das ist das Schöne an der heutigen Zeit: Wir müssen keine Kinder mehr bekommen, um glücklich zu sein. Wir müssen noch nicht mal heiraten, um glücklich zu sein. Aber trotz hoher Scheidungsraten, Alternativmodelle und Freiheiten ist die Ehe alles andere als ein Auslaufmodell. Der Homo sapiens scheint auf geheimnisvolle Art und Weise immer wieder die Monogamie anzustreben. Überall auf der Welt verlieben sich Paare, sind eifersüchtig, entwickeln Schamgefühle und suchen Privatheit.

Trotz unzähliger Forschungsarbeiten ist eine stabile, glückliche Beziehung immer noch ein Mysterium. Je mehr man es ergründen möchte, umso diffuser wird es. Vielleicht, weil Menschen wesentlich interessanter sind durch das, was sie *nicht* über sich preisgeben. Zu viel Transparenz zerstört den Zauber. Oder wie es ein befreundeter Mathematiker von mir treffend ausgedrückt hat: Liebe ist wie die Zahl Pi – natürlich, irrational und sehr, sehr wichtig.

Möglicherweise ist die wahre Liebe sogar eine Art Informationsmangel. Ich empfehle keinem Mann, seiner Frau beim Zurechtmachen zuzuschauen. Ein bisschen ist das so, wie einen Zauberer dabei zu beobachten, während er seine Tricks vorbereitet. Wenn man nur ansatzweise weiß, wie das Kaninchen in den Zylinder gekommen ist, ist die Magie futsch!

Wenn wir ehrlich sind, wollen wir in Beziehungsdingen die knallharte Wahrheit oft gar nicht wissen. Statistisch gesehen sieht ein Mann in seinem Leben mehr vorgetäuschte weibliche Orgasmen als echte. Aber natürlich geht er vom Gegenteil aus. Und die Frauen tun einen Teufel, uns die Wahrheit unter die Nase zu reiben. Angeblich verbrennt ein vorgetäuschter Orgasmus mehr Kalorien, als wirklich einen zu haben. Das ist wahrscheinlich der Grund, weshalb eher Frauen ihn vorspielen.

Doch auch wir Männer sind problemlos in der Lage, zu täuschen. «Findest du mich zu dick?», fragt uns die Dame des Herzens. Daraufhin blicken wir sie mit festem Blick an und lügen ihr schamlos ins Gesicht. Wir Männer können das. Schließlich sind wir evolutionär darauf getrimmt, unserer Umgebung Souveränität vorzugaukeln. Das Verbergen von Schwächen und Verwundbarkeit ist typisch männlich. Aus der Primatenforschung weiß man: Ein verletzter hochrangiger Schimpansenmann steckt doppelt so viel Energie in Drohgebärden wie ein gesunder, nur um die Illusion zu erzeugen, es gehe ihm gut. Deshalb ist es kein Wunder, dass in modernen Gesellschaften Männer seltener zum Arzt gehen und Probleme haben, ihre Gefühle zu zeigen.

Wahrscheinlich wird man das Geheimnis einer guten Beziehung nie voll und ganz ergründen können. Das, was einem am Ende des Lebens bleibt, ist die Beziehung zu einem Menschen, den man liebt.

Mein Opa war ein richtiger Stinkstiefel. Aber als er im Sterben lag, wurde er plötzlich weich. «Scheiß auf die ganze Welt, außer auf dich, Charlotte!», sagte er mit brüchiger Stimme. Und meine Oma stand mit feuchten Augen daneben und meinte: «Wer zum Teufel ist Charlotte?»

FAMILIENPLANUNG

FLUSSBARSCH MÜSSTE MAN SEIN

PRIVATLEBEN Familienplanung

Was haben Kinder und Rentenversicherungen gemeinsam? Von beiden ist man im Alter enttäuscht. Dieser launige Scherz führt uns zu einem weiteren Bereich der Partnerschaft, der lange Zeit von Zufall und Unberechenbarkeit geprägt wurde: die Familienplanung.

Bereits in der Jungsteinzeit kamen Mann und Frau auf die Idee, dass es einen eindeutigen Zusammenhang zwischen Geschlechtsakt und Kinderkriegen geben muss. Vermutlich, weil nach jeder prähistorischen Betriebsfeier die Geburtenrate signifikant nach oben schoss. Da man damals weder Latex noch Temperaturmessgeräte kannte, waren die ersten Verhütungsmittel 100 Prozent bio: Tampons aus Gras, Wurzeln oder Algen sollten eine natürlich Barriere gegen das Wunder des Lebens darstellen. Im antiken Ägypten mischten die Frauen zerstoßenen Krokodildung mit gegorenem Pflanzenschleim und führten sich die klebrige Masse in die Scheide ein. Ob die Substanz tatsächlich eine pharmazeutische Wirkung hatte oder einfach nur die Männer davon abhielt, sich den Frauen zu nähern, ist nicht überliefert.

Im Laufe des letzten Jahrhunderts wurden zwar Gummikondome und Silikondiaphragmen erfunden, doch das Risiko einer Schwangerschaft war nach wie vor hoch. Eine Art Glücksspirale. Frauen

vor 4 Mrd. Jahren

hatten keine echte Wahl: Entweder wurden sie schwanger oder nicht. Der Zufall entschied. Mit der Erfindung der Antibabypille im Jahr 1960 hat sich das grundlegend geändert. Die Empfängnisverhütung trat in eine neue Phase und gab den Menschen die Möglichkeit, den Zeitpunkt des Kinderkriegens zu bestimmen. Inzwischen ist in puncto Familienplanung fast alles möglich: Auf dem Prenzlauer Berg sind Sie mit Ende 30 frühgebärend, in Neukölln oft schon Oma. Wir sind immer mehr in der Lage, die biologischen Gegebenheiten auszuhebeln und selbst in den natürlichen Prozess einzugreifen. Und so bringt dann in der Ukraine eine 65-Jährige Vierlinge zur Welt.

Im Jahr 2014 verkündeten *Facebook* und *Apple*, dass sie ihren Mitarbeiterinnen das «Social Freezing» bezahlen würden. Hierbei werden den Frauen Eizellen entnommen, auf Eis gelegt und so der Kinderwunsch auf unbestimmte Zeit verschoben. Wenn Mutti dann im Jahr 2038 bereit ist, kann sie sich vor der Schwangerschaft beim Schönheitschirurgen noch schnell die Hirnfurchen glätten lassen, damit sie auf dem Kinderspielplatz als Mitte 20 durchgeht.

Ursprünglich war die Konservierung für Krebspatientinnen konzipiert, um vor einer DNA-schädigenden Therapie gesunde Eizellen einfrieren lassen zu können. Heute wird dieses recht kostspielige Verfahren genutzt, wenn sich zum Zeitpunkt der tickenden biologischen Uhr der Traumprinz noch nicht gefunden hat oder man vor der Schwangerschaft die gröbsten Fehler des iWatch-Betriebssystems ausmerzen möchte. Da erscheint der Gedanke meiner Nachbarn geradezu revolutionär: «Och, isch denk, mir lasses einfach uff uns zukomme.»

Eine Herangehensweise, die immer mehr aus der Mode gerät. Für viele Paare ist die Vorstellung von einem perfekten Wunschkind verführerisch. Wäre es nicht faszinierend, wenn man sich die wichtigsten Eigenschaften des Nachwuchses wie in einem Bausatz einfach zusammenstellen könnte? Geschlecht, Augenfarbe, Empathie, Intelligenz und musische Interessen. Am liebsten natürlich Geige oder Klavier. Schlagzeug auf gar keinen Fall!

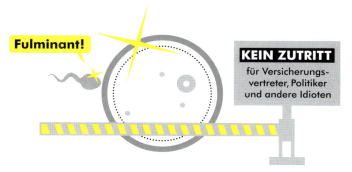

Fulminant!

KEIN ZUTRITT für Versicherungsvertreter, Politiker und andere Idioten

Auch dieser Wunsch ist nicht ganz neu. Um einen Sohn zu zeugen, banden sich die Franzosen im 18. Jahrhundert beim Sex den linken Hoden ab. Muss man mögen. Heute gibt es natürlich wesentlich seriösere Methoden. **Hä?** Die Vierfach-Mutter Heidi Klum verriet der Weltöffentlichkeit vor einigen Jahren: «Wenn du am Tag des Eisprungs Humpty-Dumpty machst, kriegst du einen Jungen. Wenn du kurz vor dem Eisprung Humpty-Dumpty machst, wird's ein Mädchen.» Eine verblüffend einfache Erkenntnis, die von der Pharmaindustrie aus Profitgier komplett totgeschwiegen wird.

Wenn die Humpty-Dumpty-Sache erfolgreich über die Bühne gebracht worden ist, gibt es noch eine andere Methode, das zukünftige Geschlecht zu prognostizieren: Wissenschaftler der Universität Breslau haben herausgefunden, dass die Intensität der Übelkeit in den ersten Monaten vom Geschlecht des Kindes abhängt. «Oh, Frau Schneider, ich wusste gar nicht, dass Sie schwanger sind. Was wird's denn?»

Reihert Ihnen daraufhin die nette Frau Schneider aus der Buchhaltung herzhaft vor die Füße, ist die Wahrscheinlichkeit groß, dass es sich um einen Jungen handelt.

Übrigens: Entschließt sich ein Paar dazu, Nachwuchs zu bekommen, reduziert sich die Wahrscheinlichkeit einer Trennung immens. Der Grund liegt auf der Hand: Je mehr man in eine Beziehung investiert, umso weniger leichtfertig wird man sie beenden. Kinder sind ein enormes Investment. Besonders für die Frau. Schon allein die zusätzliche Energiemenge, die eine werdende Mutter während der neun Monate Schwangerschaft aufbringen muss, beträgt rund 80000 Kalorien, entspricht also in etwa der Energiemenge, die man für einen 1200-Kilometer-Lauf benötigt. Schon allein das führt dazu, dass die Frauen den potenziellen Vater sehr genau auswählen. Denn sie haben bei jedem One-Night-Stand im Kopf, danach eventuell von Köln nach Rom laufen zu müssen.

Einige Spinnenarten haben das Problem des zusätzlichen Kalorienaufwandes gelöst, indem das Weibchen das Männchen nach der Begattung auffrisst. Die vernaschen den Typen sozusagen ein zweites Mal. Weibliche Fangheuschrecken beißen dem Männchen sogar *während* der Kopulation den Kopf ab. Doch das stört das Männchen gar nicht! Ohne Hirn wird die sexuelle Leistungsfähigkeit des Heuschreckenmanns sogar verbessert. Der Sex dauert länger, es werden mehr Spermien übertragen, und man erspart sich außerdem dieses peinliche Rumgequatsche, wie es unter Fangheuschrecken so üblich ist: «Du, ich muss morgen ganz früh raus und ein Maisfeld verwüsten. Aber es war toll mit dir. Ich ruf dich auf jeden Fall an ...»

Die Statistik spricht eine eindeutige Sprache: Kinderlose Paare weisen eine deutlich höhere Scheidungsrate auf. Übrigens nicht im verflixten siebten Jahr. Das ist ein Mythos. Statistisch gesehen trennen sich Paare nach vier Jahren am häufigsten. Das entspricht auf verblüffende Weise genau dem Zeitraum, der nötig ist, um ein Kind aus dem Gröbsten herauszubekommen. Und diese Vier-Jahres-Regel gilt selbst bei Paaren, die gar keine Kinder haben. Insofern sind meine Frau und ich statistische Messfehler. Denn wir haben uns gegen Kinder entschieden und sind trotzdem noch zusammen. Oft werden wir nach unseren Gründen gefragt. Ich für meinen Teil habe mit einer rationalen Begründung meine Schwierigkeiten. Und es gibt wahrscheinlich auch keine. Wer sich Kinder wünscht, kann diesen Wunsch ja genauso wenig rational erklären. Gefühle sind unberechenbar.

Dafür genießen Valerie und ich es, eine Menge Dinge tun zu können, die man mit (kleinen) Kindern nie tun kann: spontan ins Kino zu gehen zum Beispiel oder aufessen, bevor das Essen kalt ist, oder fünf Minuten alleine auf dem Klo zu verbringen. Dabei komme ich gut mit Kindern klar. Aber im Falle von eigenen hatte ich immer die Befürchtung, wenn man zwei hat, dann liebt man zwangsläufig eines ein bisschen mehr. Und wenn sich das ungeliebtere dann im Wald verläuft ... Gut, irgendwann sucht man das auch. Aber Sie verstehen, was ich meine.

Kürzlich bewies eine großangelegte Studie der Universität Princeton übrigens, dass Eltern nicht unbedingt glücklicher sind als Kinderlose. Die Forscher befragten über einen Zeitraum von mehreren Jahren Millionen von Menschen aus über 160 Nationen. Dabei zeigte sich, dass Paare ohne Kinder im Durchschnitt genauso zufrieden mit ihrem Leben sind wie Paare mit Kindern. Der Stress-Level von Eltern lag sogar höher als der von Kinderlosen. Ein Blick auf die dunklen Augenringe von jungen Müttern und Vätern genügt als Bestätigung. «Das werdet ihr irgendwann mal bereuen», kommentierte mein Kumpel Jürgen unsere Entscheidung gegen Kinder, während er mit Puls 180 seinen neugeborenen Shitstorm vergeblich in den Schlaf zu wiegen versuchte. «Kinder sind eine echte Lebensaufgabe!», schwärmte er. Das mag ja sein. Aber ich möchte mein Leben nicht aufgeben.

Im Tierreich hat man das einfacher gelöst. Bei Schlangen, Hühnern oder Kranichen investieren die Eltern praktisch nichts in ihren Nachwuchs. Einmal geschlüpft, sind die Kleinen ruck, zuck auf sich allein gestellt und müssen sehen, wie sie zurechtkommen. Bei uns Menschen sieht die Sache anders aus.

Unsere Vorfahren bewegten sich auf allen vieren. Dann kam der Mensch auf die Idee, sich aufzurichten. Die Weibchen entwickelten Brüste, Pobacken und ausladende Hüften. Später kamen High Heels und Push-up-BHs dazu. All das, was uns Männer anturnt. Dennoch hat die weibliche Schönheit ihren Preis. Und damit meine ich nicht den Gang zu *Prada*, *Versace* und dem Schönheitschirurgen.

Bedingt durch den aufrechten Gang musste das weibliche Becken – und damit der Geburtskanal – zwangsläufig schmaler werden. Das führte gleichzeitig dazu, dass die Geburt eines Kindes zu einem komplizierten Unterfangen wurde. Denn die Köpfe der menschlichen Säuglinge wurden bekanntlich im Laufe der Jahrmillionen immer größer. Ein Dilemma, das die Evolution löste, indem Menschenkinder immer früher geboren wurden. Und zwar dann, wenn das Gehirn (und damit der Kopf) des Säuglings noch klein genug ist, um durch den Geburtskanal zu passen. Deshalb kommen wir im Grunde genommen alle als Frühgeburten auf die Welt.

Wenn wir geboren werden, hat unser Gehirn erst etwa 30 Prozent seiner endgültigen Größe erreicht. In dieser Phase sind wir vollkommen hilflos. In den ersten sechs Lebensjahren wächst das Gehirn auf 90 Prozent an und hat mit 23 Jahren dann seine volle Performance erreicht. Zu dem Zeitpunkt sind wir aber schon zehn Jahre geschlechtsreif. Unser Hirn hinkt unseren Hoden zehn Jahre hinterher! Das macht aber nichts! Denn dieses langsame Gehirnwachstum ist die Basis für unsere Lernfähigkeit. Gegenbeispiel: Flussbarsche. Flussbarsche haben bereits bei ihrer Geburt ein vollständig entwickeltes Gehirn, da kommt nichts mehr dazu. Und deswegen sind Flussbarsche doof wie ein Kastenweißbrot. Lernfähigkeit gleich null. Das Flussbarsch-Männchen betreibt einen unfassbaren Aufwand, um sich zu paaren, doch in dem Moment, in dem die Jungen schlüpfen, denkt es sich: Hey, cool, FUTTER! Ja. Flussbarsche fressen ihren eigenen Nachwuchs, weil sie zu doof sind, um ihn zu erkennen. Ganz anders wir Menschen. Wir päppeln unsere Kinder auf, bringen ihnen Lesen, Schreiben und Fahrradfahren bei, finanzieren ihnen die Ausbildung, das Studium und die Hochzeit. Stecken ihnen Geld zu, wenn sie ein Reihenhäuschen kaufen möchten, nehmen ihre Kinder am Wochenende, damit sie ihren Selbsterfahrungsworkshop machen können. Und lassen sie schließlich wieder bei uns einziehen, weil der feine Herr Schwiegersohn seit drei Jahren eine Affäre mit seiner Sekretärin hat. Wenn man es sich also recht überlegt: So doof sind Flussbarsche gar nicht ...

Unser aufrechter Gang ist also der Hauptgrund, weshalb wir unseren Nachwuchs jahrelang an den Hacken haben. Würden wir noch auf allen vieren laufen, wäre das weibliche Becken breiter, der Säugling käme mit einem wesentlich fertigeren Gehirn auf die Welt und wäre wahrscheinlich mit fünf, sechs Jahren aus dem Haus. Eine nicht ganz unangenehme Vorstellung.

Bei dem immensen Aufwand, den wir beim Kindergroßziehen betreiben (müssen), ist es nur logisch, dass wir in puncto Familienplanung möglichst wenig dem Zufall überlassen wollen. Die Wahl des Zeitpunkts haben wir inzwischen mehr oder weniger im Griff. Bei der Wahl des perfekten Wunschkindes allerdings tappen wir immer noch im Dunkeln.

vor 3,7 Mrd. Jahren

Die Einflussmöglichkeiten, ein wie auch immer geartetes Wunschkind zu designen, sind eher gering. Welches Spermium das Rennen macht und welche Eizelle befruchtet wird, gleicht einem Lotteriespiel. Dazu muss man sich zunächst vor Augen führen, was eigentlich passiert, wenn sich Mutti und Vati ganz, ganz lieb haben und ein Brüderchen oder Schwesterchen machen. Keine Angst, ich erspare Ihnen die intimen Details und konzentriere mich auf die Fakten: Kommt es zur Verschmelzung von männlicher Samen- und weiblicher Eizelle, teilt sich zunächst der DNA-Strang von Papi und der DNA-Strang von Mami in jeweils zwei Hälften. Dann dockt eine männliche Hälfte an die weibliche Hälfte an und bildet so wieder eine komplette, aber vollkommen neue DNA. Aus einer genau solchen DNA-Sequenz ist jeder von uns entstanden. Umhüllt von einer einzigen Zelle. Schon bald beginnt sich diese Zelle dann zu teilen. Und bei jeder Teilung geschieht etwas ziemlich Erstaunliches: Den Zellen wird wie per Geisterhand ein unterschiedliches Schicksal zuteil. Die einen werden zu Augen-, Nieren- oder Hirnzellen, aus den anderen entwickeln sich Muskel- oder Blutzellen – insgesamt haben wir rund 200 verschiedene Zellarten. Wie genau die Zellen das machen, weiß bis zum heutigen Tag keiner. Niemand sagt ihnen, wie sie sich verhalten sollen. Es geschieht einfach. Das ist das eigentliche Wunder des Lebens! Neun Monate und 47 Teilungen später ist ein kleiner menschlicher Organismus von unfassbarer Komplexität entstanden. Und jeder dieser Organismen ist vollkommen individuell.

Was genau wir unseren Nachkommen vererben, ist also in hohem Maße Zufall. Bei jedem Kind wird neu gemischt. Und das ist toll! Man kann mit seinem Partner 2^{23} Mal dasselbe tun, und es kommt immer etwas anderes dabei heraus.

Dieser genetische Zufallsprozess rüstet uns perfekt für die Zukunft, da er zu Vielfalt, Individualität und Flexibilität führt.

Die Wahrscheinlichkeit, dass zwei Menschen auf unserem Planeten leben, die zufällig die gleiche DNA-Sequenz haben, ist praktisch null. Und sie wäre selbst dann null, wenn alle sieben Milliarden Menschen dieselben Eltern hätten. Eine kleine Ausnahme bilden eineiige Zwillinge. Sie haben zwar dasselbe Genmaterial, aber sie nutzen es unterschiedlich. Und das macht den wirklichen Unterschied aus. Allein unser Gehirn wird durch etwa 15 000 Gene gesteuert, die sich individuell an- und ausschalten können. Bei manchen an, bei vielen aus. Genau genommen sind geklonte Wesen also nicht identisch. Zwillinge mögen sich ähnlich sehen und sogar ähnliche Verhaltensweisen an den Tag legen, aber sie sind selbstverständlich nicht völlig gleiche Wesen. Andernfalls hätten wir keinerlei Problem, mit der Zwillingsschwester unserer Ehefrau ins Bett zu gehen. Obwohl es ein verführerischer Gedanke wäre ...

Als 2003 das Schaf Dolly aus dem genetischen Erbmaterial seiner Mutter geklont wurde, war Dolly natürlich nicht wirklich seine Mutter. Es war ein anderes Schaf. Und: Es waren 277 Fehlversuche notwendig, um Dolly erfolgreich zu klonen.

Vielleicht wird es eines Tages das Designerbaby geben, bei dem wir durch gezielte Veränderung der Gene Einfluss auf Geschlecht, Intelligenz oder Aussehen nehmen. Doch berechenbar oder gar perfekt wird dieses Menschenkind auch dann nicht sein. Denn man ist sich heute ziemlich sicher, dass mit Ausnahme von Augenfarbe und Blutgruppe kaum ein menschliches Merkmal nur genetisch bestimmt ist. Gene sind lediglich das Grundkapital, das wir mitbekommen. Wie wir es nutzen, hängt von vielen unterschiedlichen Faktoren ab: von Umwelteinflüssen, der Erziehung, dem Stresslevel der Mutter während der Schwangerschaft usw.

Ob wir in Hamburg-Blankenese in eine Parkvilla oder in eine Favela in São Paolo hineingeboren werden, bestimmt der Zufall. Und dieser Zufall prägt uns genauso wie unser Genmaterial. Buchstäblich alles, was uns ausmacht, wird dadurch beeinflusst, unsere Talente, unser Charakter, unsere Intelligenz, unser gesamtes Ich.

2015 war auf dem Juni-Cover der *Vanity Fair* das Bild der attraktiven Caitlyn Jenner zu sehen. Caitlyn hieß früher Bruce und war Olympiasieger im Zehnkampf. So kann's kommen: Da betreiben Eltern mit Klavierunterricht, bilingualer Frühförderung und Kinderyoga einen irrsinnigen Aufwand, damit sich die kleine Franziska genau so entwickelt, wie sie sich das vorstellen – und irgendwann sagt sie: «Ab heute heiße ich Jupp und werde Fernfahrer!» In deinen Kindern steckst du eben nicht drin ...

SELBSTOPTIMIERUNG

DIE VERMESSENE ILLUSION

Als meine Mutter mit mir schwanger war, drückte die Hebamme ab und an ein Stethoskop auf ihren Bauch, nickte beruhigend, wenn sie meine Herztöne hörte, und versicherte meinen Eltern, da drin sei alles gut. «Hauptsache, es ist gesund», war damals der Standardspruch aller Eltern – ausgesprochen eher mit Hoffnung als mit Bestimmtheit. Dann bekam meine Mutter noch ein paar Tipps mit auf den Weg: Essen für zwei, keine Wäsche aufhängen, damit sich die Nabelschnur nicht verknotet, und nicht zu lange in der Sonne bleiben, weil sonst das Kind schmilzt.

Bis zur hochauflösenden Ultraschalldiagnostik war die Schwangerschaft ein großes Mysterium, und auf die Unversehrtheit des Babys konnte nur gehofft werden. Heute sehen Eltern schon den Herzschlag, noch bevor sie erkennen können, ob das Kind ein Junge oder ein Mädchen wird. Alle paar Tage zeigen sie im Bekanntenkreis krisselige Schwarzweißausdrucke herum, die an die ersten Bilder der Mondoberfläche erinnern, die von Apollo 11 an Houston gesendet wurden.

Mit dem Ultraschall wuchs die Möglichkeit, Erkrankungen früh zu entdecken und Gefahren durch rechtzeitiges Eingreifen zu vermeiden. Fruchtwasseruntersuchungen, Gendiagnostik und Nackenfaltenmessung ermöglichen ein Wissen über das ungeborene Kind, das noch vor kurzem undenkbar war. Heute gehören viele Untersuchungen zum Standard. Ungefähr ein

Viertel aller Schwangeren über 35 Jahre lässt das Fruchtwasser auf genetische Defekte untersuchen. Ein Segen, wenn dadurch ein Kind im Mutterleib operiert werden kann und einer lebensbedrohlichen Situation entgeht. Ein Dilemma, wenn Eltern entscheiden müssen, ob ein krankes Kind zur Welt kommen soll. Nahm man es früher als Schicksal hin, wenn ein behindertes Kind geboren wurde, so empfinden es Teile der Gesellschaft heute fast schon als Fahrlässigkeit.

Durch die pränatale Diagnostik wurde aus dem geduldigen, schicksalsergebenen Abwarten und Annehmen des Kindes eine aktive Zeit der Einflussnahme und der Entscheidungen. Und das geht inzwischen weit über den medizinischen Bereich hinaus: keinen Rohmilchkäse, keinen Lärm über 90 Dezibel und *bitte* keine Malerarbeiten im Haus. Am besten im ganzen Viertel nicht. Lieber einmal die Woche das werdende Kind sanft mit Mozart beschallen. Damit sich die Synapsen des kleinen Malte oder der süßen Ann-Sophie schon vor der Geburt richtig verbinden. Inzwischen werden ja sogar Kläranlagen mit Mozart beschallt, damit sich die Bakterien dort kulturell weiterentwickeln.

Als ich 1968 mitten im tiefsten Odenwald im Kreiskrankenhaus Miltenberg geboren wurde, kannte man das alles nicht. Ein paar meiner Spielkameraden kamen sogar zu Hause auf dem elterlichen Bauernhof zur Welt. «Moderne Apparatemedizin» bedeutete da, einen Tauchsieder für heißes Wasser zu haben, und als Bakterienschleuse diente ein Plastikvorhang aus bunten PVC-Streifen, der das Geburtszimmer vom Kuhstall trennte.

Heute gibt es Hunderte von Ratgebern, Internettipps, Kurse und pränatale Beratungsgespräche. Erstaunlich, wie unsere Eltern es nur mit dem lapidaren «Passt schon!» der Hebamme geschafft haben, gesunde Kinder zu bekommen. Und nach der Geburt geht der Stress erst richtig los. Auf gar keinen Fall dürfen die Kleinen mit gefährlichen Keimen oder mit irgendwelchen chemischen Stoffen in Verbindung kommen. Da wird sterilisiert auf Teufel komm raus. Barfußlaufen ist aus Hygienegründen viel zu gefährlich, und für einen Kinderwagen entscheiden wir uns nur dann, wenn er den achtstufigen Sicherheitscheck der *Stiftung Warentest* durchlaufen hat.

Inzwischen gibt es nicht wenige Eltern, die den Stuhlgang ihres Neugeborenen fotografieren, um ihn dann mit Hilfe einer App auf Darm- und Leberleiden zu analysieren. Einige drucken die schönsten Schnappschüsse sogar aus und machen einen Bildband daraus: «Brownies – A Journey Through Time And Tummy».

Wir wuchsen noch ohne Fahrradhelme auf, tranken Wasser direkt aus Wasserhähnen oder auch mal aus einer Pfütze. Wir gingen ohne Aufsicht raus zum Spielen, fuhren mit Seifenkisten steile Abhänge hinunter oder beschossen uns mit selbstgebauten Pfeilen. Manche von uns aßen sogar Regenwürmer, und zu unser aller Verwunderung lebten sie in unseren Mägen nicht weiter.

Inzwischen sind Kinderspielplätze gesichert wie Ford Knox. Kletterstangen sind mit Matten gepolstert und so niedrig gebaut, dass man selbst mit der festen Absicht, sich endlich mal verletzen zu wollen, kläglich scheitert. Und diese Rundum-Sicherung im Kindesalter ist erst der Anfang. Auch bei uns Erwachsenen nahmen in den letzten Jahrzehnten das Streben nach Gesundheit und das Vermeiden von Risiken immer intensivere und bizarrere Züge an. Wir versuchen unser Leben zu optimieren, indem wir unsere Körper überwachen und kontrollieren, sie untersuchen, analysieren und durchleuchten.

Durch das Einhalten von exakten Fitness- und Gesundheitsregeln hoffen wir dem Tod von der Schippe zu springen. Doch so einfach ist das nicht. Der menschliche Organismus ist keine präzise Maschine, die man tunen kann wie einen Rasenmähermotor. Vieles, was wir über Gesundheit wissen, gehört ins Reich der Mythen. So ist zum Beispiel bekannt, dass sich gesunde Menschen mehr bewegen, aber ob mehr Bewegung die Menschen auch gesünder macht, weiß man nicht. Ein sportlicher Mensch lebt nur ein bis zwei Jahre länger als ein unsportlicher. Das ist nicht sehr viel und entspricht ungefähr der Zeit, die er mit dem Training verplempert.

Der Erfinder der Trimm-dich-Bewegung ist sogar mitten auf dem Trimm-dich-Pfad gestorben. An einem Herzinfarkt! Laufen ist gesund? Anscheinend nicht immer. Der erste Marathonlauf ist dem Teilnehmer bekanntlich auch nicht wirklich gut bekommen.

Um den Tod abzuwenden, nehmen sich immer mehr Menschen das Leben – nämlich unwiederbringliche Lebenszeit. Ich kann das nachvollziehen. Immerhin lesen wir ständig, dass unsere Gesundheit den Bach runtergeht. Ein Blick auf die aktuellen Krebsraten ist doch Beweis genug! Wirklich?

Die hohen Krebsraten in unserer modernen Gesellschaft stimmen tatsächlich nachdenklich. Vor hundert Jahren bekam von 30 Menschen nur einer Krebs. Heute jeder vierte, Tendenz steigend. Sollte uns das beunruhigen? So zynisch es im ersten Moment klingt: nein. Ganz im Gegenteil. Krebs ist vor allem eine altersbedingte Krankheit. Bei einer 30-Jährigen beträgt das Brustkrebsrisiko 1 zu 400. Bei einer 70-Jährigen 1 zu 9. Unsere Vorfahren starben deswegen so selten an Krebs, weil sie nicht lange genug lebten, um ihn zu bekommen. Krebs war sozusagen die letzte Chance des Sensenmanns. Er schlug dann zu, wenn das Opfer nicht vorher an Cholera, Pocken, Lepra, Pest oder selbstgebranntem Weizenkorn gestorben war. Um 1900 war Tuberkulose die häufigste Todesursache in den USA. Danach kam Lungenentzündung, gefolgt von Durchfall. Krebs rangierte auf dem siebten Platz. 1940 hatte sich Krebs bereits auf Rang zwei vorgearbeitet, gleich nach Herzerkrankungen.

Parallel dazu hat sich die durchschnittliche Lebenserwartung um 26 Jahre verlängert.

Insgesamt besteht der Mensch aus etwa zehn Billionen Körperzellen. Damit wir am Leben bleiben, müssen sich die meisten unserer Zellen permanent erneuern. So bekommen wir beispielsweise alle vier bis fünf Tage eine neue Darminnenwand frei Haus geliefert. Andere Zellen sind viel träger. Gehirnzellen erneuern sich praktisch gar nicht. Was sehr gut zu erkennen ist, wenn man nachmittags kurz bei RTL 2 reinschaut. Haut-, Blut- und Leberzellen bilden sich dagegen in regelmäßigen Abständen neu. Die Bindegewebszellen der Haut allerdings nicht. Einmal entstanden, müssen wir sie wohl oder übel bis zu unserem Ende mit uns herumschleppen. Schon allein aus diesem Grund kann Gott keine Frau gewesen sein.

So wichtig die unterschiedlichen Zellteilungen für unser Überleben sind, so unangenehm wirken sie sich auf die Entstehung von Krebs aus. Bei jeder Zellteilung besteht nämlich das Risiko, dass das in der Zelle enthaltene Erbmaterial nicht hundertprozentig korrekt kopiert wird. Solche Kopierfehler passieren in unserem Körper aufgrund der Vielzahl der Erneuerungen relativ oft. Man schätzt etwa zehnmal pro Tag. Ein junger, gesunder Organismus kann diese sogenannten Mutationen gut verkraften. Unser Immunsystem hat im Laufe der Evolution eine ausgeklügelte Methode entwickelt, durch spezielle Reparatur- und Abwehrmechanismen fehlerhafte Kopien zu identifizieren und auszusortieren. Je älter wir allerdings werden, desto schlechter kann unser Immunsystem fehlerhafte Zellteilungen erkennen und bekämpfen. Die Wahrscheinlichkeit steigt, dass sich eine mutierte Zelle an dem körpereigenen Kontrollsystem vorbeimogelt und in aller Stille beginnt, sich unkontrolliert weiter zu teilen. Wenn das passiert, sprechen wir von Krebs. Ironischerweise ist die Krebszelle ein biologisches Beispiel für Unsterblichkeit. Jede gesunde menschliche Zelle hat eine begrenzte Lebenserwartung. Der programmierte, kontrollierte Zelltod in unserem Körper ist also eine fundamentale Voraussetzung, damit wir leben können. Krebszellen dagegen verhalten sich vollkommen anders: Sie sterben nicht. Im Gegenteil: Sie wuchern immer weiter. Und genau diese Unsterblichkeit kostet uns im Zweifelsfall das Leben.

Natürlich können Sie aktiv die Entstehung bestimmter Krebsarten forcieren, indem Sie sich besonders ungesund verhalten. Eine der effizientesten Methoden, ein paar Lebensjahre einzusparen, ist relativ simpel: Fangen Sie mit dem Rauchen an! Viele halten sich an diesen Rat, und so gehört Lungenkrebs inzwischen zu den häufigsten Krebserkrankungen in unserer Gesellschaft. Einmal ausgebrochen, ist eine Heilung fast unmöglich.

Inzwischen wurde in seriösen Studien nachgewiesen, dass Nikotingenuss Demenzerkrankungen lindern kann. Kein sehr tragfähiges Argument, um mit dem Qualmen anzufangen. Es sei denn, Sie sind jenseits der sechzig und Nichtraucher: Dann können Sie eine späte Raucherkarriere durchaus in Erwägung ziehen. Denn die Wahrscheinlichkeit, in diesem Alter Lungenkrebs zu bekommen, ist wesentlich geringer als die, dement zu werden.

Erfreulicherweise können inzwischen einige Krebsarten sehr effektiv behandelt werden. Auch Vorsorgeuntersuchungen sind in einigen Fällen sinnvoll. Darmkrebs zum Beispiel ist eine der wenigen Krebsarten, die im Frühstadium eindeutig erkannt und zu hundert Prozent erfolgreich behandelt werden können.

In anderen Fällen diskutieren die Experten sehr heftig, unter welchen Umständen Vorsorgeuntersuchungen tatsächlich sinnvoll sind, zum Beispiel die Mammographie. Durch dieses Verfahren ist eine eindeutige Diagnose oft nicht möglich. Was zur Folge hat, dass eine wesentlich größere Zahl von gesunden Frauen eine falsche Krebsdiagnose erhält, als dass erkrankte Frauen die richtige Diagnose bekommen.

Noch problematischer ist das Prostatakrebs-Screening. Der Direktor des Max-Planck-Instituts für Bildungsforschung, Gerd Gigerenzer, gibt zu bedenken, dass es auch bei diesem Testverfahren eine Menge falscher Diagnosen gibt. In der Folge müssen eine Vielzahl gesunder Männer weitere schmerzhafte und psychisch belastende Untersuchungen über sich ergehen lassen. Viele von ihnen werden bestrahlt und sogar operiert, was teilweise lebenslange Schädigungen mit sich führt. Selbst Männer, bei denen eindeutig ein Prostatakarzinom diagnostiziert wurde, können häufig sehr gut mit dieser Erkrankung leben. Die meisten dieser Karzinome wachsen nämlich so langsam, dass sie den Männern bis zu ihrem Lebensende keine Probleme bereiten. Salopp gesagt, sterben mehr Männer *mit* einem Prostatakarzinom als *an* einem Prostatakarzinom.

Wir alle haben den Wunsch, länger zu leben. Der Tod ist für uns das Schlimmste, was es gibt. Für Menschen in der Antike dagegen war nicht der Tod, sondern der unehrenhafte Tod das Schlimmste. In einem Pflegeheim mit Schläuchen in der Nase und einer dicken osteuropäischen Krankenschwester dahinzusiechen – mit so etwas Würdelosem hätten Sie einem Odysseus oder einem Achilles gar nicht kommen brauchen!

Doch was wirkt lebensverlängernd? «Nachts kalt schlafen», sagt meine Frau. «Kalt schlafen ist Balsam für die Gesundheit.» – «Klar», denke ich mir. Deswegen haben Obdachlose auch so eine hohe Lebenserwartung. «Einen Nobelpreis gewinnen», sagt die Wissenschaft. Nobelpreisträger leben tatsächlich signifikant länger als ihre Kollegen, die leer ausgegangen sind.

Wenn Sie eher künstlerisch begabt sind, können Sie auch einen Oscar gewinnen. Viele Schauspielerinnen, die den Oscar bekamen, wurden allerdings kurz danach von ihrem Mann verlassen. Mit dem sogenannten Oscar-Fluch (der nichts mit Herrn Lafontaine zu tun hat) leben Frauen zwar vier Jahre länger, dafür aber alleine. Andererseits wirkt sich das Singledasein auf die Damen wenigstens nicht lebensverkürzend aus. Im Gegensatz zu uns Männern, wie ich bereits dargelegt habe. Es gibt übrigens wissenschaftliche Beweise, dass sich das männliche Hormon Testosteron lebensverkürzend auswirkt. So leben Eunuchen im Schnitt vierzehn Jahre länger als Nichtkastrierte. Das nur zur Information, falls Sie vorhaben, Ihre Rentenversicherung zur Weißglut zu treiben.

In der Renaissance begannen die Menschen zum ersten Mal, bewusst die Verlängerung des Lebens in die Tat umzusetzen. Man erfand die Diät. Vorher glaubte man, Krankheit und Leiden seien göttliches Schicksal, an dem man nichts ändern könne. Nun setzt sich nach und nach die Vorstellung durch, man habe seine Gesundheit selbst in der Hand. Inzwischen geben wir in Deutschland fast 300 Milliarden Euro pro Jahr für unser Gesundheitswesen aus. Prävention, Behandlung, Rehabilitation, Pflege und Verwaltung kosten uns jedes Jahr so viel wie eine All-inclusive-Griechenlandrettung. Das Streben nach Nichtkrankwerden ist zu einem lukrativen Geschäft geworden. Und zu einer Art Religion.

Immer mehr Menschen vermessen mit Hilfe von Apps ihr komplettes Leben. Armbänder, Clips und andere Kleingeräte zeichnen Puls, Blutdruck, Kalorienzufuhr, Blutsauerstoffgehalt, Vitamin-D-Level und gelaufene Schritte pro Tag auf und bereiten die Ergebnisse in bunten

Kurven und schicken Balkendiagrammen auf. «Quantified Self» heißt der Trend, der 2007 in den USA seinen Anfang nahm.

Auch mein Freund Jürgen macht diesen Trend seit einiger Zeit mit. Von morgens bis abends lebt er nur noch vorbeugend, um irgendwann völlig gesund zu sterben. Kein Wunder, denn Jürgen ist von Beruf Controller. Optimieren und Analysieren liegt ihm im Blut. Was Gesundheit und Lebensplanung angeht, ist er absoluter Perfektionist. Akribisch achtet er auf Ernährung, Schlafgewohnheiten, Cholesterinspiegel, Laktatwerte und Blutdruck.

Neulich, erzählte er mir, habe er seine Traumfrau getroffen. Natürlich übers Internet. «Sie war fast perfekt! Laut Matching-Algorithmus 98 Prozent Übereinstimmung!» – «Und wieso hat es dann doch nicht geklappt?», fragte ich ihn. «Na ja, als wir über unsere inneren Werte gesprochen haben, wollte ich ein großes Blutbild von ihr sehen. Daraufhin hat sie sich nie wieder bei mir gemeldet.»

Dabei kann Jürgen ein echter Romantiker sein: Als seine inzwischen von ihm geschiedene Frau vierzig wurde, schenkte er ihr zum Geburtstag ein singendes Mammogram und eine Halskette mit seinem schönsten Gallenstein. Doch schon damals kriselte es in der Beziehung. Seine Frau warf ihm unter anderem vor, die Dauer des Vorspiels habe sich im Laufe der gemeinsamen Jahre immens verringert. Er gab nur nach guter Controller-Manier zurück: «Klar, ich bin eben mit der Zeit deutlich effizienter geworden.»

Zum endgültigen Bruch kam es dann kurz nach der Geburt der gemeinsamen Zwillingssöhne. Jürgen sah die beiden als eine

Art psychologische Langzeitstudie an und erwähnte «im Scherz», sie in eine Experimental- und eine Kontrollgruppe einteilen zu wollen. Seine Frau konnte darüber nicht lachen und reichte die Scheidung ein. Nun lebt Jürgen alleine und optimiert sich stattdessen selbst. Ständig piepen und blinken auf seinem Smartphone Nachrichten auf, die ihm sagen, dass die nächste Vorsorgeuntersuchung ansteht.

PIEEEEP!

Sein Radiologe kann inzwischen vermutlich von ihm alleine leben. Und damit liegt Jürgen im Trend: Über sechs Millionen Bundesbürger legen sich pro Jahr in einen Computertomographen, wir Deutschen sind Weltmeister im Durchleuchten. Das Problem dabei: Bei jedem CT-Besuch wird eine Strahlendosis fällig, die um ein Vielfaches höher ist als eine Stunde Rasenmähen in Fukushima. Darüber hinaus gibt das CT oft keinen klaren Aufschluss, wenn ein Verdacht auf eine Krebserkrankung besteht. Aber immerhin hat man durch die Strahlen eine 1-zu-1000-Chance, sich irgendeinen anderen Krebs zuzuziehen.

1/100 DENKSPORT-AUFGABEN GESCHAFFT

Die Angst, nicht alles für seine Gesundheit zu tun, treibt viele Selbstoptimierer in einen ungesunden Kontrollwahn. Doch wer verkrampft versucht, alles richtig zu machen, kann viel verlieren. Den wenigsten ist bewusst: Gesund zum Arzt zu gehen birgt ein erhebliches Risiko, krank zu werden. Es gibt drei Arten von Lebewesen, die im Krankenhaus ums Überleben kämpfen: Ärzte, Patienten und Bakterien. Dieser

alte Medizinerwitz ist leider wahr. So sind Krankenhausinfektionen nach Herzinfarkten und Krebs die dritthäufigste Todesursache in Deutschland. Es gibt harte Zahlen, dass bei Ärztestreiks in Los Angeles, Israel und Kolumbien die Sterberate um mehr als 20 Prozent sank. Wenn Sie also nicht unbedingt Kontakt zu einem Arzt aufnehmen müssen, lassen Sie es lieber!

Auch recht simple medizinische Behandlungsfehler kommen häufiger vor, als man denkt. Der Klassiker hierbei: die Seitenverwechslung. Man wird an der gesunden Niere operiert, weil das Röntgenbild falsch aufgehängt wurde oder der Assistenzarzt mit seinem Chef einen lustigen Aprilscherz machen wollte. Daher empfiehlt es sich als Patient, vor einer OP immer einen Edding einzustecken. Schreiben Sie auf die gesunde Seite einfach: «Finger weg!» (außer, es handelt sich um eine Hand-OP). Noch besser: Ziehen Sie sich einem Organ zu, eine Krankheit an das es nur einmal im Körper gibt. Seitenverwechslungen bei Leber-, Milz- oder Gallenoperationen sind vergleichsweise selten.

RIIIIING!

VERBLEIBENDE DIÄT-TAGE: 365

MACH NOCH 10 000 LIEGESTÜTZE!

Zwischen 1935 und 1975 explodierte die medizinische Forschung. Impfstoffe, Dialyse-Apparate, Transplantationen, Computertomographen, Herzchirurgie, kardiopulmonale Reanimation. Fast jeder heute bekannte Wirkstoff wurde in dieser Zeit erfunden.

Aber selbst mit zunehmendem medizinischem Wissen war der Patient immer ein Stück weit der Willkür des Systems ausgeliefert. In den USA waren bis in die sechziger Jahre Krankenhäuser nicht zur Behandlung von Notfällen ausgerichtet. Musste man nachts in ein Krankenhaus, stand man vor verschlossenen Türen. Wer einen Krankenwagen wollte, musste ihn oft bei einem Bestattungsunternehmen anfordern. Da kam es dann häufiger vor, dass der Leichenbestatter mit dem bedauernswerten Unfallopfer zwei, drei Stündchen durch die Stadt gegurkt ist …

Dennoch leben wir unbestritten gesünder und länger als je zuvor in der Geschichte der Menschheit. Unsere Lebenserwartung hat sich in den letzten 75 Jahren nahezu verdoppelt. Doch  liegt das tatsächlich an den Segnungen der modernen Medizin und an unserer akribischen Selbstfürsorge? Schwer zu sagen. Denn parallel dazu haben sich auch Hygiene, Ernährung und gesunder Lebenswandel deutlich verbessert. Die größten Killer in den ärmsten Entwicklungsländern sind nach wie vor Durchfallerkrankungen und Seuchen aufgrund von verdrecktem Wasser, Lungenerkrankungen infolge offener Feuerstellen sowie Mangelernährung. Vielleicht ist es also nicht unser modernes Gesundheitssystem, das uns länger leben lässt. Vergleicht man die Ärztedichte und die Gesundheitsbudgets unterschiedlicher Industrieländer miteinander, so lässt sich jedenfalls keine eindeutige Korrelation von Lebenserwartung und dem Aufwand des jeweiligen Gesundheitssystems feststellen. Die Ärztedichte in Griechenland ist fast doppelt so hoch wie bei uns. Trotzdem leben die Menschen dort nicht länger. Im Gegenteil, ist sie ein schlagender Beweis, wie die Gesundheitsbranche ganze Volkswirtschaften in den Ruin treiben kann.

DU MUSST NOCH 50 BRENNNESSEL-SMOOTHIES MIXEN!

PRIVATLEBEN   Selbstoptimierung

Die banale Wahrheit ist: Wer einigermaßen gesund lebt, stirbt nicht unbedingt früher als jemand, der seinen Körper 24 Stunden am Tag überwacht und dabei penibel seine Vitalwerte optimiert. Und vor allem lebt er deutlich entspannter.

RIIIIING!

Das Geheimnis, das Leben zu verlängern, besteht in erster Linie darin, es nicht zu verkürzen. Der Wissenschaftsjournalist Jörg Zittlau recherchierte anhand von verschiedenen Studien, dass Menschen, die täglich 200 Gramm Obst essen, ihr Krebsrisiko nur um mickrige drei Prozent reduzieren können. Wer dagegen 30 Zigaretten am Tag raucht, stirbt 20-mal häufiger an Lungenkrebs. So gesehen ist es also 1000-mal besser, mit dem Rauchen aufzuhören, als mit dem Obstessen anzufangen.

'NEN SCHEISS MUSS ICH!

Die Weltgesundheitsorganisation schätzt, dass etwa 70 Prozent aller chronischen Krankheiten in Deutschland ernährungs- und verhaltensbedingt sind, sich also aus Rauchen, Fressen, Saufen und stundenlangem Fernsehglotzen ergeben: Stoffwechsel- und Herz-Kreislauf-Erkrankungen. Morbus Wedding, wie der Berliner sagt.

Wer einmal gesehen hat, wie sich Patienten drei Tage nach ihrer Lungentransplantation die erste Kippe anstecken, weiß, wie machtlos die moderne Medizin in Wirklichkeit ist. Es ist unglaublich, welchen Ehrgeiz manche Menschen entwickeln, damit die Kosten, die sie mit ihrer Krankheit verursachen, höher sind als ihre Krankenkassenprämien.

Deshalb raten alle seriösen Gesundheitsexperten in etwa das Gleiche: Hören Sie auf zu rauchen, trinken Sie wenig Alkohol, und vermeiden Sie es möglichst, nach der großen Schlachtplatte noch zwei Stücke von der leckeren Herrensahnetorte hinterherzuschieben. Allein damit haben Sie mehr für Ihre Lebenserwartung getan als die gesamte moderne Medizin.

Für die Wirksamkeit dessen, was uns die Gesundheitsindustrie sonst noch verkaufen will, gibt es ohnehin keine wirklichen Belege. Mein Kumpel Jürgen versucht seit neuestem, mit sündhaft teuren Vitamintabletten seinen angeblichen Vitamin-C-Mangel in den Griff zu bekommen. Da aber die Leber die Eigenart besitzt, viele überschüssige Vitamine schnell wieder auszusortieren, ist sein Vitamin-C-Level zwar immer noch auf demselben Stand wie zuvor, sein Urin jedoch wesentlich vitaminhaltiger.

Zusammenfassend kann man sagen: Die intensive Gesundheitsvorsorge macht unser Leben hochkompliziert. Die medizinische Diagnostik ist inzwischen so weit fortgeschritten, dass niemand mehr richtig gesund ist. Wenn man nur lange und genau genug sucht, findet man garantiert Abweichungen von einem empfohlenen Normwert, eine veränderte Zelle oder eine Gewebeanomalie. Ob das alles jedoch gesundheitsschädlich ist, steht auf einem ganz anderen Blatt.

Mit modernsten Analyseverfahren durchleuchten wir jeden Winkel unseres Körpers und machen uns damit vor allem Stress und Druck. Wer im Mittelalter an Pest starb, den hatte eben sein Schicksal ereilt. Wer heute an Prostatakrebs erkrankt, ist angeblich nicht rechtzeitig zur Vorsorge gegangen.

Dabei müssen wir anerkennen, dass unser Körper nicht vollständig kontrollierbar ist. Es stimmt: Viele unserer heutigen Krankheiten sind tatsächlich einem ungesunden Lebenswandel geschuldet. Andere jedoch sind – wie bei dem tragischen Fall von Petra Thomas – einfach nur biologisches Pech. In puncto Gesundheit gibt es kein Nullrisiko. Wir können noch so gesund und vorsichtig durchs Leben gehen, die menschliche Sterberate liegt seit Beginn der medizinischen Forschung unverändert bei 100 Prozent. Ein guter Freund von mir war ein wahrer Gesundheitsapostel. Außerdem vermied er sämtliche Lebensrisiken und betrieb das harmloseste Hobby überhaupt: Briefmarken sammeln. Letztes Jahr ist er überfahren worden. Auf dem Weg zur Post.

Vielleicht sollten wir uns ein wenig lockerer machen. Oder wie mein Opa immer gesagt hat: «Ein kleines Nickerchen bewahrt vor dem Älterwerden» – besonders hinter dem Steuer.

Ich gebe zu, einen entscheidenden Vorteil haben diese ganzen Selbstoptimierungsmaßnahmen, die mein Freund Jürgen Tag für Tag in Anspruch nimmt. Sie appellieren an seine Selbstdisziplin. Wenn um acht Uhr morgens Jürgens Smartphone nervt: «Los jetzt! Geh Laufen!», dann steigt die Wahrscheinlichkeit, dass er es auch wirklich tut. Zumal er über die App mit Tausenden von anderen Mitstreitern verbunden ist. Seine Running-Community sieht also schwarz auf weiß, ob er wirklich laufen geht oder nicht. Und bekanntlich ist sozialer Druck eines der effektivsten Mittel, seinen Hintern aus dem Bett zu hieven.

Der amerikanische Psychologe Roy Baumeister ist davon überzeugt, dass der große Erfolg der elektronischen Kontrollprogramme, die beim Fit-, Schön- oder Gesundwerden helfen sollen, unserer modernen Zeit geschuldet ist. Diese hält mehr Versuchungen denn je bereit: 50 TV-Programme, 200 Schokoriegel im Supermarkt, 130 Mails pro Tag, die nach Beantwortung flehen. Ständig muss man widerstehen. Und das stresst!

In Bewerbungsgesprächen wird man oft nach seinem größten Fehler befragt. In unzähligen Büchern steht: «Sagen Sie Ungeduld!» Auch im Fragebogen der FAZ antworteten Roland Koch, Roland Berger, Marcel Reich-Ranicki, Til Schweiger, Margot Käßmann, Nina Ruge und Heiner Lauterbach mit «Ungeduld». Tatsächlich ist Ungeduld eine große Schwäche. Ungeduldige Menschen können sich nämlich oft nicht disziplinieren. Sie haben sich schlechter im Griff, weil ihnen eine kurzfristige Bedürfnisbefriedung im Zweifel wichtiger ist, als auf etwas zu verzichten, um ein langfristiges Ziel erreichen zu können. Auch ich habe schon mehrfach erfolgreich bewiesen, dass ich problemlos eine Tüte Chips hinunterschlingen kann, während mir gleichzeitig klar ist, wie sehr ich das in ein paar Stunden bereuen werde. Die Evolution hat uns offensichtlich ausreichend Intelligenz mitgegeben, damit wir uns vernünftige Ziele setzen, nicht aber die nötige Willenskraft, sie konsequent zu verfolgen.

Für besonders ungeduldige Menschen ist es nahezu unmöglich, Belohnungen aufzuschieben. Und genau diese Eigenschaft ist korreliert mit Übergewicht, Suchtverhalten, instabilen Beziehungen, mangelndem Selbstwertgefühl und einer allgemein schlechteren gesundheitlichen und seelischen Verfassung.

Sie glauben mir nicht? Dann haben Sie wahrscheinlich noch nichts vom Marshmallow-Test gehört. In den sechziger Jahren startete der Psychologe Walter Mischel ein inzwischen legendäres Experiment. Er legte rund 600 vier- bis sechsjährigen Kindern einen Marshmallow, in Deutschland als Mäusespeck bekannt, vor die Nase und schlug ihnen einen Deal vor: Entweder konnten sie den Marshmallow sofort essen, dann wäre das Experiment beendet. Oder aber sie warteten ein paar Minuten und bekamen als Belohnung einen zweiten – sofern sie sich beherrschen konnten und den ersten während der Wartezeit nicht aßen. Dann ging er aus dem Raum und ließ die Kinder in ihrem

Elend alleine. Im Internet kursieren zahlreiche sehr lustige YouTube-Videos, in denen sich die Kleinen unter Aufbietung aller Kräfte dagegen wehren, sich diesen blöden Marshmallow nicht in den Mund zu stopfen. Ein paar davon schafften es, andere nicht. Es gab Jungen, die schlugen aus lauter Verzweiflung ihren Kopf unaufhörlich auf die Tischplatte. Einige Mädchen hatten eine perfidere Strategie: Sie höhlten den Marshmallow aus, aßen das Innere und stellten das ausgehöhlte Teil wieder so hin, als wäre nichts geschehen. Was nebenbei auch einen erhellenden Einblick in männliche und weibliche Problemlösungsstrategien gewährt. Während die Mädchen eine intelligente Idee entwickeln, verlagern sich die Jungs aufs Headbanging.

Das Verblüffende an der Geschichte kommt jedoch erst noch! Etwa 20 Jahre später fragte sich Mischel, was aus seinen Marshmallow-Kids geworden ist, und nahm Kontakt zu ihnen auf. Es zeigte sich, dass diejenigen Kinder, denen es damals gelungen war, auf den zweiten Marshmallow zu warten, im weiteren Leben deutlich erfolgreicher waren als die anderen. Als er im Jahr 2011 die inzwischen erwachsenen Testteilnehmer noch einmal besuchte, hatte sich diese Tendenz noch verstärkt. Diejenigen, die zum Belohungsaufschub in der Lage waren, hatten in fast allen positiven Eigenschaften die Nase vorn: Sie hatten höhere Bildungsabschlüsse, besserbezahlte Jobs, waren sozial integrierter, konnten gelassener mit Stress umgehen, weniger von ihnen waren drogenabhängig, kurz: Sie verfügten generell über eine bessere gesundheitliche Gesamtkonstitution.

Ich bin mir sicher, auch mein Kumpel Jürgen hätte beim Marshmallow-Test erfolgreich abgeschnitten. Als er zu seiner damaligen Frau eines Abends sagte: «Lass uns ein Kind machen!», antwortete sie: «Och nöö, heute nicht, ich hab Migräne. Aber wenn du wartest, machen wir morgen Zwillinge.» Und es klappte!

Je geduldiger wir unsere Impulse unter Kontrolle halten können, je mehr Selbstdisziplin wir an den Tag legen, desto größer ist die Wahrscheinlichkeit, dass wir ein erfolgreiches, zufriedenes und gesundes Leben führen. Ob man diese Fähigkeit erlernen kann, darüber streitet die Wissenschaft allerdings noch. Auf jeden Fall können wir mit der modernen Technik unsere Selbstdisziplin perfektionieren. Bei einer Untersuchung der Gesellschaft für Konsumforschung GfK antworteten 45 Prozent der Deutschen auf die Frage, was sie mit Selbstoptimierung verbinden: Leistungsverbesserung. Nur 22 Prozent denken dabei an Selbstverwirklichung. Daran erkennt man, wie zerrissen wir sind. Für die meisten von uns bedeutet Selbstoptimierung eine Art Ich-Tuning, mit dem man sein quantitatives Wachstum steigern kann.

Jürgen jedenfalls ist dadurch zu einem wahren Meister der Disziplin geworden. Seine Apps und Gimmicks haben ihn 24 Stunden am Tag im Griff. Dadurch gelingt es ihm, sämtliche «ungesunden» Bedürfnisse zu unterdrücken. Aber ist das wirklich so wünschenswert? Wenn man dem Marshmallow so lange widersteht, bis man gar nicht mehr weiß, wie er überhaupt schmeckt, dann wird man irgendwann zu einem appetit- und freudlosen Zombie. «Na und?», sagt Jürgen. «Als Zombie siehst du vielleicht nicht besonders gesund aus, und Freunde hast du auch nicht, aber immerhin bist du unsterblich ...»

UNBERECHENBAR
BERECHNET

KNALLHARTE FAKTEN ZUM BUCH

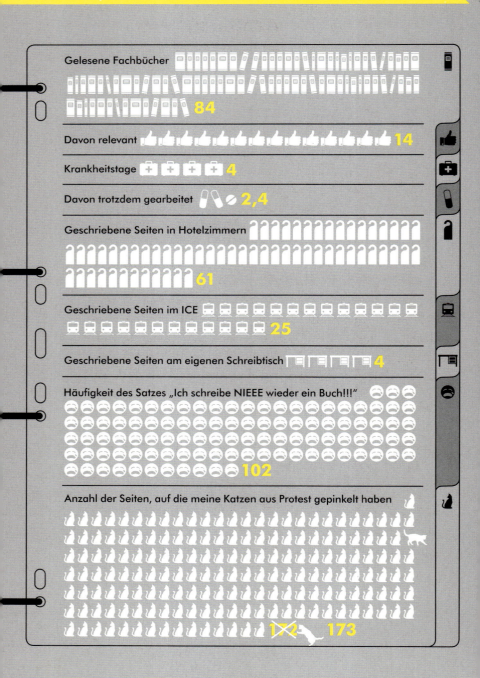

Gelesene Fachbücher	84
Davon relevant	14
Krankheitstage	4
Davon trotzdem gearbeitet	2,4
Geschriebene Seiten in Hotelzimmern	61
Geschriebene Seiten im ICE	25
Geschriebene Seiten am eigenen Schreibtisch	4
Häufigkeit des Satzes „Ich schreibe NIEEE wieder ein Buch!!!"	102
Anzahl der Seiten, auf die meine Katzen aus Protest gepinkelt haben	172 173

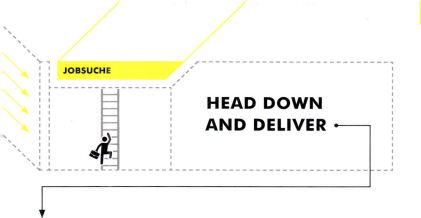

JOBSUCHE

HEAD DOWN AND DELIVER

Wollen Sie wissen, wie ich auf die Bühne gekommen bin? Nach meinem Physikstudium habe ich zunächst auf der dunklen Seite der Macht gearbeitet, als Junior Consultant einer Unternehmensberatung. Sie wissen schon, einer von diesen Klingt-gut-fühlt-sich-aber-schlecht-an-Jobs. Gleich zu Beginn machte man mir klar, dass hier nicht unbedingt Phantasie, Querdenken und Kreativität gefragt sind, sondern «zero mistake». Beratung sei zwar keine «rocket science», belehrte mich mein Chef, aber der Kunde wolle auf jeden Fall «viel Fleisch hinter die bulletpoints». Damit die Projekte «im Korridor liegen», müssten wir das ab und an «allnighter» durchziehen. Deswegen hieß die Vorgabe: «Schlaut euch zu dem topic auf, zieht learnings aus dem case und ansonsten: head down and deliver – und zwar asapissimo …» (Falls Sie das jetzt nicht verstanden haben – mir ging's damals genauso.)

Auf jeden Fall führte dieses Kauderwelsch dazu, dass ich mir vor großen Kundenpräsentationen vor Angst fast in die Hose machte. Nächtelang passte ich Grafiken, Schaubilder und *Excel*-Tabellen auf Mikrometergenauigkeit in endlose *Power-Point*-Präsentationen ein. Wenn beim Weiterblättern von einer Folie zur nächsten nur ein minimales Ruckeln der Charts erkennbar war, kam das einer mittleren Katastrophe gleich.

Bei meiner früheren Arbeit im Physik-Labor war dieser Perfektionismus sinnvoll, denn ein Laserstrahl, der nicht auf drei

Kommastellen genau auf ein bestimmtes Objekt fokussiert ist, macht unter Umständen das ganze Experiment zunichte. In meinem Beraterjob jedoch kümmerte ich mich vor allem darum, Perfektion zu *simulieren*. Man legte wesentlich weniger Wert darauf, ob Fakten, Zusammenhänge und Daten tatsächlich Sinn ergaben, sondern konzentrierte sich vornehmlich auf die Optik einer Präsentation. Kurzum: Wir taten dort effizient Ineffizientes. Der Gedanke, der Kunde könne sich an einem unpräzise gestalteten Balkendiagramm stören, jagte uns kalte Schauer über den Rücken. Und so prostituierte ich mich vor ihm, ohne dass es mir auffiel.

Im Nachhinein betrachtet, haben Berater sehr viel mit Edelhuren gemeinsam: Sie nehmen hohe Tagessätze, müssen für den Kunden unter ihrer Würde arbeiten, und ihre Tätigkeit ist im Grunde austauschbar. Wenn Sie Glück haben, passiert Ihnen so etwas wie Julia Roberts in dem Film «Pretty Woman»: Ein reicher Geschäftsführer findet Gefallen an Ihnen und holt Sie aus der Gosse.

Nach drei Jahren hielt ich es in der Unternehmensberatung nicht mehr aus und kündigte. Wahrscheinlich gerade rechtzeitig, bevor ich rausgeflogen wäre, denn mein Frust über den Job ließ sich immer schwerer verheimlichen.

Schon wenige Tage später bewarb ich mich auf eine Stellenanzeige eines großen Industriegase-Herstellers im Bereich Unternehmenskommunikation. Mir war sofort klar, dass ich der ideale Kandidat war: Ich hatte einen naturwissenschaftlichen Hintergrund und genug Berufserfahrung im Marketing. Das Ding sollte ich im Sack haben. Und tatsächlich lief das Vorstellungsgespräch mit der Personalchefin super. Ich fuhr beschwingt nach Hause, und schon zwei Tage später fand ich in meinem Briefkasten eine ... Absage!

Etwas irritiert rief ich die Personalchefin an, eine etwa 50-jährige, knochentrockene Frau, und wollte wissen, warum sie sich einen brillanten jungen Mitarbeiter wie mich durch die Lappen gehen ließ. Sie hielt kurz inne und sagte: «Wissen Sie, Herr Ebert, aufgrund Ihrer Qualifikation und Ihrer Persönlichkeit waren Sie tatsächlich unser Favorit. Aber, seien wir doch mal ehrlich: Sie wollen so einen Job doch gar nicht ...» «Blöde Kuh!», dachte ich mir und legte auf. Doch nach kurzer Zeit ahnte ich: Die Frau hatte vollkommen recht. Ich hatte mir, was mein berufliches Leben angeht, die ganze Zeit etwas vorgemacht. Und diese Dame hat das intuitiv gespürt. Wäre ich zufälligerweise an eine unsensiblere Person gekommen, wäre ich vielleicht eingestellt worden, und mein Leben hätte eine andere Richtung genommen.

Der entscheidende Punkt an der Geschichte ist: Ich habe diesen im Nachhinein glücklichen Vorfall genutzt, um mir über mein Leben Gedanken zu machen. Die Personalfrau hatte mich mit ihren gnadenlos ehrlichen Worten in die Ecke gedrängt. Und dort erkannte ich, dass mich alle konventionellen Berufsalternativen nach kurzer Zeit an den immer gleichen Frustrationspunkt bringen würden. Ich musste meine ursprünglichen Pläne über den Haufen werfen und vollkommen neu denken. Zum ersten Mal habe ich mich gefragt, welche Art von Tätigkeit mir wirklich Spaß machen könnte. Krisen erzeugen unorthodoxe Ideen. Dieses Telefonat war der Startpunkt für meine Bühnenkarriere.

Noch vor 100 Jahren stellte sich die Frage nach beruflicher Erfüllung oder Selbstverwirklichung nicht. Damals wurde man Bäcker, Metzger oder Hufschmied. Meist bestimmten Herkunft und Tradition den zukünftigen Werdegang. So war das gesamte Berufsleben fast 100-prozentig berechenbar: Nach der Schule ging man in die Lehre, wurde vom Arbeitgeber übernommen und bekam nach 50-jähriger Betriebszugehörigkeit eine gerahmte Ehrenurkunde und eine Sondermünze mit dem Porträt des Firmengründers.

Heute geben laut einer *Allensbach*-Umfrage 87 Prozent der deutschen Schulabgänger an, das Wichtigste sei ein Beruf, der ihnen Spaß mache. Glück, Zufriedenheit und Selbstverwirklichung stehen ganz oben auf der beruflichen Wunschliste. Doch genau da fängt das Drama an. Wie will ich im Voraus wissen, ob mich eine Tätigkeit erfüllt oder nicht? Oder ob mich eine andere Tätigkeit eventuell glücklicher machen würde? Abgesehen davon sind Werte wie «Zufriedenheit» und «Glück» nur schwer messbar. Unberechenbar eben.

Vergleichen Sie einmal einen Odenwälder Bauern aus dem Mittelalter mit einem Frankfurter Investmentbanker von heute: Der Bauer lebte in einer unbeheizten Holzhütte mit Blick auf seinen stinkenden Schweinestall. Der Börsenhändler lümmelt abends in seinem luxuriösen Penthouse auf dem Sofa herum und blickt auf die Alte Oper. Im ersten Moment nehmen wir an, dass der Banker glücklicher sein muss, als der Bauer es je war. Doch aus wissenschaftlicher Sicht entsteht Glück nicht durch den Besitz von Luxusgütern oder den Blick auf schick beleuchtete Opernhäuser. Glück entsteht im Gehirn. Dort werden Serotonin, Dopamin und Endorphine, sogenannte Neurotransmitter, ausgeschüttet, und die sorgen für positive Gefühle. Das Einzige, was unser Gehirn glücklich und zufrieden macht, ist dieser Glückshormonspiegel.

Als der Bauer seine Holzhütte endlich fertiggestellt hatte, stieg in seinem Hirn womöglich die Konzentration der Glückshormone an. Und als der Börsenmakler den Kaufvertrag für sein Penthouse unterschrieb, wurde sein Gehirn mit ziemlicher Sicherheit ebenfalls mit Neurotransmittern geflutet. Unser Hirn hat nicht den leisesten Schimmer, dass eine Couch-Landschaft von *Rolf Benz* bequemer ist als eine selbstgezimmerte Eichenbank. Es interessiert sich ausschließlich dafür, ob gerade Serotonin, Dopamin und Endorphine durch seine Neuronen strömen.

«Wahres Glück kommt von innen», heißt es in unzähligen Esoterikbüchern. Und da muss ich meinen pseudowissenschaftlichen Freunden ausnahmsweise recht geben. Geld, Status, Konsum, Champagner und Schönheitsoperationen – all das macht uns nicht glücklich. Wenn der Bauer in seiner spartanischen Hütte einen höheren Serotoninspiegel hat als der Banker in seinem fünf Quadratmeter großen Jacuzzi, ist er glücklicher. So einfach ist das.

Verstehen Sie mich nicht falsch. Das soll kein romantisches Plädoyer für ein armseliges Leben in der Einöde inmitten stinkender Schweineställe sein. Ganz im Gegenteil. Ich habe die ersten 20 Jahre meines Lebens im Odenwald verbracht, und was das mit meinem Serotoninspiegel angerichtet hat, möchten Sie nicht wissen.

Alles, was ich sagen will, ist: Ein Leben kann noch so hart und entbehrungsreich sein, solange man es als sinnvoll erachtet, belohnt uns die Hirnchemie mit Glücksgefühlen. Im Vergleich dazu kann ein Leben in Luxus und Überfluss eine schreckliche Qual sein, wenn wir in ihm keinen Sinn sehen. Ich sage nur: Justin Bieber.

Armut und Nichtbeachtung können einen Menschen kaputtmachen. Aber Wohlstand und Ruhm auch. Reichtum, den man sich selbst nicht erarbeitet hat, nimmt Ehrgeiz, Stolz und Selbstwertgefühl. Es ist sehr viel schwerer, ein Kind in einem wohlhabenden Umfeld zu einem selbstbewussten, zufriedenen Menschen zu erziehen, als viele glauben.

Was schätzen Sie, in welcher Bevölkerungsgruppe in unserem Land ist die Selbstmordrate am höchsten? Bei armen oder bei wohlhabenden Menschen? Tatsächlich bringen sich prozentual mehr Deutsche mit einer objektiv betrachtet relativ hohen Le-

vor 1,2 Mrd. Jahren

bensqualität um. Wenn Sie in einer Plattenbausiedlung in Berlin-Marzahn von Hartz IV leben, dann haben Sie wenigstens jemanden, dem Sie die Schuld an der Misere geben können: Ihren Eltern, dem Staat, der Gesellschaft. Wenn es aber keinen äußeren Grund für Ihr mieses Lebensgefühl gibt, wenn Sie selbst und alle um Sie herum wohlhabend und gebildet sind, dann geben Sie sich tendenziell selbst die Schuld an Ihrer Lage und bringen sich im schlimmsten Fall sogar um. Also, liebe Besserverdiener: Wenn ihr unzufrieden mit eurem Leben seid, kündigt, verschenkt euer Geld und zieht nach Burundi. Marzahn geht fürs Erste auch.

Selbstverständlich macht Geld nicht unglücklich, es macht aber auch nicht unbedingt glücklich. Der deutsche Glücksatlas, eine Studie der *Deutschen Post* zur Zufriedenheit, zeigt: Wer zu wenig hat, um seinen Lebensunterhalt zu bestreiten, ist unglücklich. Doch ab einem Monatseinkommen von 5000 Euro brutto ist ein Sättigungsniveau erreicht. Die Lebenszufriedenheit nimmt nicht nur nicht mehr zu, sondern fällt, da Stress und Druck bei der Arbeit immer größer werden.

Dennoch lassen sich viele Menschen durch Boni, Firmenwagen und diverse andere Annehmlichkeiten ködern. Das ist nichts Verwerfliches. Doch aus der Motivationsforschung ist bekannt, dass sich finanzielle Anreize sehr oft negativ auf die Leistung auswirken. Wenn Sie den Jungs von der Freiwilligen Feuerwehr für jeden gelöschten Brand einen fetten Bonus zahlen, muss es schon mit dem Teufel zugehen, wenn nicht ein paar von ihnen auf die Idee kommen, das Geschäft ein wenig anzukurbeln.

Im Fachjargon nennt man das den «Kobra-Effekt». Der Begriff stammt aus der Zeit der britischen Kolonialherrschaft in Indien. Damals herrschte dort eine Schlangenplage. Der britische Gouverneur setzte daraufhin ein Kopfgeld auf jede erlegte Kobra aus. Mit dem Ergebnis, dass die Leute begannen, in ihren Hinterhöfen fleißig Schlangen zu züchten, um sie anschließend töten und die Prämie kassieren zu können.

Belohnungen verführen die Menschen tendenziell dazu, einfache und schnelle Lösungen zu suchen. Kein Wunder, denn unter bestimmten Umständen wirkt Geld wie eine Droge: Es wird im Lustzentrum verarbeitet, und dadurch wird das Denken verzerrt. Wenn man Menschen Geld unter die Nase hält, löst sich deren selbstlose Motivation in Lust auf, und sie verhalten sich unberechenbar. Salopp gesagt: Mit Vegetariern muss man diskutieren, wenn sie eine Wurstfabrik geerbt haben.

Tatsächlich gibt es keine einzige wissenschaftliche Studie weltweit, die eine dauerhafte Leistungssteigerung durch finanzielle Anreizsysteme nachgewiesen hätte. Nur bei körperlich einfachen und präzise berechenbaren Aufgaben ohne große geistige Beteiligung, wie zum Beispiel Fließbandarbeit, gibt es Hinweise dafür. Aber wo in unserem heutigen Leben gibt es diese Tätigkeiten noch?

Bei komplexen, kreativen und geistig anspruchsvollen Tätigkeiten ist der Zusammenhang hingegen negativ. Je schwieriger die Aufgabe, desto kontraproduktiver der Leistungsanreiz. In unserer ergebnisoffenen, unberechenbaren Welt ist vor allem Phantasie gefragt. Und die bekommt man nicht durch Bonussysteme. Schon Konfuzius wusste: Man kann sein Bett so groß bauen, wie man will, und trotzdem sehr wenige Frauen dazu bringen, mit einem zu schlafen.

Diese Erkenntnis wurde in den Wirtschaftswissenschaften lange Zeit ignoriert. Noch bis vor wenigen Jahren ging man davon aus, Motivation lasse sich mit finanziellen Anreizen steigern. Der erste Wissenschaftler, der konsequent an dieser These zweifelte, war Daniel Kahneman. Der gelernte Psychologe zeigte in zahlreichen Studien, dass wir uns in vielen wirtschaftlichen Zusammenhängen ziemlich unwirtschaftlich verhalten. Blutspender, die nach der Spende vom Arzt gelobt worden waren, kamen zukünftig wesentlich häufiger zum Spenden als jene, denen man als Dank zehn Euro in die Hand gedrückt hatte. Das Geld verwandelt einen Akt der Wohltätigkeit in einen schmerzhaften Weg, ein bisschen Geld zu verdienen. Zehn mickrige Euro für etwas so Kostbares wie einen halben Liter Blut ist ein ziemlich schlechter Deal.

Kahneman verknüpfte bei seinen Forschungen Aspekte aus Psychologie und Ökonomie und schuf mit der Verhaltensökonomie ein neues Forschungsgebiet, für das er 2002 sogar den Nobelpreis für Wirtschaftswissenschaften erhielt.

Inzwischen weiß man sehr gut, wie man Anreize wesentlich geschickter setzen kann als durch monetäre Belohnung: Die effektivste Methode, sich an den Geburtstag seiner Frau zu erinnern, ist, ihn einmal zu vergessen.

Über Glück und Sinnhaftigkeit sind unzählige Bücher geschrieben worden. Und ich werde den Teufel tun und mich hier mit irgendwelchen Tipps und Tricks aus dem Fenster lehnen. Was genau Ihren Glückshormonspiegel hebt, was Ihnen also Erfüllung, Glück und Zufriedenheit verschafft, kann niemand sagen. Es sei denn, Sie haben einen guten Drogenhändler an der Hand. *Prozac* soll angeblich auch Wunder wirken. Was ist der Sinn des Lebens? Diese Frage stellen wir uns wahrscheinlich alle irgendwann im Leben. Meine Antwort: nüscht! Soweit man es aus naturwissenschaftlicher Sicht beurteilen kann, hat unser Leben nicht den geringsten Sinn. Wir sind nichts weiter als das zufällige Produkt eines evolutionären Prozesses, der ohne Zweck oder Ziel agiert. Unsere Existenz ist nicht Teil eines universellen Plans. Wenn die Erde morgen von einem großen Meteoriten getroffen wird, der alles Leben auslöscht, kümmert sich das restliche Universum einen feuchten Kehricht darum. Niemand würde uns vermissen. Daher ist jeder Sinn, den wir unserem Leben geben, künstlich und somit reine Illusion. Das klingt vielleicht hart, aber letztlich beruht jede Form von Glück auf Selbstbetrug.

Gemach, gemach! Ein bisschen kann die Wissenschaft schon über das Erreichen von Glück und Zufriedenheit sagen. Stehen Tiere in Versuchslaboren vor der Wahl, sich ihr Futter selbst beschaffen zu müssen oder es ohne Gegenleistung zu bekommen, dann ziehen es vor, für das Futter zu arbeiten. Es verschafft ihnen einen höheren Level an Zufriedenheit. Sich eigene Ziele zu setzen und sich dafür anstrengen zu müssen steigert messbar unser Glücksgefühl. Selbstbestimmung und Autonomie erhöhen den Serotoninspiegel. Selbst dann, wenn sie sich als Illusion entpuppen. Selbstbestimmung im Job macht effizienter, produktiver und kreativer. Schwedische Forscher fanden sogar heraus, dass Arbeitnehmer, die zwar einen anspruchsvollen Job haben, aber nur wenig Einfluss auf die Gestaltung ihres Arbeitsalltags, ein erhöhtes Risiko besitzen, chronisch krank zu werden.

Wer sich als hilfloses Opfer begreift, ist signifikant unglücklicher. Leider sind wir Deutschen in dieser Disziplin Weltmarktführer. Laut einer Studie des *Pew Research Centers* glauben 68 Prozent aller Bundesbürger, ihr Schicksal hänge von Faktoren ab, die sie nicht beeinflussen können (der Zugehörigkeit einer bestimmten sozialen Schicht, unserem mangelhaften Bildungssystem, der Grausamkeit der Marktwirtschaft etc.). Hätte man diese Umfrage unter Leibeigenen im Mittelalter gemacht, wäre womöglich ein ähnliches Ergebnis zustande gekommen.

Angenommen, Sie hätten nur noch sechs Monate zu leben. Was würden Sie mit Ihrer Zeit anfangen? Und angenommen, nach sechs Monaten stellt sich heraus, es war ein Irrtum, Sie sind kerngesund. Würden Sie wieder in Ihren alten Trott zurückfallen wollen? Und wenn nicht, warum tun Sie es heute?

Was ich damit sagen will: Wenn Sie Ihren Job nicht mögen, kündigen Sie. Ja, aber ... NEIN! Kündigen Sie! Vielleicht wäre Ihr Unternehmen ohne Sie besser dran.

Ich bin mir bewusst, dass sich einige von Ihnen diese Frage gar nicht stellen können, weil sie zusehen müssen, ihre Familie irgendwie über die Runden zu bringen, oder aufgrund ihrer Ausbildung wenige Alternativen haben. Doch gleichzeitig gibt es eine Menge Leute in diesem Land, die die Möglichkeit einer beruflichen Veränderung hätten, aber einen solchen Schritt nicht einmal erwägen.

Wenn Sie also zu ängstlich oder zu bequem sind, dann bleiben Sie in Ihrem Job. Aber meckern Sie nicht rum. Nicht über Ihren Chef, die Globalisierung, Ihre Kollegen oder Ihre Kunden. Wenn Sie nichts ändern wollen, dann machen Sie weiter wie bisher – aber halten Sie die Klappe. Allerdings sollten Sie bedenken: Der höchste Preis, den ein Mensch zahlen kann, ist nicht der Verlust eines sicheren Jobs oder die Pfändung des neuen Reihenhäuschens. Der höchste Preis ist der Verlust der Selbstachtung.

Menschen haben einen starken Drang zum Festhalten am Gewohnten. Das ist nicht unbedingt schlecht und evolutionär sogar ein wichtiges Überlebensprinzip. Schon für die ersten Zellen vor 3,5 Milliarden Jahren war der Schutz gegen Außenwirkung und die Vermeidung von Störungen von zentraler Bedeutung. Vermeide jede Gefahr, strebe nach Stabilität und vergeude nicht nutzlos Energie. 3,5 Milliarden Jahre Evolution muss man erst mal überwinden.

«Do nothing» ist ein ziemlich starker Trieb, weil Veränderungen immer mit Anstrengungen verbunden sind. Gabriel, ein guter Freund von mir, ist ein genialer Pianist. Praktisch jede Melodie kann er aus dem Kopf nachspielen. Ab und an setzt er sich auf einer Party ans Klavier, und spätestens nach fünf Minuten schmelzen sämtliche Frauen dahin.

«Hach, ich würde auch gerne so toll Klavier spielen können wie du, Gabriel», sagte ich zu ihm. «Nein, würdest du nicht», antwortete er. «Du liebst die Vorstellung, es zu können. Wenn du es wirklich wollen würdest, würdest du es tun. Aber um so gut Klavier spielen zu können, musst du täglich drei bis vier Stunden üben, und zwar über Jahre hinweg – und das willst du nicht.» Ich dachte kurz über seine Worte nach, und plötzlich war es für mich gar nicht mehr so attraktiv, ein guter Pianist zu sein.

Auf seinen raketenmäßigen Erfolg angesprochen, lächelte Harry Belafonte nur und sagte: «Wissen Sie, ich habe 30 Jahre gebraucht, um über Nacht berühmt zu werden.»

Als ich vor rund 15 Jahren auf die Kabarettbühne ging, war mir durchaus bewusst, dass diese Entscheidung, trotz aller Anstrengungen und Mühen, die ich bereit war auf mich zu nehmen, komplett in die Hose gehen könnte. Einfach, weil jede große Lebensentscheidung eine Menge Gefahren und Risiken birgt. Wir machen permanent Fehler, weil wir nie wissen, ob wir auf dem richtigen Weg sind. Die daraus entstehende tiefe Verunsicherung ist manchmal deprimierend und oft kräfteraubend. Andererseits sind wir Menschen trotz unserer angeborenen Neigung, Veränderungen möglichst zu vermeiden, das flexibelste und anpassungsfähigste Lebewesen auf diesem Planeten, denn wir können aus allem das Beste machen. Unser Gehirn ist dynamisch und wird vom Alltag geformt. Dadurch ist es zu faszinierenden Leistungen fähig. Letztes Jahr soll es sogar einem bulgarischen Gedächtniskünstler gelungen sein, seine vollständige IBAN fehlerfrei aufzusagen.

Der Mensch besitzt die einmalige Fähigkeit, individuelle Defizite auf eine kreative und phantasievolle Weise auszugleichen. So kommen erstaunlich viele erfolgreiche Köche aus England, aus einem Land, in dem das Essen einer Körperverletzung gleicht. Der Philosoph Paul Feyerabend war aufgrund einer Kriegsverletzung impotent, hat aber trotzdem viermal geheiratet. Viermal dürfen Sie raten, warum.

Und weil unser Gehirn unser ganzes Leben lang flexibel und dynamisch bleibt, ist es nie zu spät, sein Leben zu ändern. Es ist zwar wahr, dass viele große Dinge von jüngeren Menschen geleistet wurden. Die meisten Mathe-Genies haben ihre originellsten Arbeiten zu einem Zeitpunkt abgeliefert, an dem wir unseren ersten Kredit für ein Haus aufnehmen. Was wir wahrscheinlich nicht tun würden, wenn wir besser rechnen könnten.

Dennoch kann man auch im Alter noch Großes leisten. Benjamin Franklin erfand das Bifokalglas mit 78. Vladimir Horowitz gab noch mit 84 Jahren Klavierkonzerte. Und bei Johannes Heesters schallte es angeblich noch aus dem Sarg heraus: «Heut geh ich ins Maxim ...» Sie sind 40 Jahre alt und denken, Ihr Leben sei vorbei? Sie täuschen sich.

Natürlich ist nicht alles möglich. Wenn Sie kurz vor Ihrem Neunzigsten stehen, ist es relativ unwahrscheinlich, dass Sie die Rolle des Prinz Siegfried in Schwanensee bekommen werden

– vor allem, wenn Sie eine künstliche Hüfte haben und heterosexuell sind. Viele Träume sind schlichtweg nicht realisierbar – aus Geldmangel, aufgrund familiärer Verpflichtungen oder gesundheitsbedingt. Viele aber schon. Wenn wir den Hintern hochkriegen.

Will man sich beruflich verändern, ist es laut Herminia Ibarra, einer Professorin für Organisationsverhalten, die beste Strategie, eine neue Tätigkeit auszuprobieren. Das klingt nach einer Binsenweisheit, doch tatsächlich handeln die meisten von uns ganz anders. Wir recherchieren unendlich viel, führen endlose Beratungsgespräche und lesen unzählige Ratgeber. Insgeheim hoffen wir, plötzlich eine Erleuchtung zu haben, unser «Wahres Ich» zu erkennen und auf einmal ganz genau zu wissen, welcher Beruf der richtige ist. Herminia Ibarra fand indes heraus, dass sich die meisten erfolgreichen Berufswechsel nur selten geradlinig und strategisch geplant vollziehen. Sie sind vielmehr eine Serie mehrerer Irrtümer und erfolgloser Versuche – meist mit einem überraschenden Ende. Wenn Sie also Ihr Leben verändern wollen, ist es anscheinend am wichtigsten, überhaupt damit anzufangen.

Ich habe nie geplant, auf einer Bühne zu stehen, eine TV-Sendung zu moderieren oder Bücher zu schreiben. Doch der Frust über mein Berufsleben und eine Personalerin, die mich nicht einstellen wollte, haben mich gezwungen, etwas vollkommen Neues auszuprobieren.

Als ich nach der Absage frustriert in meiner Küche saß, sagte meine damalige Freundin beiläufig zu mir: «Das, was dir eigentlich Spaß macht, ist, Leute zu unterhalten. Auf jeder Party stehen irgendwann die Gäste um dich herum und lachen sich über deine Geschichten tot. Geh doch auf die Bühne.» Ich schlief eine Nacht darüber – und verfolgte am nächsten Morgen diese Schnapsidee weiter. Ich schrieb die ersten Texte, telefonierte mit Veranstaltern und nutzte in der darauffolgenden Zeit jede Gelegenheit, die sich mir bot, um aufzutreten. Am Anfang konnte ich von meinen Gagen kaum die Miete bezahlen. Es hat lange gedauert, bis ich auch nur im Ansatz auf denselben Verdienst wie vorher als Unternehmensberater kam. «Warum nur verdienen diese Schnösel gleich so viel?», fragte ich damals meinen Freund Gabriel. Seine Antwort: «Na ja, weil man Menschen eben eine Menge Geld zahlen muss, damit sie diese Art von Arbeit machen.»

Was *Ihnen* in Ihrem Leben wichtig ist, müssen Sie allein entscheiden. Ich kenne viele Menschen, die ihre Berufsentscheidung danach getroffen haben, was «vernünftig» ist. Sie wechselten nach der Ausbildung nahtlos ins Berufsleben und haben seitdem ihren Job nie in Frage gestellt. Für die nächste Beförderung machen sie Überstunden und haben lange aufgehört, darüber nachzudenken, ob der Vertriebsleiterposten in dem neuen Werk in Castrop-Rauxel wirklich ein spitzenmäßiges Ziel für sie ist. Dafür kennen sie exakt den Tag, an dem sie in Rente gehen.

Andere folgen ihren Träumen, steigen aus, machen eine Bar auf, gründen eine Surfschule, geben Gewürzbindekurse oder werden Künstler. Sie pfeifen auf einen sicheren Job und verwirklichen sich selbst. Im ersten Moment hört sich das vielleicht mutig an. Kamikaze trifft es allerdings besser. Ein Blick auf die Statistiken der Künstlersozialkasse genügt.

Bei mir ist es gutgegangen. Ich bin glücklich. Auch wenn ich weiß, dass Glück nur eine Illusion ist, die mir meine Neurotransmitter vorgaukeln.

KARRIERE

GURU IST KEIN AUSBILDUNGS-BERUF

Es ist gar nicht so leicht, herauszufinden, was einem beruflich Spaß macht. Und vor allem ist es nicht leicht, damit auch noch erfolgreich zu sein. Welcher berufliche Weg ist der richtige? Was muss ich tun, um im Geschäftsleben nach oben zu kommen? Und ist Erfolg planbar? Es gibt eine Menge Menschen, die davon überzeugt sind. Einige davon verdienen mit dieser Überzeugung sogar ihren Lebensunterhalt.

Kürzlich las ich ein Interview mit einem bekannten Management-Guru. Ein gutaussehender, sportlicher Skandinavier, der seit Jahren durch die Welt reist und für unvorstellbar viel Geld internationalen Unternehmen erklärt, wie sie Konsumenten mit Hilfe von Neuromarketing beeinflussen können. Neuromarketing ähnelt dem üblichen Marketing: Man geht den Kunden auf die Nerven – aber viiiel subtiler.

In dem Interview warnte der Guru vor solch perfiden Methoden. Bei Lippenstiften würden die Hersteller Chemikalien untermischen, die heimlich, still und leise abhängig machten. Ich schluckte. Das also ist der Grund, weshalb Valerie immer so aufgeregt die Augen verdreht, wenn sie an einer *Douglas*-Filiale vorbeigeht.

Aber auch wir Männer sind seiner Meinung nach hilflose Konsum-Marionetten. Zwei Drittel unseres Kaufverhaltens werde durch unsere Mütter definiert. Na, wenigstens habe ich jetzt eine gute Ausrede, wenn ich das nächste Mal den *Playboy* in den Einkaufswagen lege. «Du, Schatz, ich kann nix dafür. Mutter ist schuld.»

Für diese genialen Erkenntnisse hat das *Time Magazin* den Guru übrigens vor einigen Jahren zu einem der hundert einflussreichsten Menschen der Welt gewählt. Zusammen mit Barack Obama und Lady Gaga. Vollkommen zu Recht, finde ich. Immerhin kann ich nun endlich jeden Abend vor dem Fernseher ohne schlechtes Gewissen eine Dose *Pringles Exploding Cheese & Chilli* in mich hineinschütten und das Ganze mit zwei Tüten *Haribo Goldbären* und einem Liter *Coca-Cola* ablöschen. Gegen die süchtig machenden Zusatzstoffe der modernen Nahrungsmittelindustrie ist ja leider, leider kein Kraut gewachsen. Sagt jedenfalls der Guru.

«Was hat denn dein Guru eigentlich für eine Ausbildung?», fragt mich Valerie etwas genervt, als ich ihr lang und breit von dem Typen vorschwärme. Ich setze mich an den Computer und google. «So, wie's aussieht ... äh ... na ja, also ..., so eher ... keine ...», antworte ich nach einer halben Stunde intensiver Recherche. Im Netz steht nur, dass er als Kind im elterlichen Garten erfolgreich Legohäuser gebaut hat. Ich gebe zu, das ist kein wirklich glamouröser Lebenslauf. Aber hey, andererseits ist «Guru» auch kein schnöder Ausbildungsberuf wie Fliesenleger oder Steuerfachgehilfin. Entweder du hast es drauf oder eben nicht. Jesus hatte schließlich auch nicht wegen seiner Zimmermannslehre derart viele Follower. «Guru» kannst du nicht lernen.

Ansonsten aber alles, zumindest, wenn man dem Mantra der meisten Gurus folgt. Für jeden noch so ignoranten Klappspaten gibt es inzwischen Kurse und Workshops, wie er Charisma, Kreativität, Weisheit und Achtsamkeit lernen kann. Heerscharen von Beratern, Coaches, Moderatoren, Trainern und Autoren leben davon, dass sie alles lehren, was jemand lernen will.

Auch in meinem früheren Job als Unternehmensberater wurde uns das eingetrichtert. Obwohl man in einem Physikstudium nicht gerade betriebswirtschaftliches Fachwissen lernt, wurde ich bereits nach vier Wochen Ökonomie-Crashkurs auf den ersten Kunden losgelassen und sollte ihm erzählen, wie er sein Unternehmen auf Vordermann bringen kann. Bezahlte Besserwisserei bei maximaler Verantwortungslosigkeit. Ich hatte zwar keine Ahnung, konnte das aber nach einiger Zeit gekonnt vertuschen. Ich arbeitete mich oberflächlich in ein Thema ein und simulierte ab dann Expertentum. In Insiderkreisen spricht man von einer fundierten «Inkompetenzkompensationskompetenz». Und das funktioniert deswegen so hervorragend, weil der Kunde in der Regel keine echte Beratung sucht, sondern nur ein paar seriös aussehende Strohmänner, die mit notdürftig zusammengeklaubten Zahlen und schönen Worten bereits getroffene Entscheidungen nach innen und außen rechtfertigen sollen: Einsparungen, Übernahmen, Entlassungen, Outsourcing etc. ...

Im Zusammenhang mit Religionen oder Sekten ist die Figur des Gurus eher negativ behaftet. Dubiose Typen, die in halbdurchsichtigen Seidengewändern über Poolliegen stolpern, deutlich jüngere Frauen angrapschen und ab und an auch gerne einen Massenselbstmord befehlen. Solche Gurus werden von den meisten als halbseidene Scharlatane erkannt. Kommen sie dagegen im schicken Anzug, mit Rollkoffer und einem Harvard-Diplom (oder auch mit «nichts») ins Unternehmen, werden sie als Heilsbringer gefeiert. Das Bild von Gurus in der Wirtschaft ist im Großen und Ganzen positiv.

Auffällig jedoch ist, dass die wenigsten dieser Erfolgspropheten tatsächlich selbst Unternehmer waren. Die Legende, Erfolg sei machbar, stammt zum überwiegenden Teil von Menschen, die niemals erfolgreich ein Unternehmen gegründet oder geführt haben.

Auf dem Coaching-Markt sieht es nicht viel anders aus. Wirft man einen Blick auf die Biographien vieler Coaches, gewinnt man den Eindruck, dass Coaches coachen, weil sie in ihrem Job davor wenig bis nichts hinbekommen haben und nun glauben, aus ihrem Scheitern heraus anderen erklären zu können, wie sie Erfolg haben. Obwohl, das ist nicht ganz richtig. In der Regel haben viele Coaches vorher *überhaupt* keinen anderen Job gehabt.

Genauso wie die Tätigkeit «Berater» ist auch der Begriff «Coach» nicht geschützt. Theoretisch kann sich jeder so nennen. Weder gibt es eine anerkannte Ausbildung noch fundierte Qualitätsstandards für diesen Beruf. Und wissenschaftlich belastbare Belege für die Wirksamkeit einzelner Coaching-Konzepte oder des Coachings generell gibt es ebenfalls nicht. Was viele nicht daran hindert, sich einen Coach zu nehmen. Es gibt Health-Coaches, Life-Coaches und sogar Art-Coaches, die Ihnen sagen, welche Bilder Sie in Ihrem Wohnzimmer aufhängen sollen, damit die Energie ungestört durch die Eichenschrankwand fließen kann. Das Problem: Wenn Sie «voll auf Coach» sind, fällt der Ausstieg schwer. Inzwischen nehmen sich sogar Coaches einen Coach, der sie coacht, wie man am besten coacht. Neulich las ich, dass Niedersachsen über 100 ehrenamtliche Wolfsberater hat. Für 50 Wölfe! Kein Witz. Wahrscheinlich werden die Tiere von den vielen Beratern gecoacht und in intensiven Wochenendworkshops Schritt für Schritt zu Vegetariern ausgebildet. Und zum Schluss gibt es eine Rudelaufstellung mit Tofuwürstchen.

Schätzungen zufolge gibt es in Deutschland ca. 40 000 Menschen, die sich auf das Gebiet des Business-Coachings spezialisiert haben. Sie sollen einen unabhängigen Blickwinkel aufzeigen, Arbeitnehmern bei der Bewältigung von Stress und dem Umgang mit Vorgesetzten und Kollegen helfen oder Unternehmern den innovativen Anstoß in die richtige Richtung geben. Kurz: Sie sollen uns dabei helfen, erfolgreich zu sein. Doch was ist, wenn auch beruflicher Erfolg viel mehr vom Zufall abhängt, als wir glauben wollen? Wenn es keine berechenbare Formel dafür gibt?

Vor einigen Monaten gab Lady Gaga in der Zeitschrift *GQ* ein großes Interview, in dem sie den bemerkenswerten Satz sagte: «Ich bin nicht zufällig berühmt geworden.» Als Beweis führt sie an, wie hart sie seit ihrer Kindheit an ihrer Karriere gearbeitet habe.

Geschichten wie diese lieben wir. Sie hören sich plausibel an und decken sich präzise mit den Aussagen vieler erfolgreicher Menschen. Wenn Sie in eine Buchhandlung gehen, finden Sie unzählige Bücher, die sich dem Thema «Wie werde ich erfolgreich?» widmen. Diese Bücher sind immer nach demselben Muster gestrickt: Meist wird ein erfolgreicher Mensch vorgestellt, der Eigenschaften wie Mut, Risikobereitschaft, Fleiß besitzt. Dann wird gefolgert: Wenn auch SIE diese Eigenschaft fördern, läuft's mit der Karriere!

Klassischer Statistikfehler. Wir wissen nämlich nicht, wie viele Menschen ebenfalls mutig, risikobereit oder fleißig sind und trotzdem scheiterten. Erfolglose Menschen schreiben nun mal keine Erfolgsbücher. Ich habe nachgeguckt. Sie finden im Buchhandel keine Bücher mit Titeln wie «Warum ich's nicht geschafft habe», «In zwölf Schritten zum Loser» oder «Trotz Einser-Abi in der Gosse».

In der Rückschau erscheinen uns viele erfolgreiche Entwicklungen in sich logisch, strategisch geplant und absehbar. Aber eben nur in der Rückschau. Hätten Sie vor 30 Jahren auf *Apple* gewettet? Oder nicht müde abgewinkt, wenn jemand vor 10 Jahren prophezeit hätte: «Ihr werdet einmal in schicke Designerläden gehen und dort kleine Aludöschen mit Kaffeepulver für 3,50 Euro kaufen!» Wir hätten doch alle gesagt: Was für eine beknackte Idee! Und trotzdem machen wir es heute. Warum? Weil es so bequem ist. «Quatsch», sagt meine Frau, «weil vielleicht der George Clooney vorbeikommt!»

Als ich 2008 mein erstes Buch «Denken Sie selbst, sonst tun es andere für Sie» schrieb, hatte ich keine Ahnung, was danach passieren würde. Das Buch kam heraus, landete in der dritten Woche auf der *Spiegel*-Bestsellerliste und verließ sie über ein Jahr nicht mehr. Inzwischen sind von «Denken Sie selbst» fast 400 000 Exemplare verkauft. Oft wurde ich gefragt, wie ich mir diesen Erfolg erkläre. War das Buch so erfolgreich, weil es lustig geschrieben ist, weil man mich von meinen Bühnenprogrammen kennt oder weil der Titel gut klingt? Ich habe in den letzten Jahren viel darüber nachgedacht, und meine Antwort ist: Ich habe nicht die geringste Ahnung! Vielleicht war mein Bucherfolg viel mehr Glück und Zufall, als ich mir eingestehen möchte.

Tagtäglich schicken junge, unbekannte Autoren ihre Arbeitsproben an zahllose Verlage. Allein der *New Yorker* lehnt jeden Tag hundert Manuskripte ab. Wie groß mag die Zahl der schriftstellerischen Genies sein, von denen wir nie etwas hören? Wie viele genial gemachte Video-Clips existieren auf *YouTube*, die nie über ein paar hundert Klicks hinauskommen? Wie viele großartige Schauspieler werden nie entdeckt? Und wieso flimmert stattdessen Christine Neubauer ständig über die Mattscheibe?

Im realen Leben sehen wir nur die, die es geschafft haben. Diejenigen, die gescheitert sind, sind wie vom Erdboden verschwunden.

Und genau das ist die Krux bei vielen Erklärungsmodellen für Erfolg. Solange ich keinen Überblick über die Zahl der Gescheiterten habe, weiß ich auch nicht, wie clever die Gewinner wirklich waren. Wenn ich fünf Affen auf einem Laptop herumtippen lasse und einer davon schreibt den Satz: «Ich bin Broker», dann ist das enorm beeindruckend. Bei 10^{50} Affen wäre das schon deutlich weniger spektakulär. Anders gesagt: Je größer die

Anzahl der Typen, die auf einem Laptop herumhacken, desto schlechter kann ich herausfinden, ob mein Aktienhändler tatsächlich etwas draufhat oder nur ein Lackaffe ist.

Trotzdem lieben wir Menschen Ratgeber. Nicht, weil wir sie befolgen, sondern weil wir das gute Gefühl lieben, etwas in unserem Leben getan zu haben. Zum Beispiel ein Ratgeberbuch zu lesen.

Obwohl wir insgeheim wissen, dass wir dabei einer Illusion aufsitzen, hängen wir zahllosen «Experten» an den Lippen und kaufen mit sehnsuchtsvollen Augen ihre Bücher. Auf der Vertriebsleitertagung unseres Unternehmens wird für teures Geld ein Verkaufsguru aus Texas eingeflogen, der der staunenden Belegschaft in einer zweihundertseitigen *PowerPoint*-Präsentation die neuesten Verkaufsweisheiten mit auf den Weg gibt. Noch im Mittelalter warf man die Menschen in dunkle Verließe und quälte sie mit einem glühend heißen Eisen. Heute steckt man sie in einen hellerleuchteten Raum mit grässlichem Mobiliar und malträtiert sie mit einem Beamer.

In den achtziger Jahren kam das Buch «Auf der Suche nach Spitzenleistungen» auf den Markt, eines der erfolgreichsten und prägendsten Managementbücher bis zum heutigen Tag. Geschrieben von Thomas J. Peters und Robert H. Waterman, zwei McKinsey-Beratern. Ihre Grundthese: Wirtschaftlicher Erfolg ist, mit den richtigen Managementtools, grundsätzlich planbar. Und als Beweis stellen die beiden eine Reihe von Erfolgsunternehmen vor – von denen heute gerade die Hälfte noch auf dem Markt ist. Der Rest ist pleitegegangen oder wurde aufgekauft.

Was ist entscheidend, damit wir beruflichen Erfolg haben? Diese Frage ist eigentlich falsch gestellt. Genau genommen müsste sie heißen: Warum sind die Erfolgsfaktoren so schwer zu bestimmen? Und warum liegen Gurus so oft daneben? «Wenn du es nur willst, kannst du es schaffen!!» Das ist Quatsch. Wenn

Sie in Somalia zur Welt kommen, schaffen Sie es nicht. Außer, Sie wollen groß in den Waffenhandel einsteigen. Ob Sie in München-Bogenhausen in eine Industriellendynastie hineingeboren werden oder in eine Hartz-IV-Familie in Berlin-Wedding, ist vollkommen zufällig.

Wir gestehen es uns nur ungern ein, aber Erfolg basiert in vielen Fällen auf Dingen, die wir nicht wirklich beeinflussen können. 80 Prozent aller Topmanager in Deutschland sind über 1,80 groß (deswegen reden sie wahrscheinlich auch so oft über Wachstum). Die Evolution hat sie per Zufall groß werden lassen – und das ist ein ziemlich strenges Indiz für Karriereerfolg.

Was wir allerdings tun können, ist, diese nicht voraussehbaren Dinge und Ereignisse hinzunehmen und zu versuchen, das Beste daraus zu machen. Im Gegensatz zu Lady Gaga bin ich davon überzeugt, dass es in unserer komplexen Welt keine Erfolgstools gibt, die wir lediglich anwenden müssen, um ganz nach oben zu kommen. Erfolg lässt sich nicht herbeipla-

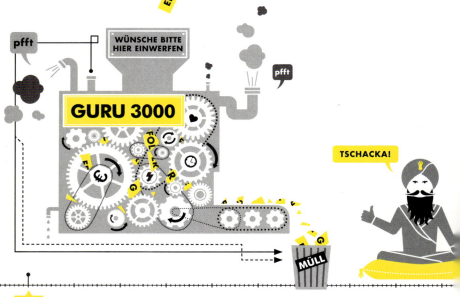

nen. Das, was für den einen funktioniert, funktioniert für den anderen überhaupt nicht. Und das, was heute funktioniert, funktioniert noch lange nicht morgen. Erfolg ist immer individuell. Menschen, Teams oder Unternehmen sind keine Maschinen, die man mit der richtigen Gebrauchsanleitung in Erfolgsbahnen lenken kann. Erfolgsgurus verwechseln allesamt ein komplexes System mit einem komplizierten System. Ein Flugzeug zu fliegen zum Beispiel ist kompliziert, doch man kann es mit dem richtigen Knowhow präzise steuern. Menschen jedoch sind komplex. Und komplexe Systeme verhalten sich ziemlich unberechenbar. Ob mit oder ohne Knowhow.

Gute Coaches (ja, die gibt es durchaus!) sind sich dieser Komplexität bewusst und versuchen, sie im Dialog gemeinsam zu entwirren. Dabei geht es nicht um vorgefertigte Pläne, sondern um einen unabhängigen Gesprächspartner, der einen anderen Blick auf die Dinge hat, alte Denkmuster durchbricht und Optionen erkennt, für die der Klient in seinem täglichen Hamsterrad blind ist. Denn oft tun wir uns sehr schwer damit, das Unberechenbare als Option zu erkennen.

«Vielleicht sollte ich es auch mal als Guru versuchen», sagte ich neulich zu meiner Frau. «Aber du hast doch eine vernünftige Ausbildung», entgegnete sie skeptisch. «Ja, schon», antwortete ich, «aber das muss ja keiner wissen.»

Ich könnte zunächst als normaler Coach einsteigen und mich dann Schritt für Schritt zum Guru hocharbeiten. Ich glaube, das ist genau mein Ding! Mit Supervision, NLP, PDF und allem Pipapo. Ich werde über glühende Kohlen gehen, «Tschacka, du schaffst es!» rufen und in meinen *PowerPoint*-Präsentationen den Marketingleitern und Vertriebschefs der Nation tiefgreifende Weisheiten mit auf den Weg geben, wie es der Spaßguru Lorenz Meyer tut: «Wer sich auf die Zehen stellt, wächst über sich hinaus», «Lebe jeden Tag, als ob es ein anderer wäre», «Stelle dich in die Sonne, und du stellst andere in den Schatten».

Und dann schreibe ich zwei, drei Management-Bestseller. Irgendwas über systemische Prozessoptimierung, quantenkryptographische Unternehmensaufstellung oder neurolinguistische Transaktionsanalytik. Je unverständlicher, desto besser. Denn als Guru musst du eine Aura des Diffusen erzeugen. «Tschacka, ich schaff das ...»

vor 345 Mio. Jahren

ZUKUNFTSPROGNOSEN

VON SCHWARZEN UND BLAUEN SCHWÄNEN

Haben Sie vor 20 Jahren die Möglichkeit vermisst, eine SMS zu schreiben? Oder hatten Sie das Gefühl, ohne ein Navigationssystem ist eine Autofahrt nach Wuppertal unmöglich? Wie oft haben Sie in den achtziger Jahren Ihren Kaffeehersteller angerufen und gesagt: Ich hätte gerne ein Kapselsystem, bei dem ich meinen Kaffee nicht mehr im Geschäft kaufen kann, sondern nur noch übers Internet?

Mögen die Coaches und Berater noch so versiert sein – niemand weiß, was morgen Erfolg haben wird. Man kann keine Marktanalysen über unbekannte Märkte betreiben, weil es diese Märkte blöderweise noch nicht gibt. Niemand ist bisher in der Lage vorherzusehen, wie sich der DAX in der nächsten Minute, der nächsten Stunde oder in einem Monat entwickeln wird. Oder anders gesagt: Wenn es Ihr Bankberater wirklich könnte, warum arbeitet er dann noch für Sie? Doris Day hatte vollkommen recht, als sie in «Que sera, sera» sang: «… the future's not ours to see.»

Keine Ahnung zu haben, wie eine Sache ausgehen wird, kommt für uns häufig einer Kapitulation gleich. Deswegen sagen wir zu jedem noch so komplexen Thema etwas vermeintlich Schlaues: «Kein Problem, die Renten sind sicher!», «Neenee, um die Jahreszeit brauchst du da nie und nimmer Schneeketten!» oder «Ach, der Knubbel am Hals geht garantiert wieder weg».

Und auch wenn wir mit solchen Sprüchen schon zigmal

falschlagen, schnattern wir uns auch beim nächsten Mal wieder um Kopf und Kragen. Die Peinlichkeit, zu sagen: «Ich weiß es nicht», ist für uns offensichtlich schlimmer, als etwas daherzuschwafeln, was sich im Nachhinein als kompletter Quatsch erweist. Das ist bei Experten nicht viel anders. Als 1989 die Mauer fiel, sagte Helmut Kohl: «In drei Jahren haben wir dort drüben blühende Landschaften!» Als er das behauptete, hatten wir gerade sechs Monate unsere Studenten-WG renoviert. Ich habe das hochgerechnet: fünf ganze Länder gegen eine Dreizimmerwohnung. Da wusste ich, der Kanzler verarscht uns. Er hat keinen blassen Schimmer, was er da gerade von sich gibt. Aber schadete es seinem Renommee als Staatsmann? Nö! Es hätte ihm geschadet, wenn er damals die reine Wahrheit gesagt hätte, die da lautete: ICH WEISS NICHT, WIE ES WIRD!

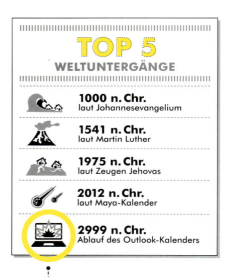

TOP 5 WELTUNTERGÄNGE

- **1000 n. Chr.** laut Johannesevangelium
- **1541 n. Chr.** laut Martin Luther
- **1975 n. Chr.** laut Zeugen Jehovas
- **2012 n. Chr.** laut Maya-Kalender
- **2999 n. Chr.** Ablauf des Outlook-Kalenders

Martin Luther prophezeite dreimal das Ende der Welt: 1532, 1538 und 1541. Danach hielt er endlich die Klappe. Sollten Sie also jemals in die Verlegenheit kommen, einen Weltuntergang zu prognostizieren, achten Sie darauf, ihn weit nach Ihrem eigenen Tod zu legen. Schon allein aufgrund der Lebensqualität.

Andererseits: An Luther erinnern wir uns nicht, weil er falsche Voraussagen getroffen hat, sondern weil er die Kirche reformierte. Wer PR-technisch versiert 95 Thesen an die Türe nagelt, dem verzeiht man offensichtlich auch ein paar kleinere Fehlprognosen.

Ich kann mich noch gut an meine Kindheit erinnern, in der ich abends mit meinen Eltern die Tagesschau sah und einfach nur Angst hatte. Damals sagte der berühmte *Club of Rome* das definitive Ende der weltweiten Ressourcen bis zum Jahr 2000 voraus. Öl, Gas, Kohle – all das sollte es zur Jahrtausendwende nicht mehr geben. Mit ausdruckslosem Gesicht zitierte der Nachrichtensprecher den Club der Apokalyptiker: Es ist fünf vor zwölf! Etwa zur gleichen Zeit listete Paul Ehrlich in seinem Bestseller «Die Bevölkerungsbombe» alle wissenschaftlichen Argumente auf, weshalb die Menschheit die nächsten 20, 25 Jahre nie und nimmer überstehen kann. Bekanntlich kam es anders, wir leben immer noch. Die Einzigen, die sich darüber ärgern, sind vermutlich die «Wirtschaftsweisen» des *Club of Rome*.

Über die Verlässlichkeit von Zukunftsprognosen gibt es eine faszinierende Arbeit. In den achtziger Jahren hat der Sozialpsychologe Philip E. Tetlock die renommiertesten Experten aus unterschiedlichen Fachgebieten gebeten, Einschätzungen über die Zukunft abzugeben. Er fragte Politologen, Ökonomen, Juristen, Diplomaten und Journalisten: Wie sieht die Welt in 20 Jahren aus? Wie entwickelt sich die Bevölkerung? Wird es mehr oder weniger Kriege geben? Gehen die Rohstoffe zur Neige? Etc., etc.

Insgesamt befragte er 248 Fachleute aus den unterschiedlichsten Wissensdisziplinen und erhielt so über 80 000 detaillierte Einschätzungen zu Ereignissen und Entwicklungen in der Zukunft. Dann wartete er 20 Jahre und glich die Aussagen der Fachleute mit der Realität ab. Wie gut prognosti-

zieren Experten die Zukunft? Das Ergebnis war niederschmetternd. Die Einschätzungen der Fachleute waren praktisch alle falsch. 15 Prozent der von ihnen als vollkommen undenkbar eingestuften Ereignisse traten tatsächlich ein, während 25 Prozent der von ihnen als absolut sicher eintretenden Entwicklungen ausgeblieben sind.

Doch noch viel schlimmer: Tetlock stellte eine bemerkenswerte Korrelation zwischen der Prognosequalität der Experten und deren Häufigkeit fest, mit der sie im Fernsehen auftreten. Sie ist auch als «Goldene Regel der Sektherstellung» bekannt: Die größten Flaschen sind meist auch die lautesten.

Als Tetlock die «Experten» mit ihren zahlreichen Fehlprognosen konfrontierte, eierten die meisten von ihnen herum und sagten: «Na ja …, im Grunde genommen … also tendenziell haben wir ja schon richtig gelegen. Gerade *weil* wir vor bestimmten Dingen gewarnt haben, sind sie eben *nicht* eingetreten.»

Mich erinnert das ein wenig an die Worte meiner ersten Freundin, die am Ende unserer Beziehung zu mir sagte: «Du, ich wäre ja mit dir zusammengeblieben. Aber dein Gejammer, ich würde dich bestimmt bald verlassen, war einfach nicht mehr auszuhalten.»

Warum irren Experten? Immerhin wissen sie zweifellos viel mehr über bestimmte Zusammenhänge als Laien. Tetlocks Ergebnisse zeigen, dass intelligente, gebildete und erfahrene Fachleute den Laien durchaus überlegen sind. Aber nur, wenn es um eng begrenzte Themenfelder, Tätigkeiten oder Aufgaben geht. Bastian Schweinsteiger verwandelt mit Sicherheit mehr Elfmeter als Sie, lieber Leser. Sofern Sie nicht zufälligerweise Thomas Müller heißen. Ein Gehirnchirurg kann eine Lobotomie wesentlich besser ausführen als ein Steinmetz. Wobei es für das Opfer wahrscheinlich keinen Unterschied machen würde. Afrikaexperten können erklären, welche Stämme sich in der Südsahara

vor 230–65 Mio. Jahren

gegenseitig nicht leiden können, Ökonomen kennen das Bruttosozialprodukt der Mongolei im Jahr 1984, Historiker können benennen, wer genau an der Französischen Revolution beteiligt war. In all diesen Dingen sind Experten den Laien eindeutig überlegen. Wenn es jedoch um vielschichtige, weltumspannende Fragen und Erklärungen geht, scheitern sie. Nicht, weil sie Experten sind, sondern weil die Welt als Ganzes zu komplex ist, um sie zu erfassen. Löst China die USA als Weltmacht ab? Zerstört der Handywahn unsere Gesellschaft? Wird es in Zukunft möglich sein, ohne Atomstrom die vielen Windräder anzutreiben? Die einzige sinnvolle Antwort auf diese Fragen lautet: WIR WISSEN ES NICHT!

Es gibt unter Historikern zahlreiche unterschiedliche Erklärungsmodelle, was genau den Ersten Weltkrieg ausgelöst haben könnte. Ökonomen streiten immer noch darüber, welche Ursachen tatsächlich zur Finanzkrise 2008 führten. Und dabei handelt es sich um Ereignisse, die bereits eingetreten sind. Wie hilflos sind wir erst bei der Beurteilung von Dingen, die in der Zukunft liegen? Theodor Adorno hat zum Beispiel prognostiziert, dass nach Auschwitz kein Gedicht mehr geschrieben werden könne, woraufhin der FAZ-Kolumnist Johannes Gross erwiderte: Die Wahrheit ist, dass Adorno auch vor Auschwitz kein Gedicht hätte schreiben können.

Inzwischen können wir die Masse eines einzigen Elektrons bis auf ein hundertmilliardstel Prozent genau berechnen. Aber trotzdem sah niemand den Fall der Mauer voraus. Oder den von *Lehman Brothers*. Oder den Erfolg von *Facebook*.

Es besteht nicht der geringste Anlass zu der Vermutung, dass heutige Experten über eine größere Weisheit verfügen. Obwohl Experten zweifelsohne sehr viel wissen, wissen sie leider oft nicht, was sie alles nicht wissen. Nur sehr wenige Experten sind sich allerdings dessen bewusst. Der Börsenhändler George Soros wies vor jedem Meeting seine Mitarbeiter darauf hin, dass sie nichts als ein Haufen unwissender Dummköpfe seien. Sich selbst eingeschlossen.

Die Summe unserer Fehler bei der Vorhersage von politischen, wirtschaftlichen und gesellschaftlichen Ereignissen ist so gigantisch, dass ich mich jedes Mal wundere, wie ernst man Leute nimmt, die es trotzdem immer wieder tun.

Der Autor Nassim Taleb schrieb vor einigen Jahren ein bemerkenswertes Buch mit dem Titel «Der Schwarze Schwan». Taleb ist kein Vogelkundler, sondern Mathematiker und – wie Soros auch – ehemaliger Börsenbroker. Als «Schwarzen Schwan» bezeichnet Taleb ein extrem seltenes, unvorhersehbares Ereignis, das in der Lage ist, Ihr Leben, Ihr Geschäftsmodell oder die Welt als Ganzes vollkommen auf den Kopf zu stellen. Im Guten wie im Bösen. Der Meteoriteneinschlag vor 65 Millionen Jahren war für die Dinosaurier eindeutig ein negativer Schwarzer Schwan, für die Säugetiere war es ein positiver.

Schwarze Schwäne sind zwar selten, können aber überall auftauchen. Meine Frau zum Beispiel bezeichnet sich als eine exzellente Autofahrerin. Ich sehe das naturgemäß anders. Glauben Sie mir, würden Sie mit ihr durch die Frankfurter Innenstadt fahren, wären Sie hundertprozentig meiner Meinung. Hinter einem Steuer verwandelt sich meine entzückende Gattin in einen testosterongeschwängerten italienischen Vollprolo, der es für eine bodenlose Unverschämtheit hält, dass die Durchschnittsgeschwindigkeit im Stadtverkehr unter 120 km/h liegt. «Ich hatte noch nie einen Unfall», sagt sie immer. Was möglicherweise daran liegt, dass die anderen Verkehrsteilnehmer spontan eine Rettungsgasse bilden, wenn sie sie von hinten anrauschen sehen.

Unbegreiflicherweise ist Valerie tatsächlich in ihrer inzwischen 28-jährigen Formel-1-Karriere unfallfrei. Auf insgesamt etwa 20 000 Autofahrten! Außerdem trinkt sie selten, und wenn, fährt sie keinesfalls Auto.

Letztes Jahr waren wir auf einer Party eingeladen und sind dort ziemlich versackt. Ich nenne keine Details, aber meine Frau fährt nicht nur wie italienische Vollproleten, sie kann – wenn es darauf ankommt – auch trinken wie zehn Russen. Und so stand sie also nachts um halb drei voll wie eine österreichische Gebirgshaubitze vor unserem Auto und lallte: «Sollllllichhhh faaaaarnnn?»

Was denken Sie? Sollte sie? Vielleicht wagen Sie eine kleine Zukunftsprognose und sagen: «Na ja, rein statistisch gesehen ... – warum eigentlich nicht? Immerhin ist sie ja 20 000-mal unfallfrei unterwegs gewesen. Die Wahrscheinlichkeit, dass sie einen Unfall baut, ist also denkbar gering, oder?»

Natürlich ahnen Sie, dass das Beispiel hinkt. Denn während ihrer 20 000 Fahrten war Valerie selbstverständlich nüchtern. Wahnsinnig zwar, aber nüchtern. Das heißt, der statistische Vergleichswert für unfallfreies, aber betrunkenes Fahren beträgt bei ihr nicht 20 000, sondern NULL Fahrten.

Selbst wenn wir nichts von Statistik, Grundgesamtheiten und Signifikanzniveaus verstehen, wissen wir intuitiv, dass wir aufgrund der vorliegenden Fakten keine Prognose für die Fahrt meiner sturzbesoffenen Frau erstellen können, weil wir es hier mit einem sogenannten Schwarzen Schwan zu tun haben. In Valeries Fall handelte es sich sogar um einen Blauen Schwan. Deswegen habe ich ihn auch lieber in ein Taxi gesteckt und bin mit ihm nach Hause gefahren.

Die meisten Zukunftsprognosen scheitern, weil jedes Prognosemodell konsequent Schwarze Schwäne ausblendet. Man prognostiziert die Zukunft, indem man sich die Vergangenheit ansieht, sie hochrechnet und das hochgerechnete Stück vorne wieder anflanscht. Das funktioniert nur dann halbwegs gut, solange nichts Ungewöhnliches passiert. Man führt sozusagen eine gründliche statistische Untersuchung vom Leben des Dalai Lama durch. 80 Jahre lang. Dann sagt man: An 20 000 Beobachtungszeitpunkten starb er kein einziges Mal. Daher kann man ihn mit einem hohen Grad an statistischer Signifikanz für unsterblich erklären.

Extrapolationen wie diese tragen die Hauptschuld an Fehlprognosen. Versuchen wir, den Lauf der Welt vorherzusagen, schreiben wir die Entwicklungen aus der Vergangenheit in der Zukunft fort. Doch die größten Veränderungen in der Zukunft ergeben sich nicht aus der Vergangenheit.

Zukunft wird – das ist Nassim Talebs These – in allen Bereichen von Schwarzen Schwänen geprägt: durch revolutionäre Erfindungen, umwälzende wissenschaftliche Entdeckungen, überraschende politische Umbrüche oder unvorhersehbare verheerende Naturkatastrophen.

Gehen wir rund 100 Jahre in der Geschichte zurück. Wenn Sie im Jahr 1900 als Gelehrter gezwungen worden wären, eine grundsätzliche Prognose für das Leben im Jahr 2016 abzugeben, dann wäre Ihnen das meiste, was heute die Welt prägt, im Jahr 1900 vollkommen unbekannt gewesen: Computer, Neutronen, Gene, Flugzeuge, Laser, Viren, Antibiotika, Urknalltheorie, Kernkraft, Mikrowelle, Betablocker, Klimaforschung, Wellness, Israel, Organtransplantation, Bio-Nahrung, Radarfallen, alkoholfreies Bier, Aids, Quantenmechanik, Verbrennungsmotor, Nylon, Penicillin, Fernsehen, Kunstdünger, Antibabypille.

Wissenschaftliche Erkenntnisse und Technologien verdoppeln sich je nach Fachgebiet alle 10 bis 20 Jahre. Diese Dynamik macht es unmöglich, die Zukunft weiter als ein Jahrzehnt vorherzusagen. Noch im Jahr 2005 ist Rudolf Moshammer mit

vor 65 Mio. Jahren

einem Telefonkabel erdrosselt wurde. Heute wäre das technisch gar nicht mehr möglich.

Der englische Ökonom Sir William Petty versuchte im 17. Jahrhundert die Entwicklung der Weltbevölkerung zu prognostizieren. Zum damaligen Zeitpunkt ging das Bevölkerungswachstum sehr langsam voran. Daher schätzte er für das Jahr 2000 eine Weltbevölkerung von 700 Millionen Menschen. Heute sind wir über sieben Milliarden.

Es ist schlichtweg unmöglich, Unvorhersehbares vorherzusehen. Genau deswegen erscheinen uns rückblickend praktisch alle Zukunftsprognosen namhafter Experten als lachhaft. Wenn man überhaupt etwas mit Gewissheit über die Zukunft sagen kann, dann nur, dass sie uns überraschen wird. Wir fliegen heute nicht mit Rucksackraketen durch die Lüfte, essen keine Astronautennahrung und haben kein Mittel gegen Krebs. Dafür haben wir das Internet, keine Mauer mehr und eine Pille, die bei ihrer Einnahme eine Erektion verursacht. Seien Sie mal ehrlich, wer braucht da schon Rucksackraketen?

Zukunft wird entweder komplett über- oder unterschätzt. Obwohl wir wissen, dass sich unsere Vorfahren im Hinblick auf die Zukunft immer geirrt haben, ziehen wir aus dieser Tatsache komischerweise nicht den Schluss, dass das für uns genauso gelten könnte.

Nach wie vor lieben wir Prognosen und hängen Wirtschaftsweisen, Zukunftsforschern, Nahostexperten, Aktiengurus und anderen Wahrsagern an den Lippen. Der Mathematiker Eric Lander, der die Anzahl der menschlichen Gene falsch einschätzte und der Physiker John Holdren, der irrigerweise einen Preisanstieg für Rohstoffe voraussagte, sind beide wissenschaftliche Berater der Obama-Regierung. Paul Ehrlich, dessen Aussagen in der «Bevölkerungsbombe» durch die Realität ad absurdum geführt wurde, wird immer noch von Journalisten in großen Interviews hofiert. Kein einziges Klimamodell sagte die inzwischen 18-jährige Stagnation der Globaltemperatur voraus, dennoch werden Klimaforscher immer noch wie Halbgötter behandelt. Von den Phantastereien des *Club of Rome* gar nicht erst zu sprechen.

Warum also finanzieren wir eine milliardenschwere Industrie, die permanent fehlerhafte Vorhersagen über die Zukunft erstellt? Wieso nehmen wir Prognostiker selbst dann noch ernst, wenn sie mit ihren Vorhersagen nachweislich falsch lagen?

Die Antwort ist banal: Wir Menschen mögen keine Unsicherheiten. Sie treiben unseren Stresslevel nach oben. Nur wenige Dinge beschäftigen den Menschen so sehr wie seine Zukunft. Sie löst bei vielen Angst und Unbehagen aus. Das ist verständlich. Wenn Sie bisher überlebt haben (wovon ich stark ausgehe, wenn Sie diese Zeilen lesen), ist die Zukunft die größte Bedrohung für Sie. Nicht die Vergangenheit. Denn *die* haben Sie schließlich einigermaßen gut hinter sich gebracht. Wenn Menschen nicht wissen, wie es weitergeht, wenn sie nicht einschätzen können, was um sie herum passiert, wenn sie das Gefühl haben, sie können eine Situation nicht beherrschen, werden sie nervös. Wir alle sehnen uns nach Gewissheit und möchten nur allzu gerne in Sicherheit gewiegt werden. Auch dann, wenn es eine falsche Sicherheit ist.

Aus diesem Grund belohnen wir lieber Fehlprognosen, die mit dem Brustton der Überzeugung vorgetragen werden, als die wesentlich seriösere Aussage: «Wir wissen es nicht! Und wir werden es wahrscheinlich auch niemals wissen.»

Ist der Verlauf der Welt also unbestimmt? Diese Frage beschäftigt natürlich auch die Physik. Was können Naturwissenschaftler über die Zukunft sagen? Wird man irgendwann in die

Zukunft reisen können? Natürlich! Man braucht nur abzuwarten. Der Weg *zurück* wird das Schwierige sein.

1887 richtete der schwedische König Oscar II. folgende Frage an die berühmtesten Naturwissenschaftler seiner Zeit: «Ist unser Sonnensystem stabil?» Für eine befriedigende Antwort bot er immerhin 2500 Kronen. Doch es sollte noch über 100 Jahre dauern, bis Mathematiker und Physiker mit Hilfe von komplexen Computersimulationen endlich eine befriedigende und vor allem auch eine *korrekte* Antwort finden konnten. Sie lautet: vielleicht. Eine sehr gute Antwort, doch das Geld wurde nicht ausbezahlt. Unsicherheiten befriedigen das Schwedische Königshaus anscheinend nicht besonders. Und – ehrlich gesagt – uns Naturwissenschaftler auch nicht. Wir hätten natürlich ebenfalls gerne klare Antworten auf Zukunftsfragen. Und lange Zeit sah es so aus, als ob das gelingen könnte.

Noch vor 120 Jahren waren viele Naturforscher überzeugt, dass mit dem Beginn des Universums die Dinge unausweichlich und vorhersehbar ihren Lauf nehmen. Man müsse nur alle möglichen Einflussgrößen und Anfangsbedingungen des gesamten Systems kennen, dann könne man mit den Newton'schen Bewegungsgesetzen exakt vorausberechnen, wie sich das System als Ganzes entwickeln wird, und die vielgepriesene Weltformel entdecken.

Der Mathematiker Pierre-Simon Laplace bezeichnete einen solch hypothetischen Geist als «Laplace'schen Dämon». Und dieser könne logischerweise die Zukunft voraussagen.

Das ist natürlich eine sehr radikale, mechanistische Betrachtungsweise der Welt, in der der Mensch und somit auch das menschliche Gehirn nichts weiter sind als eine berechenbare Maschine. Napoleon soll Laplace gefragt haben, wo in diesem Weltbild da noch Platz für Gott sei? Laplace habe daraufhin schnippisch geantwortet: «Ich spekuliere nicht über Hypothesen!»

Lange sah es danach aus, als könnte der Laplace'sche Dämon, der nichts anderes als einen gigantischen Supercomputer darstellte, wahr werden. Im Jahr 1705 – rund vierzig Jahre bevor Laplace geboren wurde – prognostizierte der Astronom Edmond Halley, dass ein damals beobachteter Komet im Jahre 1758 wiederkehren würde. Es kam einer Sensation gleich, als dieses Ereignis tatsächlich eintraf. Laplace war zu diesem Zeitpunkt neun Jahre alt, und Halleys Vorhersage hat mit Sicherheit sein mechanistisches Weltbild geprägt.

250 Jahre später können Naturwissenschaftler die verschiedensten Phänomene präzise beschreiben. Die Relativitätstheorie gestattet Voraussagen von verblüffender Genauigkeit. So hat Einstein gezeigt, dass die Verspätung eines ICE von Bahnreisenden ganz anders empfunden wird als von Spaziergängern, die von außen auf den Zug schauen. Faszinierend!

Wenn ich nach einer Bühnenshow in meinem Hotelzimmer gut gelaunt den Fernseher aus dem Fenster werfe, dann mache ich das nicht etwa, weil ich mit Drogen vollgepumpt bin, sondern weil ich die Newton'schen Bewegungsgesetze überprüfen möchte. Kenne ich Abwurfhöhe, Auswurfwinkel und Anfangsgeschwindigkeit, kann ich eindeutig berechnen, wo der Fernseher auf dem Parkplatz aufschlagen wird. Da zahle ich gerne die 20 Euro für «Mediennutzung». Wenn ich morgens beim Auschecken gefragt werde: «Hatten Sie Pay-TV?», antworte ich: «Nur ganz kurz ...»

In der Welt der Elektronen verhält sich der identische Sachverhalt allerdings vollkommen anders. Wenn Sie ein Elektron aus einem Hotelzimmerfenster werfen, ist es absolut unmöglich, zu bestimmen, wo dieses Elektron auf dem Parkplatz aufschlagen wird. Der Grund liegt an der Heisenberg'schen Unschärferelation – das Lieblingsthema auf Partys. Also, auf Physikerpartys ... Die Heisenberg'sche Unschärferelation besagt: Wenn ich weiß, wo sich ein Elektron befindet, habe ich keine Chance herauszufinden, was es macht. Und wenn ich weiß, was es macht, habe ich keine Ahnung, wo es ist.

Nehmen wir ein Beispiel aus dem normalen Leben. Stellen Sie sich vor, Sie sind ein Manager und fahren mit Ihrer Sekretärin zu einer Tagung nach Gütersloh. Dann weiß Ihre Frau zwar genau, *wo* Sie sind. *Was* Sie allerdings dort machen – davon hat sie keine Ahnung.

Ein paar Wochen später findet sie an Ihrem Hemdkragen Lippenstift. In dem Moment weiß sie genau, *was* Sie gemacht haben, aber sie hat keinen blassen Schimmer, *wo*. Das ist die Heisenberg'sche Unschärferelation!

Da wir Physiker mit der Wissenschaft verheiratet sind, fühlen wir uns ein bisschen wie eine betrogene Ehefrau: Wir haben bewiesen, dass man selbst mit der exaktesten Wissenschaft die Zukunft nicht prognostizieren kann.

Tatsächlich hat dieses bizarre Phänomen, das im Zuge der Quantenmechanik vor etwa 100 Jahren das erste Mal beschrieben worden ist, das mechanistische, berechenbare Weltbild aus dem 19. Jahrhundert vollkommen aus den Angeln gehoben. Auf einmal realisierte man, dass viele Vorgänge in unserer Natur nicht vorausberechenbar sind, sondern durch Zufall und Wahrscheinlichkeit geprägt werden.

«Na ja», sagen Sie jetzt vielleicht, «diese Elektronen mögen sich ja komisch verhalten, aber unsere sichtbare Welt wird doch maßgeblich von viel größeren Objekten geprägt. Und die verhalten sich – bis auf pubertierende Teenager und Golfbälle – absolut berechenbar, oder?» Ja und Nein.

Nehmen wir an, Sie stoßen eine Billardkugel und wollen den Bahnverlauf auf dem Billardtisch berechnen. Nach dem ersten Stoß ist das einfach: Einfallswinkel gleich Ausfallswinkel … Sie wissen schon. Nach dem zweiten Kontakt der Kugel mit der

Bande oder einer anderen Kugel wird ihre Berechnung schon etwas komplizierter, lässt sich aber noch bewerkstelligen. Da jedoch der zurückgelegte Weg der Kugel länger und ihre Bahn aufgrund der Richtungsänderung komplizierter wird, muss man – um eine korrekte Voraussage zu erstellen – die Anfangsbedingungen präziser einbeziehen. Wo genau lag die Kugel? An welcher Stelle trifft der Queue die Kugel? Gibt es auf dem Billardtisch kleinere Unebenheiten? Usw., usw. Der Mathematiker Micheal Berry kam zu dem Ergebnis, dass Sie zur korrekten Berechnung des Weges, den die Kugel nach dem neunten Stoß nehmen wird, bereits die Anziehungskraft der Kellnerin, die neben dem Tisch vorbeigeht, berücksichtigen müssten. Wollten Sie den sechsundfünfzigsten Stoß berechnen, müssten Sie jedes einzelne Atom in unserem Universum in Ihre Rechnung mit einbeziehen. Selbst ein Elektron, das in zehn Milliarden Lichtjahren auf einem Quasar vor sich hindümpelt, beeinflusst die Bahn Ihrer Billardkugel.

In letzter Konsequenz ist also buchstäblich alles mit allem verbunden. Und genau *das* macht Prognosen in der realen Welt schwer.

Physikalische Experimente sind deswegen oft so aufwändig und teuer, weil man zunächst alle Störgrößen der Umwelt eliminieren muss. Erst wenn es gelingt, einen speziellen Effekt, ein bestimmtes Molekül von der Außenwelt zu isolieren, hat man eine Chance, das Verhalten in seiner reinen Form zu messen und eindeutig vorherzusagen. Im normalen Leben geht das nicht. Da treten bei jedem noch so kleinen Phänomen zahllose Wechselwirkungen auf. Das macht die Sache unberechenbar. Man kann ein Unternehmen, eine Ehe oder eine Freundschaft nicht mal eben in eine Petrischale legen und mit Stickstoff herunterkühlen, um zu untersuchen, wo genau das Problem liegt. Menschen interagieren immer und überall in kompliziertester und vielfältigster Weise miteinander. Das Zauberwort heißt Komplexität. Und Komplexität erzeugt Chaos und Unvorhersehbarkeit: bei der Wettervorhersage, der Stauentstehung, den Aktienmärkten und dem Leben generell.

Ein charakteristisches Kennzeichen solcher komplexen Systeme ist, dass oft klitzekleine, zufällige Schwankungen in den Anfangsbedingungen riesige Auswirkungen auf das Endergebnis haben. Physiker sagen dazu: Ein System verhält sich nichtlinear. Doppelt so viel Geld bewirkt nicht doppelt so viel Leistung. Zwei Tage Hannover sind nicht doppelt so nett wie ein Tag Hannover. Glauben Sie mir, ich hab es ausprobiert.

Es ist übrigens bemerkenswert, dass sich unter den von Philip E. Tetlock befragten Experten fast keine Naturwissenschaftler befanden. Möglicherweise sind Naturwissenschaftler aufgrund der obengenannten Phänomene in ihren Vorhersagen etwas vorsichtiger als Geisteswissenschaftler.

Philosophen und Theologen stellen gerne riesige, globale Fragen und knabbern dann jahrhundertelang an ihnen herum. Oft, ohne eine Antwort zu finden. Naturwissenschaftler machen es anders. Sie vereinfachen die Probleme, brechen sie herunter, zerlegen sie in ihre einzelnen Bausteine und setzen sie wieder zusammen, bis die Funktion wiederhergestellt ist. Sie nehmen sich *kleine* Aspekte vor und betrachten sie unter *konkreten* Rahmenbedingungen. Das, was sie aussagen, gilt nur unter *diesen* Bedingungen, in *diesem* Zustand für *diese* eine Fragestellung. Sie führen Experimente durch und schaffen Fakten. Ihre Fortschritte sind winzig. Aber sie machen welche.

Wenn es dagegen um die Beantwortung großer weltumspannender Fragen geht, halten sich Naturwissenschaftler tendenziell zurück. Sie treffen keine Aussage darüber, was genau passieren wird. Eine gute Theorie beschreibt eher, was auf gar keinen Fall eintreten wird. Ein Physiker braucht sich nicht im

Detail mit einem Perpetuum mobile zu befassen, weil es nach dem Energiesatz nicht funktionieren kann. Ebenso wenig muss er mit Homöopathen diskutieren, da deren Lehre fundamentalen Naturgesetzen widerspricht. Auch die Solarenergie wird immer ineffizienter sein als konventionelle Energieformen, weil die Energie, die in einem Kubikmeter Kohle, Öl, Gas oder Plutonium gespeichert ist, nun mal um ein Vielfaches höher ist als die eines Kubikmeters Sonnenlicht. Über die Gesetze der Thermodynamik kann man nicht verhandeln. Auch wenn das viele Esoteriker partout nicht einsehen wollen: Alles, buchstäblich alles, was den naturwissenschaftlichen Regeln widerspricht, ist nicht möglich. Punkt!

Gute naturwissenschaftliche Theorien liefern normalerweise einen sehr geringen Voraussagewert, haben dafür aber einen sehr hohen Erklärungswert. Die Evolutionstheorie erklärt auf hervorragend einfache Weise, nach welchen Gesetzmäßigkeiten sich Organismen entwickeln. Aber sie trifft keinerlei Aussagen darüber, wie genau Organismen in 100 000 Jahren aussehen werden. Sie kann es gar nicht. Mathematiker kennen zwar die Differenzialgleichungen, nach denen viele chaotische Systeme wie Börsen- oder Klimamodelle funktionieren. Doch die Gleichungen können nicht in eine berechenbare Formel aufgelöst werden. So versteht man zwar, nach welchen Mechanismen ein komplexes System funktioniert, kann aber seinen Verlauf trotzdem nicht vorhersagen.

Das bedeutet natürlich keinesfalls, dass es nicht sinnvoll wäre, Modelle zu entwickeln. Obwohl Klimamodelle nicht die Realität abbilden, kann man von ihnen trotzdem etwas über die grundsätzlichen Zusammenhänge des Klimas lernen. Doch selbst *wenn* ihre Voraussagen stimmen, wissen wir immer noch nicht, ob das Ansteigen der Globaltemperatur in der Zukunft Fluch oder Segen bedeutet. Stiege die Durchschnittstemperatur um zwei Grad, würden bei uns in den Sommermonaten wahrscheinlich 2000 alte Menschen an Hitzschlag sterben. Gleichzeitig erfrieren in den Wintermonaten 4000 Obdachlose weniger.

Dennoch sind Modelle und Theorien die Grundlage von Erkenntnis. Viele regen sich darüber auf, dass die *Deutsche Bahn* einen Fahrplan veröffentlicht, obwohl die Züge sowieso unpünktlich sind. Aber gäbe es keinen Fahrplan, wüssten wir nicht, wie viel Verspätung sie hätten. Wissenschaftliche Modelle sind wie Fahrpläne: Manche sind richtig, viele sind falsch, praktisch alle sind unvollständig. Das beste Modell einer Katze ist eben immer noch eine Katze. Am besten noch dieselbe Katze.

Die vormoderne Wissenstradition der Religionen erklärte, alles, was es über die Welt zu wissen gebe, sei bereits bekannt. Gott war im Besitz dieser Wahrheit. Und seine Stellvertreter auf Erden – Jesus, Buddha, Konfuzius, Mohammed oder Günter Jauch –, sie wussten ebenfalls alles.

Vor der wissenschaftlichen Revolution glaubten die Menschen nicht an Fortschritt. Die meisten Kulturen dachten, das Goldene Zeitalter läge bereits hinter ihnen und die Menschheit befände sich auf dem absteigenden Ast.

Die modernen Wissenschaften räumten mit dieser Vorstellung auf. Sie behaupteten: Durch den Erwerb von Wissen ist eine Verbesserung möglich! Die Idee des Fortschritts wurde geboren. Zum ersten Mal in der Geschichte glaubten die Menschen, dass die Zukunft besser werden könnte als die Vergangenheit. Weil nicht Gott, sondern wir selbst unser Schicksal in der Hand halten. Zukunft ist nicht das, was uns zustößt, sondern das, was wir aktiv gestalten.

Gehen wir kurz in das Jahr 1900 zurück. Damals betrug die Lebenserwartung in Europa 49 Jahre. Fernkommunikation bestand darin, aus dem Fenster zu brüllen, und Mails wurden mit dem Pferd befördert. Wenn Sie seinerzeit das Pech hatten,

Zahnschmerzen zu bekommen, mussten Sie sich schlimmstenfalls von einem Arzt behandeln lassen, der hauptberuflich Teufelsaustreibungen durchführte. Bei Ziegen.

Und heute? Vor einiger Zeit wurde mein Nachbar von einer Zecke gebissen und mit Borreliose angesteckt. Im Jahre 1900 wäre das der sichere Weg in den Rollstuhl gewesen. Im besten Fall. Heute schluckt er ein einziges Antibiotikum und ist geheilt. Kein Mensch im Jahre 1900 hätte sich ein solches Wunder vorstellen können.

Die Kehrseite der modernen Naturwissenschaft ist sicherlich, dass sie uns keine Rezepte präsentiert, wie wir in der Zukunft erfolgreich sein können. Sie liefert keine Lösungen, höchstens neue Denkmuster, auf deren Basis wir eigene Wege für die Zukunft definieren müssen.

Schwarze Schwäne, Unschärferelation und Chaostheorie führen uns permanent vor Augen, dass die Zukunft niemals voraussagbar und planbar sein wird.

Eine Erkenntnis, die besonders in den Wirtschaftswissenschaften noch immer nicht angekommen ist. Denn die Grundlagen von Mikro- und Makroökonomie, die man in einem klassischen Betriebswirtschaftsstudium lernt, basieren nach wie vor auf dem Modell des Laplace'schen Dämons, dem Irrglauben eines berechenbaren Weltbildes, das durch die Physik seit über 100 Jahren widerlegt ist. Einer der wenigen Wirtschaftswissenschafter, die das verstanden haben, war der Nobelpreisträger Friedrich von Hayek. Der sagte über sein Fachgebiet: «Ökonomie besteht darin, dem Menschen vor Augen zu führen, wie wenig er wirklich über das weiß, was er planen zu können glaubt.» Das ist mit das Intelligenteste, was jemals über Ökonomie gesagt wurde. Und das von einem Österreicher!

Que sera, sera ... Whatever will be, will be ...

PERFEKTIONISMUS

WIE MAN AM SICHERSTEN NICHT AUF DEN MOND FLIEGT

Meine ersten Erfahrungen mit Marktwirtschaft und Kapitalismus habe ich während meiner Studienzeit gemacht. Damals wohnte ich in einer kleinen Studenten-WG zusammen mit Frank Pahl. Frank studierte Medizin, hatte schon mit Mitte 20 graues Haar und besaß überhaupt für sein Alter ein äußerst reifes, seriöses Auftreten, weshalb er von allen nur «Herr Pahl» genannt wurde. Sein Studium finanzierte er sich im Wesentlichen, indem er Porsche-Bremsscheiben über Kleinanzeigen in Automagazinen verkaufte. Ursprünglich kam Herr Pahl aus Stuttgart und arbeitete schon während seiner Schulferien regelmäßig bei dem Zuffenhausener Konzern am Band. Dort lernte er zufällig den Bremsscheibenzulieferer des Sportwagenherstellers kennen und beschloss fortan, einen kleinen privaten Vertrieb von exklusiven Kfz-Teilen aufzubauen.

So ergab es sich, dass neben uns zweien noch drei Tonnen Bremsscheiben in unserer bescheidenen, 50 Quadratmeter großen Behausung lagerten. Bis an die Decke stapelten sich die chromglitzernden, innenbelüfteten Monsterdinger. Ab und an, wenn Herr Pahl wieder ein «Schnäppchen» gemacht hatte, lag ein riesiger Seitenschweller oder ein überdimensionierter Heckflügel in unserer Badewanne. «Der ist praktisch schon verkauft. In zwei, drei Tagen können wir das Bad wieder benutzen», beschwichtigte mein Mitbewohner mich dann immer.

War Herr Pahl auf «Kundenterminen», musste ich als menschlicher Anrufbeantworter den Telefondienst übernehmen. Internet und E-Mail gab es noch nicht, und so klingelte bei uns pausenlos das Telefon. Kein Wunder, denn Herr Pahl hatte keine Lager- und Personalkosten und konnte die Bremsscheiben 20 Prozent unter dem Marktpreis anbieten. Sportwagenfahrer aus ganz Deutschland, Österreich und der Schweiz riefen bei uns an und gingen selbstverständlich davon aus, dass sie einen professionellen Händler an der Strippe hatten und keine Studenten-WG, deren Geschäftsführer ein durchgeknallter Medizinstudent war. Das Geschäft florierte, und innerhalb von kurzer Zeit baute sich Herr Pahl einen festen Kundenstamm auf.

Eines Tages nahm er mich jedoch beiseite und sagte so beiläufig wie möglich: «Wenn in nächster Zeit jemand anruft, den du nicht kennst, sag bitte, ich wäre nicht da, und du wüsstest nicht, wo ich in den nächsten Tagen zu erreichen bin ...» Dann verschwand er.

Ich für meinen Teil malte mir panisch aus, wie zwei Herren mit dunklen Sonnenbrillen vor der Tür stehen und mir erst mal den kleinen Finger brechen würden, bevor ich einwenden könnte, dass ich gar nicht Herr Pahl sei und auch sonst von nichts, von rein gar nichts, wüsste.

So weit kam es zum Glück nicht. Wahrscheinlich auch deswegen, weil Frank, als er nach ein paar Tagen wiederauftauchte, aus unerfindlichen Gründen das Bremsscheiben-Business verließ, um sich künftig dem Vertrieb von Beluga-Kaviar zu widmen, den er in der Weihnachtszeit «Von Studenten für Studenten» am Schwarzen Brett der Mensa anbot. Aber das ist eine andere Geschichte ...

Frank «Porsche» Pahl ging sein Leben unorthodox, furchtlos und stets chaotisch an. Seine Familie hatte wenig Geld und konnte ihn deshalb nicht bei der Finanzierung seines Studiums

vor 1,5 Mio. Jahren

unterstützen. Also wurde er kreativ und nahm jede Möglichkeit wahr, selbst Geld für seine Ausbildung zu verdienen. Bot sich eine gute Gelegenheit, nutzte er sie. Er wollte aus eigener Kraft sein Studium erfolgreich abschließen. Um dieses Ziel zu erreichen, war er extrem flexibel und anpassungsfähig. Er plante nicht viel, sondern machte! Und er hatte kein Problem damit, kleinere, mitunter abstruse Geschäftsideen zu entwickeln, sie wieder über den Haufen zu werfen und danach neue Chancen zu ergreifen, um seinem Ziel näherzukommen. «Übertriebene Planung ersetzt nur den Zufall durch den Irrtum», sagte er einmal zu mir. Erst später erfuhr ich, dass er diesen Spruch von Albert Einstein geklaut hatte.

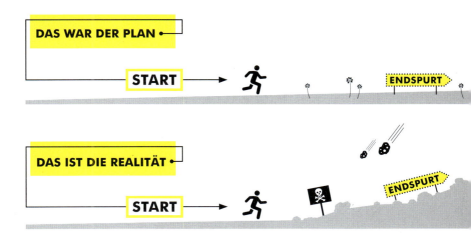

Ich gebe zu: Damals habe ich Frank ein wenig belächelt, mein Leben verlief so ganz anders als seins. Ich schaute nicht nach links und rechts, studierte schnell und effizient, wollte zielstrebig in der Wirtschaft Karriere machen und kam nie auf die Idee, dass mich auf diesem geraden Weg irgendetwas aus der Bahn werfen könnte. Hätte mir damals jemand gesagt, womit ich heute mein Geld verdiene, ich hätte ihn für verrückt erklärt.

Während meiner Zeit als Unternehmensberater traten die ersten Risse in meinem so perfekt geplanten Lebensentwurf auf. Nach dem irritierenden Vorstellungsgespräch beim Industriegase-Hersteller fiel mein auf Effizienz getrimmtes Kartenhaus in sich zusammen. Als mein persönlicher Schwarzer Schwan in Form einer toughen Personalchefin auftauchte, verstand ich plötzlich, dass Frank mit seiner flexiblen und offenen Herangehensweise viel besser für das Leben gerüstet war als ich. Inzwischen arbeitet er übrigens sehr erfolgreich als Einkäufer eines großen Klinikbetreibers. Sollte sich also kurz vor Ihrer OP ein Typ über Sie beugen und Ihnen einen Kühlergrill oder einen günstigen Satz Winterreifen anbieten, wissen Sie, wen Sie vor sich haben.

Die meisten Menschen sind nicht wie mein ehemaliger Mitbewohner. Scheitern und Fehlermachen sind nicht vorgesehen, Planungssicherheit und Perfektionismus haben bei uns Deutschen einen hohen Stellenwert. Nicht umsonst sind wir Weltmarktführer bei Präzisionsmessgeräten, Betonpumpen, Hundeleinen oder Zahnarztstühlen. Die deutsche Gründlichkeit ist sprichwörtlich und weltweit angesehen. Dennoch hat dieser Perfektionsdrang eine Kehrseite. Wer nämlich mit aller Kraft versucht, Fehler zu vermeiden, wer von Anfang an Unwägbarkeiten und Überraschungen ausblendet und stattdessen eine Entwicklung von A bis Z durchplant, fährt mit seinem Perfektionsstreben nicht selten gegen die Wand. Prominentestes Beispiel sind die Kommunisten, die besessen davon waren, eine ganze Volkswirtschaft am Reißbrett zu planen. Um die Energieversorgung zu sichern, baute man im alten Russland gigantische Maschinen, die Kohle und Erz förderten. Dann verbrannte man die Kohle, um das Erz zu schmelzen, das man dann zum Bau von gigantischen Maschinen benutzte, die Kohle und Erz förderten. Ein Perpetuum mobile der Ineffizienz.

Obwohl bisher noch jede staatlich gelenkte Planwirtschaft in den Ruin führte, ist man in der Politik ganz vernarrt in den Gedanken, die Geschicke eines Landes mit unzähligen Regelungen, Gesetzen und Verordnungen flächendeckend zu planen. Was freilich nicht immer nur Nachteile hat. Sollte Deutschland je wieder auf die Schnapsidee kommen, einen Weltkrieg anzuzetteln, muss man nur Klaus Wowereit als Projektplaner einsetzen.

Inzwischen gibt es sogar gesetzlich vorgeschriebene Frauenquoten in DAX-Konzernen mit der Folge, dass Aufsichtsratsposten bei Nicht-Erfüllung der Quote unbesetzt bleiben. Nach dieser Logik zählt eine Frau so viel wie ein leerer Stuhl. Ich glaube, das haben sich Pionierinnen der Emanzipationsbewegung irgendwie anders vorgestellt. Wäre Martin Luther King Deutscher gewesen, hätte er höchstwahrscheinlich nicht gerufen: «I have a dream», sondern: «I have a plan.»

«Ich weiß gar nicht, was du hast», sagte Valerie vor einiger Zeit zu mir, als sie vom Einkaufen zurückkam. «Vor einem Brückentag ist es zum Beispiel irrsinnig wichtig, vorauszuplanen.»

Währenddessen verräumte sie zwölf Flaschen *Listerine* und Unmengen von Zahnpastatuben in unseren Spiegelschrank. Sollte irgendwann ein Atomkrieg ausbrechen und wir müssten uns drei, vier Jahre lang im Keller verbarrikadieren – wir würden den Super-GAU auf jeden Fall mit blendend weißen Zähnen überleben. Und mit der übriggebliebenen Zahnseide könnten wir uns problemlos Socken, Pullis und warme Decken stricken.

Selbstverständlich sind Pläne wichtig. Sie dienen als Orientierungshilfen. Aber Pläne nutzen überhaupt nichts, wenn man sie nicht permanent mit der Realität abgleicht.

Vor einigen Jahren hat der *Shell*-Konzern eine Untersuchung durchgeführt, mit der man herausfinden wollte, welche charakteristischen Merkmale Konzerne besitzen, die sich schon 100 Jahre und länger erfolgreich auf dem Markt behaupten. Das Ergebnis der Studie war nicht weiter erstaunlich: Die langlebigen Unternehmen sind nicht diejenigen, die nach strengen planwirtschaftlichen Methoden geführt werden, sondern die, die besonders aufgeschlossen gegenüber Neuem sind; die bereit sind, kontinuierlich zu lernen und sich zu verändern. Die Grundregel für langlebigen Unternehmenserfolg heißt demnach: Pflege die Dinge, die gut funktionieren, probiere aber gleichzeitig immer etwas Neues aus.

Kein Wunder, denn Fortschritt und Innovation lassen sich eben nicht per Beschluss von oben verordnen. Die Schweden hatten jahrelang in Deutschland ein Zündholzmonopol: *Welthölzer!* Bedingt durch das starre Monopol war es nicht notwendig, besonders einfallsreich zu werden. Deshalb haben die Schweden auch lange Zeit nichts Brauchbares hingekriegt. Erst als ihr Monopol auslief, sind sie kreativ geworden und haben die Zündhölzer zu Möbeln zusammengeklebt.

Ikea ist ein bemerkenswertes Beispiel für ein Unternehmen, das gerade *nicht* durch einen festen Masterplan, sondern durch

vor 1 Mio. Jahren

flexibles Reagieren auf ungeplante Ereignisse groß geworden ist. Streiks von Lieferanten führten dazu, dass man sich entschloss, eine eigene Möbelkollektion zu entwerfen. Transportprobleme dazu, dass man flache Verpackungen einführte. Überforderte Mitarbeiter waren der Grund für die Einführung des Selbstbedienungskonzepts. *Ikea* ist deswegen erfolgreich, weil es charakteristisch für die Ergebnisse der *Shell*-Studie ist: Plane sorgfältig, sei stets offen für Überraschungen, passe dich den äußeren Umständen an, steige vom Pferd ab, wenn es tot ist. Alles Eigenschaften (bis auf die erste vielleicht), mit denen wir Deutschen uns nachweislich schwerer tun als andere Nationen. Wenn in Deutschland ein Mitarbeiter eine unorthodoxe Geschäftsidee oder ein revolutionäres Produkt vorschlägt, aber zu fünf Prozent irrt, dann nageln wir ihn gerne bei diesen fünf Prozent fest, anstatt den guten Gedanken darin aufzunehmen. Und das ist sogar wissenschaftlich bestätigt. Der Managementforscher Michael Frese untersuchte die Toleranz gegenüber Fehlern in 61 verschiedenen Industrieländern. Das Ergebnis ist niederschmetternd: Deutschland lag in dieser Vergleichsstudie auf dem vorletzten Platz, knapp vor Singapur.

«Na und?», sagt Jürgen, mein Controller-Freund, während er sein Altpapier auf DIN A4 faltet und sorgfältig abheftet. «Wir haben halt einen Hang zum Perfektionismus. Das ist doch nicht schlimm!» DOCH! Denn oft hat unsere Fehlerintoleranz weniger mit dem Drang nach Perfektion zu tun, sondern mit purer, nackter Angst.

Mir fällt das immer auf, wenn ich für das öffentlich-rechtliche Fernsehen arbeite. Vor jedem Dreh muss auf jeder noch so unverfänglichen Verpackung akribisch der Markenname abgeklebt werden, damit man sich nicht dem Verdacht der Schleichwerbung aussetzt. Selbst bei einer *Coca-Cola*-Dose, die aufgrund ihrer typischen Farbgebung aus 30 Meter Entfernung problemlos als *Coca-Cola*-Dose erkennbar ist, muss das sein. Einmal wurde sogar diskutiert, das Wasser aus einer Mineralwasser-Flasche auszuleeren und durch Leitungswasser zu ersetzen, damit man keinesfalls erkennt, dass es sich um *Evian* handelt.

Redet man mit den Redakteuren über diese absurden Anweisungen, erfährt man: Es sind oft gar nicht ihre eigenen Ängste und Bedenken, sondern sie versuchen, mögliche Einwände anderer vorwegzunehmen, und steigern sie in ein unermessliches Horrorszenario. «Also ICH habe natürlich überhaupt kein Problem mit dem *Evian*-Wasser, aber wenn dann jemand einen Leserbrief schreiben würde, und die Sekretärin vom Intendanten würde den lesen und daraufhin ihrem Chef erzäh...» – Mannmannmann!

So kommen in vielen TV-Redaktionen auf zwei Leute, die gute Ideen haben, gefühlt 200, die dafür sorgen, sie zu verhindern. «Tut mir leid, das kann ich nicht entscheiden», heißt es dann oft. «ICH würde ja gerne, aber das fällt nicht in meinen Kompetenzbereich.»

Hätten das mal mehr Deutsche vor 80 Jahren gesagt, als es hieß: «Auf nach Stalingrad!» – «Oh, tut mir leid. Das kann ich nicht entscheiden. In dem Gebiet kenne ich mich auch gar nicht aus ...»

Ich bin mir sicher, hätte man den Öffentlich-Rechtlichen «Der weiße Hai» als Drehbuch angeboten, hätte ein zwanzigköpfiges Gremium nach vier Monaten entschieden: «Okay, machen wir. Aber nur, wenn die Geschichte am Bodensee spielt und der Fisch mit Jan Josef Liefers besetzt wird.»

Einer Studie des *Global Entrepreneurship Monitors* von 2010 zufolge können sich nur vier Prozent aller deutschen Erwerbstätigen vorstellen, ein Unternehmen zu gründen. Mehr als 40 Prozent der Befragten nannten die Angst vor dem Scheitern als Hauptgrund, es nicht zu tun. Wer dagegen im Silicon Valley nicht zwei, drei Startups in den Sand gesetzt hat, wird dort gar nicht erst ernst genommen. Wer wiederum in Deutschland mit einer Geschäftsidee scheitert, dem nimmt der negative SCHU-FA-Eintrag jegliche weitere Chance auf einen Neubeginn. Während der Staat in den USA, in Israel oder China innovativen Hightech-Nerds eine Plattform für ihre Gründerideen bietet, überlegen sich deutsche Startupper lieber, sich mit einer flippigen Steuerkanzlei selbständig zu machen. Seit 1990 hat sich die Anzahl der Steuerberater fast verdoppelt. Was könnten all diese vielen intelligenten Menschen für unser Land leisten! Sie könnten ein Krebsmedikament erfinden, eine revolutionäre App oder eine neue Energieform. Doch wofür verschwenden sie ihren Kopf? Für Beitragsbemessungsgrenzen, Abschreibungen, Freibeträge und ähnlichen Kokolores.

Dabei stecken doch Gründergeist und Lust an der Innovation in uns Deutschen drin! Vor einigen Jahren hatte ich die Gelegenheit, mich lange mit Artur Fischer zu unterhalten, dem Erfinder des Fischer-Dübels und dem Inhaber von über tausend weiteren Patenten. Zum Zeitpunkt unseres Zusammentreffens war Herr Fischer bereits 94 Jahre alt, strotzte aber immer noch vor Ideen und hatte keinerlei Angst vor dem Scheitern. «Wissen Sie, Herr Ebert», gestand er mir mit einem verschmitzten Lächeln, «vieles, was ich in meinem Leben erfunden habe, war ziemlicher Unsinn. Einmal habe ich einen vollautomatischen Eierköpfer konstruiert. Und wissen Sie, was ich dabei vergessen habe? Dass sich Hühner konsequent weigern, gleich große Eier zu legen.»

Natürlich birgt jede unternehmerische Entscheidung immer ein gewisses Risiko. Doch ohne dieses Risiko gibt es keinen Fortschritt. Wissen Sie, was iFart ist? Das war eine Zeitlang eine der erfolgreichsten Apps für das iPhone. Und alles, was diese App konnte, war, Furzgeräusche imitieren. Und nun stellen Sie sich einen Mitarbeiter in Ihrem Unternehmen vor, der bei einem Innovationsworkshop die Idee für ein solches Produkt präsentiert. Würden Sie seinen Vorschlag weiterverfolgen? Wohl nicht. Die Idee ist dumm, albern und kindisch – aber äußerst erfolgreich. Sie hätte natürlich auch komplett in die Hose gehen können, im wahrsten Sinne des Wortes. Aber wer erfolgreich sein will, wer Neues und Überraschendes entwickeln möchte, kommt eben nicht umhin, Fehlschläge in Kauf zu nehmen.

Wenn ich als Kind Mist gebaut hatte, sagte meine Oma immer zu mir: «Bub, aus Fehlern lernt man!» Denn selbst die perfekteste Planung kann nicht vorhersehen, ob aus einer Sache etwas wird. Die erfolgreichste amerikanische Sitcom *Seinfeld* fiel bei Testzuschauern durch und kam nur deswegen ins Programm, weil zufälligerweise ein Sendeplatz in den Ferien frei wurde.

Als Ford den *Minivan* herstellen wollte, führten sie eine Kundenbefragung durch. Keiner wollte ihn. Sein Erfinder Hal Sperlich war daraufhin so genervt, dass er zu *Chrysler* wechselte. Dort wurde der Van trotz der schlechten Marktforschungsergebnisse gebaut – und entpuppte sich als Megaseller.

Ende der siebziger Jahre sickerte durch, dass *Sony* einen tragbaren Kassettenrekorder plant. Alle deutschen *Sony*-Manager haben gesagt: Das wird sich nicht durchsetzen! «Aber sie haben doch recht gehabt», meinte Jürgen, als ich ihn mit diesem Beispiel von meiner Sichtweise überzeugen will. «Wer, bitte schön, benutzt heute noch einen *Walkman*?»

Was all diese Erfolge gemein hatten: Sie wurden vom Testpublikum nicht deswegen abgelehnt, weil sie schlecht waren, sondern weil sie neu und anders waren. Genau an diesem Punkt versagt nämlich klassische Marktforschung. Konsumenten wissen oft nicht, was sie wollen. Niemand stimmte jemals über den Buchdruck oder über elektrischen Strom ab, über Autos, Flugzeuge, Penicillin oder die Pille. Doch als die Dinge auf dem Markt waren, konnten sich die Menschen nichts Tolleres vorstellen.

Ich behaupte sogar: Wer intensiv Marktforschung betreibt, hat vor allem Angst. Man fürchtet sich davor, eine kühne Idee zu produzieren, die gnadenlos abstürzen könnte. Sam Phillips, der Produzent von *Sun Records*, sagte dazu: «Immer, wenn du denkst, du wüsstest jetzt, was die Leute wollen, weißt du in Wahrheit nur, dass dich ein Idiot anschaut, wenn du das nächste Mal vor den Spiegel trittst.»

Deswegen beauftragt man lieber ein Marktforschungsinstitut. Wenn die Sache dann floppt, kann man ihm wenigstens die Verantwortung zuschieben. Am gängigsten ist dieses Prozedere bei Radiosendern. Dort wird buchstäblich jeder Song vorab von Testhörern abgesegnet. Genau aus diesem Grund jagen sämtliche Radiosender von hier bis Trier dieselben müden «Hits der Achtziger, Neunziger und das Beste von heute!» über den Äther. Hysterisch-aufgekratzte Radiomoderatoren terrorisieren täglich ab 5:30 Uhr die Nation mit guter Laune und dämlichen Kartenverlosungen für das «Kleinste Konzert der Welt» oder die große «Discoparty in Hanau-Bruchköbel». Dazwischen gibt's die besten Hits von Jon Bon Jovi, James Blunt, Jon Bon Jovi und James Blunt. Alle paar Monate wagt man ein vollkommen verrücktes Experiment, mischt einen brandneuen Kracher-Hit in die *heavy rotation* und feiert die Sülze am Mikrophon ab, als hätte man gerade das Rad erfunden. «Heute für euch – James Blunt mit einer Unplugged-Version von Jon Bon Jovis Hit: It's my life! – Bleibt dran!»

Trotzdem gilt in vielen Unternehmen nach wie vor das Mantra, den Kunden haarklein nach seinen Bedürfnissen und Wünschen zu befragen. Doch schon Henry Ford wusste: «Wenn ich die Menschen gefragt hätte, welches Fortbewegungsmittel sie haben wollen, hätten sie gesagt: ‹Schnellere Pferde.›»

Der Grund, weshalb planwirtschaftlich gelenkte Organisationen so innovationsträge, einfallslos und inflexibel sind, ist nicht, dass es in diesen Organisationen keinen klugen Menschen gibt. Vielmehr ist das System an sich unfähig, mit Experimenten umzugehen und gegebenenfalls Fehler zuzulassen. Man versucht aus panischer Angst vor dem Scheitern, jedes noch so kleine Risiko zu vermeiden, und dabei realisiert man nicht, dass man sich gerade dadurch die größten Chancen und Möglichkeiten verbaut.

Ich finde, da können wir uns von den Amerikanern etwas abschauen. Während wir Deutschen gerne über eine perfekte Lösung grübeln, sagen die sich: Wir machen einfach! Statt eines «Yes! We! Can!» sagen wir im Zweifel: «Ach, lass ma…»

«Jeder Tag ist ein Geschenk!», ruft der Amerikaner. Und der Deutsche antwortet: «… aber scheiße verpackt.»

1961 trat John F. Kennedy vor sein Volk und sagte: «Innerhalb dieser Dekade fliegen wir auf den Mond.» Das war die Vision. Mehr gab JFK nicht vor. Und acht Jahre später haben die das dann gemacht! Praktisch ohne Computertechnologie und ohne vorgegebene Organisationsstrukturen. Doch genau diese Offenheit setzte bei allen Beteiligten den unbedingten Willen und den nötigen Pioniergeist frei, um dieses große Ziel zu erreichen.

Heute sitzen in Deutschland bei jedem Mini-Projekt 20 Controller und 50 Juristen, die jede mögliche Gefahr und jedes noch so klitzekleine Risiko prüfen. Und eine Gleichstellungsbeauftragte sorgt dafür, dass dabei alles politisch korrekt zugeht. So fliegst du nicht auf den Mond. So fliegst du nicht mal von Berlin aus irgendwohin.

Wer überall nur Risiken sieht und Bedenken vor sich herträgt, züchtet sich eine Gesellschaft von Angsthasen und Weicheiern heran. «Stammzellenforschung? – Zu unberechenbar», sagen die Kirchen. «Gentechnik? – Viel zu gefährlich!», sagt Greenpeace. «Fracking? – Och nö, ich trag lieber Jeans und T-Shirt …», sagt mein Nachbar.

Doch seien wir mal ehrlich: Diese Vollkaskomentalität ist

nicht besonders sexy. Wir Deutschen sind vermutlich die Einzigen, die vor einem Abenteuerurlaub eine Reiserücktrittsversicherung abschließen.

Statt sich flexibel und offen auf die Herausforderungen von morgen einzulassen, statt anzupacken und das Risiko einzugehen, scheitern zu können, schmieden wir lieber im stillen Kämmerlein einen großen, allumfassenden Plan. Und wenn sich der Plan nicht erfüllt, lag es wenigstens nicht an uns, sondern daran, dass sich diese blöde Realität aus unerfindlichen Gründen nicht an unsere penibel ausgearbeitete Theorie gehalten hat.

Im Grunde ist jede planwirtschaftliche Idee eine Utopie. Das Problematische an utopischen Ideen ist jedoch, dass sie nicht realisierbar sind. Fast alle Utopien ignorieren grundsätzliche menschliche Verhaltensweisen und meist sogar fundamentale physikalische oder ökonomische Gesetze. Utopische Projekte genügen sich dadurch, dass sie unerreichbare Ziele setzen, an die viele dennoch glauben: Weltfrieden, saubere und gleichzeitig billige Energie, das Ende des Kapitalismus, der Mensch im perfekten Gleichgewicht mit der Natur.

Utopien sind ein bisschen wie eine Gruppe von Personen, die sich zu einer gemeinsamen Reise nach Australien entschließt, ohne sich über das Fortbewegungsmittel Gedanken zu machen. Und nach fünf Jahren wundern sich alle, dass sie immer noch im Odenwald herumstehen.

Im Gegensatz zu Utopien sind Visionen etwas völlig anderes. Visionen sind Ideen, die eindeutig realisierbar sind und gleichzeitig tiefe Sehnsüchte in uns wecken. Sie rufen ein Bedürfnis hervor, das uns vorher vollkommen unbekannt war. Oder hätten Sie vor 20 Jahren gedacht, es würde Menschen Spaß machen, mit einer Fernbedienung wie ein Irrer vor einem Bildschirm herumzufuchteln und imaginäres Tennis zu spielen?

Wer sich ständig an Planzahlen und *Excel*-Tabellen hält, wer

vor 130 000 Jahren

Risiken minimieren möchte und alles Unberechenbare wegrationalisiert, der erfindet keine *Wii*, kein *RedBull*, keine Glühbirne und keinen *Porsche 911* – und erst recht keine clevere Energieversorgung für die Zukunft. Nur Träumer und Visionäre mit einer kindlich-naiven Weltsicht bringen solche Ideen hervor. Wenn zentrale Planung und Bürokratie je etwas Innovatives zustande gebracht hätte, dann läge das Silicon Valley nicht bei San Francisco, sondern in der Nähe von Brüssel.

Bei unserer vollkaskoversicherten Lebensplanung vergessen wir oft, was die Voraussetzung für wirkliche Freude ist: das Misslingen. Wie haben Sie Fahrradfahren gelernt? Indem Sie nach dem Hinfallen immer wieder aufgestanden sind. Wahre Freude erleben wir nur nach Anstrengungen, nach Grenzüberschreitung und nach dem Eingehen von Risiken. «Innerhalb dieser Dekade fliegen wir auf den Mond.» Natürlich können wir auf die Fresse fliegen. «Na und?», sagte mein alter WG-Kumpel Frank dann immer. «Schrammen sind sexy. Angstschweiß nie.»

UNBERECHENBAR BERECHNET

KNALLHARTE FAKTEN ZUM BUCH

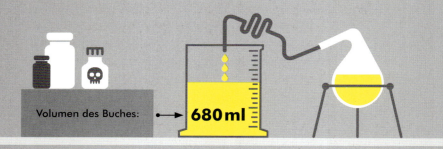

Volumen des Buches: **680 ml**

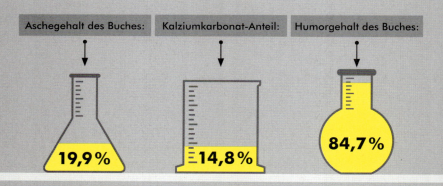

Aschegehalt des Buches: **19,9 %**

Kalziumkarbonat-Anteil: **14,8 %**

Humorgehalt des Buches: **84,7 %**

Anzahl der Buchstaben im ganzen Buch:

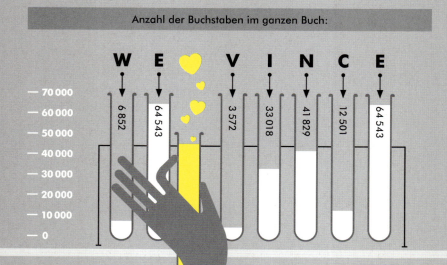

W: 6 852
E: 64 543
♥
V: 3 572
I: 33 018
N: 41 829
C: 12 501
E: 64 543

SERENDIPITY

«... DENN SIE WISSEN NICHT, WAS SIE TUN»

Im vorherigen Kapitel haben wir gesehen, wie unberechenbar wirtschaftlicher und beruflicher Erfolg sind. Das mag vielleicht eine etwas frustrierende Botschaft sein, aber sie bedeutet auch, dass in der Marktwirtschaft jeder sein Glück versuchen kann. Dadurch entsteht Vielfalt, und die Wahrscheinlichkeit, erfolgreich zu werden, steigt. Freie Märkte funktionieren nicht deshalb so gut, weil Menschen oder Unternehmen zielgerichtet und geplant ihre Strategien verfolgen, sondern weil sie eine Spielwiese für Ideen und Freaks sind. Scheitern inbegriffen. Und dieses Prinzip gilt ebenso in der Welt der Wissenschaft und der Forschung.

Im Jahr 1965 stellten zwei unbekannte Radioastronomen im Auftrag der Firma *Bell Labs* in New Jersey eine große Antenne auf, die für Experimente an künstlichen Erdsatelliten konzipiert worden war. Bei der Montage fiel den Forschern ein merkwürdiges Hintergrundgeräusch auf. Ein permanentes, nerviges Rauschen, das man typischerweise bei schlechtem Empfang hört. Arno Penzias und Robert Wilson versuchten mit allen Mitteln, dieses Störgeräusch zu eliminieren. Dazu entfernten sie sogar den Taubenkot auf der Antenne, weil sie vermuteten, er könne etwas mit dem verflixten Rauschen zu tun haben. Irgendwann jedoch dämmerte es ihnen: Das Rauschen, das im Mikrowellenbereich auftrat, war alles andere als Vogeldreck; es war ein Signal aus den Tiefen unserer kosmologischen Vergangenheit. Bereits in den dreißiger Jahren hatte man vermutet, dass unser Universum vor rund 14 Milliarden Jahren durch eine Art Urknall entstanden sein könnte. Nach dieser Theorie müsste etwa 380 000 Jahre nach diesem dubiosen Urknall eine Strahlung im Mikrowellenbereich freigesetzt worden sein, die sogenannte kosmische Hintergrundstrahlung. Es war nur eine Theorie, doch genau dieses Signal haben Penzias und Wilson durch Zufall entdeckt und damit einen experimentellen Beweis der bis dato umstrittenen Urknall-Theorie geliefert. 1978 wurde ihnen dafür der Nobelpreis verliehen. Für die Suche nach Vogeldreck! Salopp gesagt machten Penzias und Wilson buchstäblich aus Scheiße Gold.

Zur Ehrenrettung der beiden muss man sagen, dass ihre Entdeckung kein vollkommener Zufallstreffer war. «Der Zufall begünstigt nur den vorbereiteten Geist», sagte der Mikrobiologe Louis Pasteur. Rechtsanwälte stolpern nicht zufällig über kosmische Hintergrundstrahlung. So etwas passiert nur Experten, die aufgrund ihrer jahrelangen Erfahrung unbedeutende Störfaktoren von revolutionären Phänomenen unterscheiden können.

Im Amerikanischen gibt es ein Wort für diese Art von Erkenntnis: Serendipity. Im Deutschen gibt es keine Entsprechung dafür. Tatsächlich wurde der Begriff zu einem der am schwersten übersetzbaren Wörter der englischen Sprache gekürt. Serendipity setzt sich zusammen aus den englischen Wörtern «serene» (heiter, gelassen) und «pity» (Missgeschick). Man hat also Pech, ist dabei aber trotzdem irgendwie gut drauf. In der Welt der Wissenschaft beschreibt Serendipity die zufällige Beobachtung von etwas Bedeutendem, nach dem man ursprünglich nicht gesucht hatte. Porzellan wurde durch Zufall erfunden, als Johann Böttger Gold herstellen wollte. Tesafilm sollte eigentlich Heftpflaster werden, und Viagra wurde entdeckt, weil männliche Versuchspersonen ein Herzmedikament in der Testphase partout nicht mehr absetzen wollten (deswegen wollte ich das Buch ursprünglich «Der-Viagra-Effekt» nennen, doch dann fiel mir auf, dass eine Werbe-Mail mit diesem Buchtitel von sämtlichen Firewalls blockiert worden wäre).

Bei näherer Betrachtung basieren viele große Erfindungen und Entdeckungen auf Zufällen: Teflon, Post-it, Bier, Nylon, Penicillin oder die Röntgenstrahlen. Man findet etwas, wonach man nie gesucht hat, und alle fragen sich verdutzt, wieso vorher noch keiner darauf gekommen ist. Der Schweizer Ingenieur Georges de Mestral ging 1941 mit seinem Hund spazieren, als sich eine Klette in dessen Fell verfing. Um zu verstehen, wieso die Klette so gut haftete, untersuchte er sie und erfand den Klettverschluss.

Die Geschichte der Menschheit ist eine sonderbare Aneinanderreihung von Zufälligkeiten, unabsehbaren glücklichen Zusammentreffen und vor allem eine von brillanten Fehlern. Der Herzschrittmacher wurde «erfunden», indem der Ingenieur Wilson Greatbatch in einen Apparat zum Abhören von Herztönen aus Versehen einen falschen Widerstand einbaute.

Auch Kolumbus scheiterte phänomenal bei dem Versuch, Indien zu finden. Trotzdem glaubte er offenbar bis zu seinem Tod, richtig gelegen zu haben. In «Indien» angekommen, steckte er zusammen mit seinen Männern die halbe Bevölkerung mit Masern und Mumps an, sodass viele der Ureinwohner jämmerlich zugrunde gingen. Im Gegenzug gaben ihm die indianischen Frauen die Syphilis mit auf den Rückweg. Immerhin.

Kurz gesagt: Der berühmte Christoph Kolumbus war zwar wagemutig, aber nicht besonders helle. Er segelte los, weil er entgegen den korrekten Berechnungen der Gelehrten die Distanz zum anderen Kontinent völlig unterschätzt hatte. Lebte Kolumbus heute, würde er wahrscheinlich eine Dschungelexpedition zu den Nebenhöhlen organisieren. Nach allem, was wir von ihm wissen, wusste er nicht wirklich, was er tat. Doch vielleicht entdeckte er gerade deshalb Amerika. Ein ganz ähnliches Phänomen kennt man von Insekten: Wenn man Fliegen in eine liegende Flasche setzt, deren Boden zum Fenster zeigt, dann fliegen die meisten in Richtung Licht und kommen nicht raus. Andere schwirren wahl- und planlos in der Flasche herum und finden gerade dadurch den Weg nach draußen. Ihnen lacht das Glück des Einfältigen.

Tatsächlich ist es kein Zufall, dass so viele Entdeckungen auf Zufällen, gescheiterten Experimenten und Fehleinschätzungen beruhen, denn angewandte Wissenschaft läuft im Allgemeinen vollkommen anders ab, als viele meinen.

Als ich 1993 meine Diplomarbeit begann, hatte ich eine ganz konkrete Vorstellung, wie Forschung auszusehen hat: Man stellt eine möglichst originelle Hypothese auf und überprüft ihren Wahrheitsgehalt dann in einem Experiment. Wenn alles klappt, klopft einem der Professor auf die Schul-

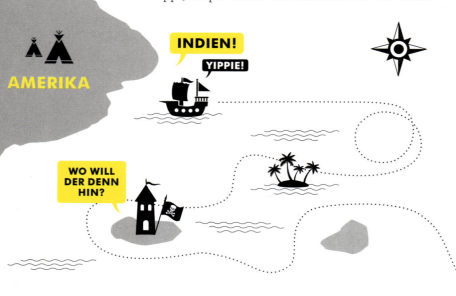

ter, reicht die Arbeit bei *Science* oder *Nature* ein, und dann wartet man auf einen Anruf aus Stockholm.

«Infrarot-Untersuchungen an Betain-Arsenat, Betain-Phosphat und deren Mischkristalle, sowie Infrarot-, Raman- und dielektrische Untersuchungen an Betain-Phosphit», so der Titel meiner Arbeit, die in der physikalischen Fachwelt … nun ja … nicht gerade einschlug wie eine Bombe. Fast ein Jahr lang saß ich bei gedimmtem Laserlicht in einem stickigen Kellerlabor, kühlte mit flüssigem Stickstoff und Helium Tag für Tag eine vorsintflutliche Anlage auf tiefste Temperaturen herunter und untersuchte dann das Verhalten von Kristallsystemen, über die weltweit etwa dreißig, vierzig Personen genauer Bescheid wussten. Nach der Auswertung Hunderter hochpräziser Messungen ergab sich, dass der erwartete Effekt eventuell … also vielleicht … möglicherweise aber auch eher nicht … zumindest ein bisschen … mit viel gutem Willen und Phantasie … irgendwie aufgetreten ist.

Das Fazit meiner einjährigen Labortätigkeit lautete: Nichts Genaues weiß man nicht! Die Doktoranden in meiner Arbeitsgruppe kommentierten meine revolutionäre Erkenntnis recht lapidar: «Och, das haben wir uns eigentlich schon im Vorfeld gedacht. Aber der Chef wollte unbedingt, dass das jemand ausprobiert.» Na toll.

«In den Naturwissenschaften wird jede hübsche Hypothese von einer hässlichen Tatsache dahingemeuchelt», hat der Biologe Thomas Huxley gesagt. Und Albert Einstein legte noch einen drauf: «Wenn wir wüssten, was wir tun, wäre es keine Forschung.»

In den letzten Jahren habe ich mich mit einer Menge hervorragender Forscher über ihre Arbeiten unterhalten, und alle stimmten diesen Aussagen mehr oder weniger zu. Wissenschaft bedeutet, zu tasten, zu stöbern, zu fummeln, bis plötzlich irgendjemand einen Schalter findet. Dann geht das Licht an, und alle rufen: «Wow, *so* sieht das also hier aus!»

Oft bleibt es leider dunkel. Das muss nicht immer schlecht sein. Hin und wieder ist es auch eine bahnbrechende Erkenntnis, dass ein bestimmter Effekt *nicht* auftritt. Als Joseph Priestley eine Minzpflanze unter eine Glasglocke stellte, erwartete er, dass sie genauso eingehen würde wie eine Maus oder eine Spinne. Aber die Pflanze wuchs. Sogar dann noch, als er der Glocke allen Sauerstoff entzog. Seine Fehleinschätzung führte zu einer der wichtigsten Erkenntnisse in der Biologie: dass Pflanzen bei der Fotosynthese Sauerstoff erzeugen.

Das wohl berühmteste fehlgeschlagene Experiment wurde von dem Physiker Albert Michelson durchgeführt. 1907 bekam er dafür sogar den Nobelpreis. Er versuchte, eine Substanz, die man «Licht-Äther» nannte, nachzuweisen. Nur mit Hilfe eines solchen Trägermediums könnten sich Lichtwellen ausbreiten, dachte man damals. Michelson widerlegte diese These durch sein 1881 durchgeführtes Experiment und bewies, dass sich Licht im Vakuum ausbreiten kann. Damit legte er die Grundlage für die Relativitätstheorie. Bisher war das der einzige Nobelpreis, der für ein gescheitertes Experiment vergeben wurde. Was meine Diplomarbeit angeht, besteht also noch Hoffnung ...

Das Eingestehen von Unwissen ist eine der größten Stärken der Wissenschaft. Auch wenn es paradox klingt: Der größte Teil der Arbeit eines Wissenschaftlers besteht nicht darin, die

Wahrheit festzustellen, sondern zu versuchen, gängigen Ideen den Garaus zu machen. Man schafft kein Wissen, wenn man die Evolutionstheorie zum zweiten Mal entdeckt oder etwas aufklärt, das sowieso schon jeder weiß. Wissenschaftliche Lorbeeren erwirbt man sich, indem man ein neues Forschungsgebiet auftut, es definiert und, nicht zuletzt, wenn man einen fundamentalen Fehler in einer altbekannten Theorie findet.

Wissenschaftlicher Fortschritt funktioniert deswegen so gut, weil man sich bewusst ist, dass jede scheinbar wasserdichte Theorie irgendwann über den Haufen geworfen werden kann. In diesem Punkt unterscheidet sich die Wissenschaft fundamental von Ideologien, Religionen und anderen Glaubenssystemen. Dort ist man revolutionären Ideen gegenüber eher negativ eingestellt, denn wer glaubt, im Besitz der absoluten Wahrheit zu sein, tut sich extrem schwer damit, Fehler und Irrtümer einzugestehen. Die Bibel ist voller Geschichten von Menschen, die sich ihrer Neugier hingeben, in der Hoffnung, etwas Überraschendes, Neues über einen bestimmten Sachverhalt herauszufinden: Eva oder Lot zum Beispiel. Und alle werden für ihre Neugierde und ihre Skepsis von Gott bestraft.

Wenn es negative Kritik an meinen Bühnenshows oder Büchern gibt, kommt sie meist nur von einer Seite: Religiöse Menschen beschweren sich, dass ich Witze über ihren Glauben mache. Dabei geht es mir nicht darum, die Gläubigen selbst lächerlich zu machen. Mit den Witzen möchte ich den Glauben selbst hinterfragen. Ist das System wirklich einleuchtend und in sich stimmig? Oder könnte es sein, dass wir einem riesengroßen Irrtum aufsitzen? Versteht eigentlich jemand, was genau mit der Dreifaltigkeit gemeint ist? Sind Religionen tatsächlich so friedlich, wie sie immer tun? Wären dieselben Leute, die in Oberammergau an Jesus Christus glauben, vielleicht glühende Scientologen, wenn sie in Beverly Hills aufgewachsen wären?

Es ist dieses nervige Hinterfragen, das viele religiöse Menschen nicht aushalten können. Kritische Fragen und skeptische Gedanken wie diese sind wie Hämmerchen, mit denen wir an der Statik unserer Überzeugungen klopfen. Hält das Weltbild? Oder ist es vielleicht doch ziemlich hohl und brüchig?

Tatsächlich verdankt das Christentum seine Verbreitung ebenfalls einem Zufall: Im Jahre 312 n. Chr. befand sich der römische Kaiser Konstantin im Krieg gegen seinen Rivalen Maxentius. In der Nacht vor der entscheidenden Schlacht erschien ihm angeblich ein Engel, der das Bild eines Kreuzes in der Hand hielt und die schicksalhaften Worte sprach: «In hoc signo vinces.» Das hat nichts mit meinem Namen zu tun, sondern es heißt: In diesem Zeichen wirst du siegen. Also ließ Konstantin das Kreuz auf die Schilde seiner Soldaten malen, gewann die Schlacht und festigte damit das Römische Reich. Als Dank erhob er das zum damaligen Zeitpunkt relativ unbekannte Christentum zur Staatsreligion. So kann's gehen. Wäre ihm im Traum ein dicker, lächelnder Glatzkopf erschienen, wären wir heute alle Buddhisten, und Reiner Calmund wäre ein heiliger Mann.

Viele gläubige Menschen reagieren beleidigt und verärgert, wenn wissenschaftlich denkende Menschen einen Aspekt ihres Glaubens anzweifeln oder sogar ad absurdum führen. Sie übersehen dabei, dass Wissenschaftler ihren eigenen Ideen gegenüber genauso kritisch sind. Glaubenssysteme gründen sich auf Glauben, nicht auf Beweise. Sie liefern Antworten, aber keinen vernünftigen Weg, um zu diesen Antworten zu gelangen. Auf den ersten Blick wirken schnelle Antworten befriedigender, doch diese angebliche Überlegenheit von Glaubenssystemen gegenüber der Wissenschaft rührt von der Bereitschaft der Glaubenssysteme her, einfach irgendeine, möglicherweise sogar abstruse Behauptung ohne Angabe von Gründen und Argumenten anzuerkennen.

«Herr Ebert, wie würden Sie einem Achtjährigen Gott erklären?», fragte mich neulich nach der Show ein Zuschauer. Ich antworte: «Wenn du dir etwas ganz, ganz fest wünschst, und du schließt die Augen und bittest darum – dann ist Gott derjenige, der dich ignoriert.»

Kein einziges Glaubenssystem fordert die Menschen auf, das System selbst in Zweifel zu ziehen. Die Wissenschaft tut das. Skeptisch gegenüber den eigenen Ideen zu sein ist ihr Grundgedanke, denn man kann sich nie sicher sein, ob eine Theorie zu 100 Prozent korrekt ist. Aber man kann ihre Behauptungen überprüfen. Man muss sie sogar überprüfen.

Ich erinnere mich an eine Semesterparty in meinem Studium, als ich mit meinem Astronomie-Professor angestoßen hatte, ohne ihm dabei in die Augen zu gucken. Daraufhin sagte er im Scherz: «Haha, Herr Ebert, jetzt haben Sie sieben Jahre schlechten Sex.» Und er hat recht gehabt! Das hab ich empirisch überprüft. Aber hey, als Physiker ist man froh, wenn man überhaupt ...

Die Methoden der Wissenschaft sind knallhart. Man ist zwar gegenüber neuen Beweisen offen, muss allerdings verdammt gut argumentieren, damit eine wissenschaftliche These über den Haufen geworfen wird. Von Zeit zu Zeit schaue ich in mein Wikipedia-Profil. Nicht aus Eitelkeit, sondern um sicherzugehen, dass nicht irgendwelche Freaks dubiose Sachen über mich verbreiten. Tatsächlich stand vor einiger Zeit ein falsches Geburtsjahr in meinem Profil. Ich habe mich daraufhin bei Wikipedia gemeldet und sie darüber informiert, dass ich nicht 1966, sondern 1968 geboren bin. Von Wikipedia kam die Antwort: «Vielen Dank für Ihren Korrekturvorschlag, aber wir benötigen in dieser Sache eine zweite Quelle.» Hä?

Die Menschheit hat sehr lange gebraucht, um eine wissenschaftliche Methodik zu entwickeln; sie existiert erst seit wenigen hundert Jahren. Viele verweisen in solchen Zusammenhängen auf Menschen wie Aristoteles oder Archimedes. Aber die alten Griechen waren keine Wissenschaftler. Archimedes machte eine Entdeckung, aber er überprüfte seine Idee nie. Auch Aristoteles war der Meinung, dass man die Geheimnisse der Natur durch reines Nachdenken erforschen konnte. In der griechischen Philosophie gab es keine Doppelblindstudien. Weder Demokrit noch Sokrates kümmerten sich um Evidenzen, Falsifizierbarkeiten und Placebo-Gruppen. Nur so ist es zu erklären, dass der große Aristoteles der festen Überzeugung war, Männer hätten mehr Zähne als Frauen. Einfach nachzuschauen war ihm viel zu unphilosophisch.

Auch andere Hochkulturen hatten mit Wissenschaft nicht viel am Hut. Die Maya opferten Zigtausende unschuldige Menschen, um zu garantieren, dass die Sonne am nächsten Tag wieder aufging. Hätten sie nur einen Funken wissenschaftlicher Methodik in sich gehabt, hätten sie gesagt: «Hey, lasst uns die Menschenopfer weglassen und schauen, was am nächsten Tag passiert.» Aber vielleicht war ihnen das Risiko zu groß.

Erst im 17. Jahrhundert wurde das Experiment als wissenschaftliche Erkenntnismethode etabliert. Das hat den Fortschritt enorm beschleunigt. Lange Zeit hatte man zum Beispiel keine Ahnung, warum Seeleute an Skorbut erkrankten. Um die Ursache herauszufinden, experimentierte man herum. Der portugiesische Seefahrer Vasco da Gama zwang seine Männer, sich den Mund mit Urin auszuspülen. Was weder gegen Skorbut half noch zur allgemeinen Stimmung beitrug. Andere glaubten, Skorbut werde durch unvollständig verdautes Essen ausgelöst. Zum «Beweis» dafür machte der Arzt William Stark Mitte des 18. Jahrhunderts einen mutigen Selbstversuch. Er ernährte sich wochenlang nur von Wasser und Brot und beobachtete, was geschah. Er starb an Skorbut, ohne dass er hilfreiche Schlussfolgerungen hatte ziehen können. Er widmete sein Leben im wahrsten Sinne des Wortes der Wissenschaft. Das waren eben andere Zeiten. Der Erste, der in die richtige Richtung dachte, war der britische Marinearzt James Lind. Er führte – wie es sich für einen Wissenschaftler gehört – Versuchsreihen mit an Skorbut erkrankten Matrosen durch, in denen er ihnen unterschiedliche Dinge zu essen gab. Damit konnte er zeigen, dass Zitrusfrüchte, aber auch Kartoffeln und Sauerkraut wirksame Mittel gegen Skorbut sind. Es war James Cook, der 1776 die Ernährungsempfehlung des Arztes als Erster umsetzte. Er nahm auf seiner Weltumseglung Karottenmus und Sauerkraut mit, was eine beeindruckende Überlebensrate innerhalb seiner Mannschaft zur Folge hatte.

Die Ironie an der Geschichte: Bereits im 17. Jahrhundert bewiesen Mediziner in Experimenten, dass man mit Zitrusfrüchten die Mangelerscheinung offenbar verhindern konnte. Da jedoch Zitronen und Orangen zur damaligen Zeit als «weibische Essmoden» galten, lehnten die harten Jungs auf See die tägliche Dosis Vitamin C ab, pfiffen auf Zähne und Gesundheit und hielten sich stattdessen mit Tabak und Alkohol bei Laune. Eine Praxis, die auch heute noch bei vielen osteuropäischen Fernfahrern gang und gäbe ist.

Wissenschaftliche Empirie ist eben nicht jedermanns Sache. Selbst die meisten technischen Entwicklungen finden in den seltensten Fällen auf der Basis wissenschaftlichen Knowhows statt. James Watt hatte keine Ahnung von Thermodynamik, baute aber trotzdem die Dampfmaschine. Und für den Erfinder des Knüppels hatte «actio = reactio» auch noch eine andere Bedeutung.

In der Technologie geht es vor allem darum, Dinge zum Funktionieren zu bringen. Man muss sie nicht verstehen. In

vor 8000 Jahren

der Wissenschaft geht es um das grundlegende Verständnis der Dinge, ohne dass man sie in Gang bringen muss. Ein Gedanke, der fast schon wieder philosophisch ist. So haben Physiker zum Beispiel herausgefunden, dass Licht sowohl eine Welle als auch ein Teilchen ist. «Na und?!», sagt der Techniker. «Hauptsache, es wird hell, wenn ich auf den Schalter drücke.» Solche Gedanken sind Wissenschaftlern viel zu banal. Sie wollen wissen, was Licht ist. Deswegen hat Planck die Quantenphysik entwickelt, Edison dagegen die Glühbirne. Die Gebrüder Wright haben das Fliegen erfunden, Otto Lilienthal den Absturz.

Die wissenschaftliche Revolution, die vor 300, 400 Jahren von Personen wie Francis Bacon, Johannes Kepler, Galileo Galilei oder René Descartes eingeleitet wurde, war im Grunde eine Revolution der Unwissenheit. Ihre große Erkenntnis war, dass wir Menschen nicht im Besitz der Wahrheit sind und auf die wichtigen Fragen (noch) keine Antworten haben.

Das führt uns zurück zur aktuellen Forschung. Heute gestehen Neurobiologen freimütig ein, keine Ahnung zu haben, wie das Bewusstsein im Hirn entsteht. Physiker geben zu, den Urknall nicht erklären zu können und keinen blassen Schimmer zu haben, wie Quantenmechanik und Relativitätstheorie unter einen Hut zu bringen sind.

Gute Wissenschaftler besitzen vor allem die Fähigkeit, mit großer Würde Experimente gegen die Wand zu fahren. Gute Wissenschaftler besitzen allesamt eine ungewöhnlich hohe Frustrationstoleranz. Das Geheimnis exzellenter Forscher ist, sich von Misserfolg zu Misserfolg zu hangeln und darüber nicht die Begeisterung zu verlieren. Nach jedem gescheiterten Experiment, nach jeder verworfenen These fragen sie sich immer wieder aufs Neue: «Was war diesmal der Grund für den Fehlschlag? Was muss ich verändern, damit der nächste Versuch gelingt?»

Für den Klugen ist ein Irrtum eine Information. Für den

Dummen ist ein Irrtum ein Irrtum. Und für den Ignoranten ist ein Irrtum weder ein Irrtum noch eine Information. Googeln Sie dazu einfach die Begriffe «Lothar Matthäus» und «Ehefrau».

Gute Wissenschaftler brauchen Detailversessenheit und Akribie. Logisch. Wer Phänomene wie das Higgs-Boson nachweisen möchte, stellt die Apparatur nicht einfach «Pi mal Daumen» ein, drückt aufs Knöpfchen und verschwindet dann auf einen Cappuccino in die Cafeteria.

Ich habe mich mit dieser Art des wissenschaftlichen Arbeitens immer schwergetan. Experimentelle Akribie und das Streben nach hundertprozentiger Exaktheit liegen mir nicht im Blut. Demnach war es eine gute Entscheidung, keine wissenschaftliche Karriere einzuschlagen. Man kann sogar sagen, mein größter und wichtigster Beitrag für die Wissenschaft war, dass ich sie aufgegeben habe.

Heute stehe ich tagtäglich auf der Bühne. Aber was das Scheitern angeht, hat sich im Vergleich zu meiner Diplomarbeit eigentlich nicht so viel verändert. Erzählt man eine Pointe oder eine vermeintlich lustige Geschichte zum ersten Mal vor Publikum, hat man nicht die leiseste Ahnung, was passieren wird. Oft sind genau die Gags, über die man sich beim Schreiben am meisten weghaut, auf der Bühne kein Brüller. Andere Witze dagegen, die man persönlich «so lala» findet, entpuppen sich als absolute Publikumslieblinge. So gesehen ist die Entwicklung eines Kabarettprogramms angewandte Serendipity.

Ein populärer Mythos besagt, dass kreative Menschen selten scheitern. Das stimmt nicht. Das Gegenteil ist der Fall. Kreative scheitern häufig, aber sie lassen sich dadurch nicht entmutigen. Kreative Menschen experimentieren häufiger. Ihre Geniestreiche kommen nicht zustande, weil ihnen mehr gelingt, sondern weil sie es öfter versuchen. Steve Jobs produzierte in seiner Karriere zig Flops. Edison scheiterte mit 9000 verschiedenen

6000 v. Chr.

Glühlampenversionen, bis endlich eine funktionierte. Aber er war dabei stets gut drauf. «Das wahre Maß des Erfolgs ist die Anzahl der Experimente, die man in 24 Stunden durchführen kann», sagte er einmal. Das zeigt übrigens auch ein banales Experiment. Zehn Teilnehmer eines Anfänger-Töpferkurses wurden in zwei Gruppen eingeteilt. Der einen Gruppe sagte man: Ihr kriegt eine Eins, wenn es euch gelingt, bis zum Ende des Kurses 50 verschiedene Objekte herzustellen. Der zweiten Gruppe sagte man: Am Ende des Kurses wird ein einziges Objekt von euch bewertet, das alles enthalten sollte, was ihr gelernt habt.

Was glauben Sie, welche Gruppe die bessere Qualität erreicht? Tatsächlich schneidet die Quantitätsgruppe besser ab. Auch wenn die ersten Versuche grauenhaft aussehen, irgendwann kommt man auf den Trichter. Indem man sich hinsetzt und Quantität produziert, steigt mit der Zeit automatisch die Qualität.

Im Jahr 1955 analysierte der Kreativitätsforscher Wayne Dennis den Output von künstlerischen Genies und fand heraus: 16 Komponisten haben die Hälfte aller klassischen Musik geschrieben. Die restlichen 235 die zweite Hälfte. Zehn Prozent der Autoren haben 50 Prozent der 31 Millionen Bücher verfasst, die in der *Library of Congress* stehen, der größten Bibliothek der Welt. Die produktivsten Programmierer sind zehnmal so produktiv wie die am wenigsten produktiven und immerhin fünfmal so produktiv wie der Durchschnitt. Genies haben in allen Kategorien einen höheren Output.

Wenn Sie also in etwas gut werden wollen, müssen Sie damit anfangen, es zu tun. Talent ist vor allem die Fähigkeit, hart zu arbeiten und den Mut zu haben, vieles in den Sand zu setzen. Denken Sie an Artur Fischer und seinen vollautomatischen Eierköpfer.

Rückblickend sind Menschen oft deshalb erfolgreich, weil sie durch ihre Penetranz und Zähigkeit gewissermaßen das Phänomen von Serendipity erzwingen. Besessene, die es nicht lassen können, Tag und Nacht mit ihren Reagenzgläsern zu hantieren, mit radioaktiven Materialien herumzuspielen oder seltsame, funkensprühende Apparate zu basteln. Meist geht das gnadenlos schief. Aber das eine ist ohne das andere eben nicht zu haben. Man vergibt 100 Prozent der Schüsse, die man nicht abfeuert. Klingt ein bisschen nach Konfuzius, oder? In Wirklichkeit sagte das Wayne Gretzky, der beste Eishockeyspieler der Geschichte.

HOMO SAPIENS

TEAMBUILDING ALS ERFOLGSREZEPT

Unsere menschliche Neugierde, unsere Kreativität im Umgang mit neuen Herausforderungen – aber auch unsere Fähigkeit, aus unseren Misserfolgen zu lernen – sind offenbar der Grund, weshalb wir diesen Planeten inzwischen dominieren. Keine andere Spezies kann eine ähnliche Erfolgsbilanz aufweisen. Das war nicht immer so. Vor 70 000 Jahren hätte kein Buchmacher auch nur einen Cent auf den Homo sapiens gewettet. Damals irrten nicht einmal 10 000 von uns durch die afrikanische Steppe, den einzigen Erdteil, auf dem es zu diesem Zeitpunkt noch menschliches Leben gab. Den Rest hatte der Supervulkan Toba auf der indonesischen Insel Sumatra erledigt. Viele Forscher sind der Meinung, dass Toba die Sonne mehrere Jahre verdunkelte und die Durchschnittstemperatur auf der Erde um bis zu 18 Grad sinken ließ. Damals wäre man über ein bisschen Erderwärmung froh gewesen.

Eigentlich war's das also mit uns Menschen. Doch ein Blick in eine durchschnittliche Fußgängerzone genügt: Es gibt uns noch! Wir sind dem Tod von der Schippe gesprungen. Die Menschheit hat überlebt. Glück gehabt! Inzwischen sind wir auf über sieben Milliarden angewachsen und im Gegensatz zu den meisten anderen Lebewesen ein echtes Erfolgsmodell.

Doch was unterscheidet uns Menschen vom Tier? Viele sind der Auffassung: unsere hohe Intelligenz. Andererseits – was wohl ein Außerirdischer denkt, wenn er vom Weltall beobachtet, wie ein Mensch seinem Hund den Kackbeutel hinterherträgt? Viele Tiere sind ziemlich clever. Schweine haben sogar die Intelligenz von Fünfjährigen. Falls Sie Kinder haben – das gilt auch umgekehrt. Manchmal, wenn ich nach Hause komme, schauen mich meine beiden Katzen an, als wollten sie sagen: «Wie zum Teufel bist du an den Schlüssel unserer Wohnung gekommen?» Auch Tintenfische sind mit enormen geistigen Fähigkeiten ausgestattet. Sie sind gewissermaßen die Delfine unter den Weichtieren. Kraken sind so schlau, dass man ihnen beibringen kann, wie man einen Videorekorder programmiert. Was natürlich Quatsch ist, denn wer verwendet heutzutage noch VHS? Unter Wasser?

Dennoch stellt sich die Frage: Wenn Tintenfische so gewieft sind, warum ist dann trotzdem der Mensch und nicht Kollege Oktopus am Drücker? Immerhin gibt es Tintenfische wesentlich länger auf diesem Planeten als den Homo sapiens. Lange Zeit waren sie sogar die absoluten Herrscher der Meere. Ihre rasche stammesgeschichtliche Entwicklung und vielseitige Anpassungsfähigkeit führte zu einem riesigen Artenreichtum. Heute findet man die meisten von ihnen nur noch als Fossilien oder auf der Speisekarte unseres Lieblingsitalieners. Das Erfolgsmodell der Kreidezeit mutierte zur exzentrischen Randgruppe. Denn trotz seiner geschickten Arme und seines wachen Verstands hat der Tintenfisch einen entscheidenden Nachteil: Er hat niemals Sprache entwickelt und erst recht keine Schrift. Dadurch ist es ihm unmöglich, sein Wissen zu teilen und weiterzugeben. Hätte ein kluger Calamaro vor vier Millionen Jahren die Fritteuse erfunden – es hätte niemand mitbekommen!

Ganz anders wir Menschen. Wir haben die einmalige Fähigkeit, unser erworbenes Wissen an andere weiterzugeben und voneinander zu lernen. Das ist auch der Grund, weshalb wir

4000 v. Chr.

Opa in der Urlaubszeit nicht einfach an die Leitplanke binden. Bereits in der Steinzeit waren alte Menschen aufgrund ihrer Erfahrung und ihres Wissens für die Gruppe viel zu wertvoll, um sie nachts vor die Höhle zu setzen und zu warten, bis der Säbelzahntiger seinen Job erledigt.

Hinzu kommt, dass der Homo sapiens die einzige Spezies ist, die komplexe Werkzeuge fertigen kann. Delfine hätten aufgrund ihrer geistigen Kapazitäten auch das Potenzial, aber versuchen Sie mal, mit einer Flosse einen Knopf anzunähen oder eine geplatzte Lötstelle zu reparieren. Wir Menschen können das. Und: Wir haben uns als einzige Tierart das Feuer untertan gemacht. Für Meeresbewohner ist das eine unüberwindbare Hürde. Ein Tiefsee-Polyp mag ein tiefgründiger Denker sein, aber unter Wasser lässt sich relativ schlecht ein Blasebalg betreiben, mit dem man Eisen schmieden kann. An Land geht das schon deutlich besser.

Als man vor einigen Jahren den Frühmenschen Ötzi in einem Südtiroler Gletscherbett entdeckt hat, fand man bei ihm zwei Pilzarten. Der eine wurde als Zündwerkzeug zum Feuermachen genutzt, der andere befand sich in Ötzis Genitalbereich. Zum Feuermachen hatte Letzterer keine Bedeutung, obwohl er wahrscheinlich auch tierisch gebrannt haben muss.

Man schätzt, dass unsere Vorfahren vor zirka einer Million

3650 v. Chr.

Jahren den Gebrauch des Feuers entdeckten. Keine drei Tage später wurde die Grillsaison erfunden. Was Grillen mit Intelligenz zu tun hat? Man vermutet, dass die menschliche Kultur eine direkte Folge des exzessiven Verzehrs von Koteletts ist. Das tierische Eiweiß ließ die Gehirne unserer Vorfahren in einem relativ kurzen Zeitabschnitt auf das dreifache Volumen anwachsen: von 400 auf 1200 Kubikzentimeter. Motorradfahrer wissen, was das bedeutet. Wobei in ihrem Fall oft das Gegenteil gilt: je mehr Kubik, desto weniger Hirn.

Große Gehirne sind sehr leistungsfähig, aber sie benötigen auch viel Energie. Das tierische Eiweiß im Fleisch ist der perfekte Energielieferant. Rohes Fleisch kam jedoch für den Frühmenschen nicht in Frage, weil man, um es verdauen zu können, einen sehr großen Verdauungsapparat braucht. Aber den haben wir Menschen nicht. Unsere direkten Verwandten, die Schimpansen, besitzen zwar dreimal weniger Hirn als wir, dafür ist ihr Verdauungsapparat um 40 Prozent größer. Und diese 40 Prozent haben wir vor einer Million Jahren klugerweise auf den Grillplatz verlegt. Wenn man so will, haben wir damit einen Großteil unserer Verdauung outgesourct. Grillen und Kochen hat die Speisen unserer Vorfahren leicht verdaulich und keimfrei gemacht. So haben wir im Laufe der Zeit einen großen Darm gegen ein großes Gehirn getauscht. Der intellektuelle Aufstieg des

Menschen begann in der Küche. Kaum zu glauben, wenn man sich die Teilnehmer des «Perfekten Promi-Dinners» ansieht. Ich jedenfalls habe beim Zusehen immer ein wenig den Eindruck, bei denen läuft das Stammhirn noch auf Werkseinstellung. Unser Gehirn hat ein durchschnittliches Gewicht von 1500 Gramm. Das entspricht etwas mehr als zwei Prozent unserer Körpermasse – damit sind wir neuronaler Weltmarktführer. Überboten werden wir nur noch von Ameisen: Die haben zwar ein echtes Erbsengehirn, aber es macht beeindruckende sechs Prozent (!) ihrer Körpermasse aus. Ein handelsüblicher Ameisenhaufen mit 400 000 Individuen hat somit etwa dieselbe Anzahl Gehirnzellen wie ein Mensch. Wahrscheinlich ähneln Ameisen uns deshalb so sehr: Sie züchten Pilze, halten sich Blattläuse als Viehbestand, errichten komplizierte architektonische Bauten und kommunizieren permanent miteinander. Im Grunde tun sie fast alles, was wir auch tun – außer Tatort gucken. Und sie können noch mehr: Eine Waldameise kann 24 Tage ohne Kopf überleben. Was sie für eine Karriere im Europäischen Parlament befähigen würde.

Trotz dieser eindrucksvollen Leistungen haben sich Ameisen in ihrer 130 Millionen Jahre alten Entwicklungsgeschichte nicht besonders weiterentwickelt. Zwar plündern sie inzwischen Picknickkörbe und Mülleimer, aber bahnbrechende Erfindungen und Erkenntnisse finden sich nur bei uns Menschen. Warum haben nur wir das Feuer, den Kreuzschlitzschraubenzieher und die Gesichtsmortadella entwickelt?

Es ist nicht nur unsere Gehirngröße, die uns eine solch dominierende Stellung in der Nahrungskette ermöglicht, sondern auch die Tatsache, dass die Nervenzellen im menschlichen Gehirn sehr dicht gepackt sind. Der Hirnforscher Gerhard Roth schätzt, dass dadurch die Geschwindigkeit der Informationsverarbeitung sechs- bis zehnmal höher ist als in den sehr viel grö-

2600 v. Chr.

ßeren Gehirnen von Elefanten und Walen. Salopp gesagt verhält sich also selbst die größte menschliche Dumpfbacke zu dem klügsten Schwertwal wie ein *Pentium-Dual-Core*-Prozessor zu einem *Commodore 64*.

Aufgrund der schnellen Signalweiterleitung in unserem Oberstübchen konnten sich spezialisierte Bereiche im Gehirn bilden. Allein die menschliche Hirnrinde verfügt über 150 solcher spezifischen Areale mit 60 Verbindungsstellen, die insgesamt 9000 verschiedene Verschaltungen zwischen den Arealen ermöglichen. Das soll uns Kollege Flipper erst mal nachmachen!

Mit der quantitativen Ausdifferenzierung unserer Großhirnrinde kam etwas fundamental Neues hinzu: Unsere Vorfahren entwickelten ein Bewusstsein. Eine Vorstellung davon, dass sie existieren und wer sie sind. In einfachen Ansätzen tun das auch hochentwickelte Tiere. Malt man Schimpansen einen roten Fleck auf ihre Stirn und lässt sie in einen Spiegel schauen, so realisieren sie nach kurzer Zeit, dass sie sich selbst im Spiegel sehen, und greifen auf ihre Stirn, um den Punkt wegzuwischen. Kinder verstehen dieses Prinzip ab etwa 18 Monaten. Auch Graupapageien erkennen sich im Spiegel. Schon Hunde und Katzen scheitern. Zugegeben: Einige Bewohner meines Heimatdorfs tun sich damit ebenfalls schwer. Wenn Sie in der Bockbierzeit einen Odenwälder Ureinwohner vor einen Spiegel setzen, stutzt er kurz und holt dann die Mau-Mau-Karten raus.

Dennoch ist der Mensch die einzige Spezies, die aus ihrem Bewusstsein komplexe Handlungen ableitet. Vielleicht ist das die größte Fähigkeit des menschlichen Gehirns: sich Dinge und Ereignisse vorstellen zu können, die in der Wirklichkeit nicht existieren. So können wir zum Beispiel über unsere Zukunft nachdenken. Walt Disney starb 14 Tage vor der Einweihung von Disneyland Florida. «Ist das nicht eine Tragödie?», fragte ein Journalist dessen Bruder. «20 Jahre hat er daran gebaut und es nie zu Gesicht bekommen!» – «Falsch», antwortete der Bruder. «Er hat das alles schon vor 20 Jahren gesehen. Und heute dürfen Sie es angucken.»

Für uns ist unsere Vorstellungskraft selbstverständlich. In Wirklichkeit ist sie vielleicht das einzige Mosaiksteinchen, das uns von Tieren unterscheidet. Mit Hilfe der Vorstellungskraft können wir die Vergangenheit besuchen, die Gegenwart überdenken und die Zukunft planen. Wir können kreativ sein und uns Dinge ausmalen, die wir nie erlebt haben. Und wir können uns Fragen stellen, die wir eventuell nie beantworten können: Hat das Leben einen Sinn? Was passiert nach dem Tod? Halten unsere Haustiere uns für Götter oder Idioten?

Es klingt paradox, aber gerade die Erkenntnis, dass wir etwas *nicht* wissen, ist eine Form von höherem Bewusstsein, die nur wir Menschen haben. Ein Schimpanse kann sich zwar im Spiegel erkennen, aber er fragt sich nicht, warum die Banane krumm ist. Es interessiert ihn nicht. Wir dagegen vermuten, spekulieren und zerbrechen uns den Kopf darüber. Vorstellungskraft ist die Grundlage von allem, was wir als spezifisch menschlich bezeichnen: Künste, Wissenschaft, Religion und Philosophie.

Wir sind so anders, weil wir aufgrund unseres großen Gehirns Phantasie entwickeln können. Und das ist insofern entscheidend, als dass Phantasie die perfekte Strategie ist, um in einer ungewissen Welt bestehen und überleben zu können.

Kein Delphin käme auf die Idee, Geld für seine Rentenzeit zurückzulegen. Gut, viele Deutsche kämen da von allein auch nicht drauf, aber immerhin lassen sich einige von ihnen dann doch überzeugen.

Tiere entwickeln keine ausgefeilten Karrierepläne, keine Sozialversicherungen und keine Nachhaltigkeitsstrategien. Sie sorgen sich nicht sonderlich um ihre Zukunft. Die meisten von uns schon. Wir sind fähig, zu antizipieren, was uns in fünf oder zehn

2500 v. Chr.

Jahren beschäftigen, interessieren oder nerven könnte, und entwickeln dafür in der Gegenwart detaillierte Pläne. Gleichzeitig sind wir so dämlich, dass wir unsere sorgfältigen Pläne zugunsten eines kurzfristigen Lustgewinns problemlos über den Haufen werfen können. «Ich weiß, fünf Kilo weniger bis zum nächsten Sommerurlaub wären toll, aber die Mousse au Chocolat sieht sooo lecker aus!»

Trotzdem sind wir im Gegensatz zu Tieren grundsätzlich fähig, Wünsche, die wir eigentlich sofort befriedigen möchten, zurückzustellen, wie das Marshmallow-Experiment im ersten Kapitel zeigt. Weil wir uns vorstellen können, dass das Vergnügen in der Zukunft eventuell viel größer sein könnte.

Das liegt vor allem an unserem phänomenalen Langzeitgedächtnis, das allen anderen Lebewesen haushoch überlegen ist. Wir speichern in unserem Vorderhirn Träume, Ereignisse und Erfahrungen unseres gesamten Lebens, verknüpfen die verschiedensten Dinge miteinander und nutzen dieses Wissen, um zukünftige Szenarien zu entwerfen. So wurden wir zu Spezialisten im Gedankenlesen und zu Weltmeistern im Entwickeln von Kultur.

Wir haben eine hochkomplexe Sprache entwickelt, die Humor und Ironie möglich macht. Raffinierte Werkzeuge zur Übertreibung, zur vagen Andeutung und zur bewussten Irreführung: «Darf ich dir meine Briefmarkensammlung zeigen?» Jede Frau weiß, was ein Mann damit garantiert *nicht* meint. «Netter Laden. Wäre jammerschade, wenn dem etwas zustoßen würde ...»

Humor und Ironie sind enorme intellektuelle Leistungen. Was im Übrigen auch erklärt, weshalb Sie selbst mit den brillantesten Hunde-Witzen bei Ihrer Katze keinen Blumentopf gewinnen können. Haustiere mögen süß, putzig oder treu sein, aber sie zeichnen sich allesamt durch bleierne Humorlosigkeit aus.

Das Wesen des Humors liegt darin, dass unsere Erwartungen überraschend fehlgeleitet werden. Wer über einen Witz lacht, hat einen Widerspruch, eine logische Unvereinbarkeit ausgemacht und diese dann in Fröhlichkeit aufgelöst: Zwei Kolibakterien kommen in eine Bar. «Tut mir leid, wir bedienen keine Kolibakterien», sagt der Barkeeper. «Wieso bedienen?», antworten die beiden. «Wir arbeiten seit Wochen in deiner Küche.»

Menschen, die sich noch nicht besonders gut kennen, setzen Humor gerne ein, um ihr Gegenüber zu testen und seinen Charakter besser einschätzen zu können. In praktisch allen Witzen geht es im Kern um grundsätzliche Empfindungen wie Scham, Schuld oder Verlegenheit. Für diese Gefühle ist es erforderlich, dass man sich ein Bild vom Innenleben des anderen machen kann. Und genau das ist laut dem amerikanischen Anthropologen Michael Tomasello *der* Schlüssel zum menschlichen Verhalten. Wir können uns vorstellen, was in anderen vorgeht, was andere denken könnten. Wir haben Empathie. Wir sorgen uns um unsere Kinder, empfinden Mitleid mit Armen und Kranken und spenden Blut für Menschen, die wir wahrscheinlich nie in unserem Leben zu Gesicht bekommen werden. Manche schicken ihre Kleidung nach Afrika. Dabei sollte man allerdings auf T-Shirts mit dem Aufdruck «Bier formte diesen wunderschönen Körper» verzichten.

Natürlich können auch Tiere einfühlsames Verhalten zeigen. Hyänen beispielsweise sind extrem soziale Tiere. Sie kümmern sich aufopferungsvoll um ihren Nachwuchs. Wenn eine Hyäne einsam ist, stößt sie einen Schrei aus, woraufhin andere herbeilaufen, um sie zu trösten. Nach der Jagd würgen die Tiere das vorverdaute Fleisch wieder hoch und verteilen es im Rudel. Beim Menschen heißt das «Junggesellenabschied».

Einfühlsames Verhalten ist im Tierreich allerdings eher ein Instinkt als eine bewusste Reaktion auf eine bestimmte Situation. Tiere empfinden kein Mitleid oder sind in irgendeiner Form peinlich berührt. Kein einziger Hirsch musste jemals zur Psychotherapie, weil er seinem Widersacher aus Versehen ein Auge ausgestochen hat. Kein Löwe überdenkt seine eigene Kindheit, nachdem er den fremden Nachwuchs im Rudel totgebissen hat. Empathie beruht auf dem Vermögen, sich vorzustellen, wie sich das eigene Verhalten auf andere auswirken könnte. Wenn ein Hai ein süßes Robbenbaby zerfetzt, dann tut er das ohne die geringste Vorstellung davon, was die arme Robbenmutti dabei empfinden könnte (oder die vielen Zuschauer von «National Geographic»). Man braucht ein großes Gehirn, um empathisches Verhalten an den Tag legen zu können.

Es wird immer gesagt, der Mensch sei schlecht. Manche behaupten sogar, wir Menschen seien die grausamsten Lebewesen auf diesem Planeten, weil wir die einzigen seien, die nur zum Spaß töteten. Pah! Da kennen Sie Katzen schlecht. Wie schon gesagt, haben Valerie und ich zwei sehr süße, verschmuste Tiere. Finden *wir*! Die gemeine Spitzmaus dagegen hat eine vollkommen andere Meinung dazu. Es hat genau einen Sommer gedauert, dann gab es in unserem kleinen Garten kein einziges Lebewesen unter zehn Zentimetern mehr. Und zwar nicht, weil unsere Katzen hungrig waren. Nein, nein! Die haben sich erst die Bäuche mit *Whiskas* vollgehauen, und dann ging's raus zur ethnischen Säuberung. Im 19. Jahrhundert rottete eine einzige Katze auf einer kleinen neuseeländischen Insel sogar eine komplette Vogelart aus. Da kann man froh sein, dass sich diese kleinen Monster nicht an Pandabären, Lederschildkröten oder Spitzmaulnashörnern herantrauen.

Wir Menschen sind nicht ganz so schlecht. Unsere Empathiefähigkeit hat uns sogar im Laufe der Evolutionsgeschichte immer friedfertiger, freundlicher und sympathischer werden lassen. Das kann man sich mit Blick auf den deutschen Handwerker zwar nicht vorstellen, aber es stimmt. Der Harvard-Professor

Steven Pinker legt in seinem Buch «Gewalt» detailliert dar, dass die Welt noch nie so friedlich und human war wie heute, auch wenn uns die Fernsehbilder etwas ganz anderes suggerieren. Etwa 20 Prozent aller Steinzeitmenschen haben sich gegenseitig niedergemetzelt, wie Knochenfunde beweisen. Wenn Sie da als frühzeitlicher Fliesenleger die Höhle falsch durchgekachelt haben, zack – sind Sie erschlagen worden.

Noch im Mittelalter wurden von 100 000 Menschen zwischen 30 und 70 pro Jahr getötet. Im Jahr 2000 war es gerade mal ein Mord pro 100 000. Auch unter den Indianern ging es nicht so romantisch zu wie bei Winnetou, eher wie bei «Mad Max». Der Mythos vom «edlen Wilden», der im Einklang mit seinen Artgenossen lebte, ist grotesk falsch.

Offensichtlich ist im Laufe der Menschheitsgeschichte etwas Erstaunliches geschehen: Wir haben Sympathien für Personen entwickelt, die weder zu unserem eigenen Stamm, unserer Kultur noch zu unserer Religion gehörten. Wir glauben nicht mehr, dass Homosexuelle vom Teufel besessen sind oder dass Völker, die eine andere Hautfarbe haben, minderwertiger sind als wir.

Es mag angesichts der vielen Horrormeldungen in den Medien paradox klingen – aber wir haben uns in den letzten 200 000 Jahren eindeutig zu unserem Vorteil verändert. Knapp die Hälfte aller verlorenen Brieftaschen wird zurückgegeben. Noch in der Steinzeit undenkbar!

Im Großen und Ganzen sind wir friedlich gegenüber Fremden. Schimpansen sind das nicht. Einander unbekannte Schimpansen würden sich niemals ordentlich in eine Schlange stellen, um ein Flugzeug zu besteigen. Oder sich im ICE-Bordrestaurant neben eine laut plappernde schwäbische Reisegruppe setzen, ohne sie nach einer Weile mit ihren eigenen Nordic-Walking-Stöcken zum Schweigen zu bringen.

Wir Menschen müssen kooperieren, um zu überleben. Das unterscheidet uns von Katzen, von Kakerlaken oder Immobilienmaklern. Anfänglich beschränkte sich unsere Kooperation auf die eigene Horde, ein Rudel von 30 bis 100 Individuen, die mehr oder weniger eng miteinander verwandt waren. So ähnlich wie heute noch im Odenwald. Doch vor zirka 50 000 Jahren begann der Homo sapiens zum ersten Mal, Vorformen von Handel zu betreiben. Plötzlich war es von Vorteil, die Nachbarhorde nicht totzuschlagen, sondern mit ihnen Waren und Nahrung zu tauschen. Es ist also nicht übertrieben, wenn man behauptet: Durch Handel und Dienstleistung kam die Freundlichkeit in die Welt. Warum bombardieren wir nicht Holland? Argumente dafür gäbe es ja: Die Holländer nerven beim Fußball, moderieren «Let's Dance» und sorgen in der Urlaubszeit für Thrombose auf der A3. Der Grund, weshalb wir Holland nicht plattmachen (schönes Wortspiel), ist: Weil wir sonst keine Blumen zum Muttertag hätten! Auch Japan ist kein kluges Angriffsziel, denn die haben meinen Minivan gebaut. Österreich scheidet ebenfalls aus, da kommt meine Frau her. Wobei ... Nein. Scherz!

Wir haben wie kein anderes Lebewesen den Drang nach Zusammenarbeit und Austausch: bei der Erziehung, bei der Jagd, bei fast allem, was wir zum Überleben brauchen. Wir schwatzen und tuscheln, wir bewerten andere, schätzen ihre Vertrauenswürdigkeit ein und spekulieren über ihre Absichten. Unsere Anführer entwickeln politische Strategien und manipulieren uns mit dem Instrument der sozialen Intelligenz. Verkäufer erspüren Verlangen und nutzen es geschickt, um Deals einzufädeln und uns Gebrauchtwagen, Versicherungen oder das 37. Paar Schuhe aufzuschwatzen. Wir sind von Kindesbeinen an fähig, zu kommunizieren und zu kooperieren.

Und genau das hat uns vor 70 000 Jahren beim Ausbruch des Vulkans Toba gerettet. Ohne Sonnenlicht gingen unzählige Tier-

und Pflanzenarten zugrunde. Der Mensch überlebte, weil er in der schwersten Krise der Menschheit zusammenhielt, sagt der Forscher Stanley Ambrose von der University of Illinois, der 1998 die «Theorie vom evolutionären Flaschenhals der Menschheit» aufstellte.

Unsere Kooperationsfähigkeit ist genetisch angelegt. Wir können nicht anders. Natürlich nicht um jeden Preis. Es kommt darauf an, mit *wem* man kooperiert. Es gibt in der Evolutionsbiologie die Theorie, je enger man mit jemandem verwandt ist, je mehr Gene man mit jemandem teilt, desto mehr setzt man für ihn aufs Spiel, da man die verwandten Gene gerne in die nächste Generation retten möchte. Es lohnt sich, in einen See zu springen, um die eigene Schwester zu retten, aber nicht unbedingt, um die Tante wieder an Land zu ziehen. Vor allem, wenn Sie *meine* Tante kennen würden.

Lange hat man sich in der Anthropologie gefragt, warum der Neandertaler ausgestorben ist, obwohl er unseren Vorfahren fast ebenbürtig war. Er hatte ein ähnlich großes Gehirn und konnte sprechen. Er fertigte Steinwerkzeuge und war nachweislich empathisch: Er pflegte seine Alten und Verletzten. Darüber hinaus war er körperlich robuster als der Homo sapiens. Warum also musste der Neandertaler über die evolutionäre Klinge springen?

Obwohl es dazu eine Vielzahl unterschiedlicher Theorien gibt, ist man sich in Forscherkreisen über eines einig: Unsere Vorfahren waren im Vergleich zu den Neandertalern wesentlich flexibler und anpassungsfähiger. Der Homo sapiens kooperierte besser, entwickelte eine komplexere Sprache und konnte dadurch die zahlreichen Herausforderungen der Steinzeit meistern. Die Neandertaler dagegen waren – obwohl mit ähnlichem geistigem und körperlichem Potenzial ausgestattet – flexibel wie ein Kachelofen. Wenn die Neandertaler eine wichtige Ja-nein-Entscheidung zu fällen hatten, spielten sie vermutlich «Stein, Stein, Stein».

Viele Menschen fürchten sich vor nichts mehr als vor Veränderungen. Doch paradoxerweise ist der Homo sapiens mit seinem hochflexiblen Gehirn dasjenige Lebewesen, das mit Abstand am besten mit Veränderungen umgehen kann. Wir sind die anpassungsfähigste Spezies auf diesem Planeten. Deswegen haben wir überlebt und in den letzten paar tausend Jahren jeden Winkel der Erde erobert. Wir sind buchstäblich überall. Das hat noch nicht einmal die Kakerlake geschafft! Keine Region der Erde ist ungemütlich genug, um uns von ihrer Besiedlung abzuhalten. Im Jahr 2006 gelang es einem Beinamputierten, den Mount Everest zu besteigen. Und im Internet gibt es Hirntote, die zu *YouTube*-Stars wurden. Wir waren auf dem Mond und überlegen ernsthaft, den Mars zu besuchen. Unternehmer-Legenden wie Elon Musk, Richard Branson oder Jeff Bezos wollen in nächster Zeit Urlaubsreisen ins Weltall anbieten. Dort können dann die Weltraumtouristen für 200 000 Dollar Spaghetti aus der Tube essen und einen Blick auf die Erde erhalten, den es im Internet kostenlos gibt. Ganz ehrlich: Da fahre ich doch lieber ein Wochenende in den Hunsrück. Dort gibt es Regionen, zu denen selbst *Google Earth* noch nicht hingekommen ist.

Den Homo sapiens treibt seit Urzeiten seine unbändige Neugier voran. Vor rund 12 000 Jahren beschleunigte sich alles noch einmal. Während der sogenannten neolithischen Revolution änderte der Mensch seine Lebensweise grundsätzlich: Er wurde sesshaft, baute Häuser und markierte sein Revier nicht mehr mit einer Urinspur, sondern mit dem Jägerzaun. Das war nur möglich, weil sich in dieser Zeit die Landwirtschaft entwickelte. Durch Ackerbau und Viehzucht mussten wir nicht mehr mühsam der Mammutherde hinterherziehen, sondern konnten uns in Dörfern und später in Städten niederlassen. Eine enorme

Zeitersparnis, die heutzutage von der Parkplatzsuche wieder zunichtegemacht wird.

Schon bald kamen die ersten Hochkulturen auf. Die Sumerer erfanden das Rad, die Babylonier die Metallverarbeitung, der Baden-Württemberger den Bausparvertrag. Unorthodoxe Ideen, die unsere Welt innerhalb kürzester Zeit komplett verändert haben. Die Azteken gewannen Salz, indem sie ihren eigenen Urin verdunsten ließen. So etwas macht man nicht unbedingt intuitiv.

Durch immer intensivere Kooperation beschleunigte sich der menschliche Fortschritt in atemraubender, fast schon beklemmender Weise. Das ist insofern erstaunlich, als dass sich das menschliche Gehirn seit rund 100 000 Jahren nicht mehr entscheidend verändert hat. Hätte man einen Steinzeitmenschen eingefroren und heute wieder aufgetaut, wäre es kein Problem, ihn zu einem Piloten, einem EDV-Spezialisten oder einem Tierfutter-Vorkoster auszubilden. Salopp gesagt: Das Betriebssystem in unserem Hirn läuft auf einer Hardware, die das letzte Mal bei der Geburt von Johannes Heesters upgedatet wurde.

Das Geniale an unserem Gehirn ist, dass es sich, obwohl es evolutionär uralt ist, flexibel auf nahezu jede moderne Herausforderung anpassen kann. Bei Taxifahrern ist der Hippocampus, ein Hirnareal, das für die Orientierungsfähigkeit verantwortlich ist, stärker ausgebildet. Musiker, die beidhändig spielen, entwickeln einen dickeren Hirnbalken. Und bei Menschen, die überhaupt nicht denken, ist der Balken *vor* dem Hirn deutlich vergrößert.

Das, was unsere letzte Entwicklungsstufe vorangetrieben hat, waren also nicht mehr unsere genetischen oder biologischen Veränderungen, sondern unsere Ideen, unsere Gedanken, unsere Innovationen.

Der Evolutionsbiologe Richard Dawkins bezeichnet diese Gedanken, Ideen und Innovationen als «Meme». Ein Kunstbegriff, der an das Wort «Gene» angelehnt ist. Seine These: Wenn eine Idee, ein «Mem» klug ist und das Überleben sichert, dann setzt es sich ganz ähnlich durch wie ein Gen, das uns einen selektiven Vorteil bietet. Meme können in den unterschiedlichsten Formen auftreten. Als Kleidermode, als Schlagworte wie «krass» oder «endgeil», als eine bestimmte Art, zu kochen oder Bögen herzustellen. Der Pflug, der Ottomotor oder der Buchdruck sind erfolgreiche Beispiele für Meme, aber auch die Relativitätstheorie, das «Tatatataaa» von Beethoven, ja sogar der Schlager «Aaatemlos».

Letzteres Beispiel zeigt: Nicht immer sind Meme für alle von Vorteil. Die Erfindung des Alkohols ist für Asiaten nicht ganz so lustig, weil ihnen das Enzym für den Alkoholabbau fehlt. Deswegen haben die Japaner aus Rache das Mem «Karaoke» entwickelt. Und wir haben mit dem *Musikantenstadl* zurückgeschossen. Sie finden es nett, wenn 3000 Menschen bei Hansi Hinterseer mitschunkeln? Vorsicht! Schunkeln tun Zootiere, wenn sie psychische Probleme haben. Schunkeln ist kein Vergnügen oder ein harmloser Zeitvertreib. Es ist ein Krankheitsbild! Meme können die absurdesten Auswirkungen haben. Das Mem «Zölibat» führt sogar dazu, dass sich der Betroffene selbst aus dem eigenen Genpool ausschließt. Zumindest in der offiziellen Version ...

Verkürzt man die Geschichte der Erde auf einen Tag, so taucht der Homo sapiens erst 77 Sekunden vor Mitternacht auf. Aber in diesen lächerlichen 77 Sekunden haben wir den Planeten komplett umgekrempelt. Wir fliegen in Luftschiffen durch die Gegend, kommunizieren über elektromagnetische Wellen, spalten Atome und blicken mit Teleskopen bis in die hintersten Ecken des Weltalls. Durch komplizierte Messinstrumente können wir einen Zuckerwürfel im Bodensee nachweisen, Krebstumore identifizieren und Signale empfangen, die 13,8 Milliarden Jahre alt sind. Wir führen

Kriege, glauben an Gott, spenden Organe, bestatten unsere Toten und sind bei Sexthemen peinlich berührt. Wir bauen Hängebrücken, Kalaschnikows und künstliche Hüftgelenke. Wir erschaffen die bezauberndsten Meisterwerke genauso wie die grausamsten Methoden, uns gegenseitig Schaden zuzufügen. Und das alles innerhalb von nur 77 Sekunden. Evolutionär gesehen sind wir mit unserem übergroßen Gehirn also unfassbar jung. Vielleicht verhalten wir uns gerade deswegen so oft wie unreife, in sich zerrissene Teenager.

TRIAL & ERROR

DIE SCHÖNSTE NEBENSACHE DER WELT

77 Sekunden – auf der Weltzeituhr mögen wir unfassbar jung sein, und doch haben wir Menschen eine große Entwicklung hinter uns. Als Charles Darwin vor rund 150 Jahren die Evolutionstheorie formulierte, war das in intellektuellen Kreisen ein Skandal. Mensch und Affe sollten gemeinsame Vorfahren haben? Unmöglich! Inzwischen weiß das – bis auf ein paar religiöse Wirrköpfe – jedes Kind.

In meinem Abendprogramm «Evolution» zeige ich dazu gerne Fotos von der Schimpansendame Sina, mit der ich vor einiger Zeit ein Fotoshooting hatte. Ein wirklich unvergessliches Erlebnis! Fünf Stunden in direktem Körperkontakt mit einer 65 Kilo schweren Schimpansin, die übrigens eine unfassbar hohe Tagesgage hatte – für das Geld hätte ich vermutlich auch Til Schweiger bekommen. Andererseits hätte der sich nicht so gut artikulieren können …

Sina und ich verstanden uns prächtig. Es war faszinierend zu erleben, wie menschlich ein solches Tier ist. Beziehungsweise, wie tierisch wir Menschen sind. Kein Wunder, denn 98 Prozent unseres Erbmaterials haben wir mit Schimpansen gemeinsam. Unsere Entwicklungslinien haben sich erst vor rund fünf Millionen Jahren getrennt. Das klingt im ersten Moment nach ziemlich viel. Aber stellen Sie sich vor, Sie würden eine Menschenkette bilden, bei der sich Ihre Mutter, Ihre Großmutter, Ihre Urgroßmutter usw. an den Händen hielten. Und stellen Sie sich weiter vor, die Kette würde in München beginnen. Dann wären wir bereits in Mannheim bei unserem letzten gemeinsamen Vorfahren angekommen. Und wer schon mal in Mannheim war, der weiß, wovon ich spreche.

Ich vermute, evolutionsbiologisch ist das breite Kurpfälzisch, mit dem sich die Mannheimer durchs Leben nuscheln, kein Dialekt im eigentlichen Sinn, sondern die Folge einer Gaumenfehlstellung. Nicht, dass Sie mich missverstehen. Ich meine das keinesfalls beleidigend. Der Grundgedanke der Evolution – «Survival of the Fittest» – bedeutet nicht, dass sich der Stärkste, der Schnellste oder der Intelligenteste durchsetzt, sondern der am besten Angepasste. Und wenn Sie in Mannheim klares, sauberes Hochdeutsch sprechen, werden Sie eben gnadenlos aus dem Genpool ausgeschlossen.

Das vielleicht Irritierendste an der Evolution ist ihre Unberechenbarkeit. Durch die Evolution können wir uns zwar sehr schlüssig erklären, warum sich so viele unterschiedliche Lebensformen herausgebildet haben (und es noch immer tun!), aber wir können mit ihrer Hilfe keinerlei Aussagen darüber treffen, wie genau diese Lebensformen aussehen werden, welche sich durchsetzen und wie sie sich zueinander verhalten. Kurz gesagt: Die Evolution verfolgt keinen übergeordneten, langfristigen Masterplan. Sie ist eine zufällige Spielwiese für Gene. Das Prinzip von Trial & Error. Wenn etwas halbwegs funktioniert, wird es beibehalten, wenn nicht, nicht. Die Evolution bedient sich der zur Verfügung stehenden Ressourcen und verbindet sie unorthodox und einfallsreich zu etwas Neuem. Viele Erfindungen und Innovationen funktionieren übrigens nach demselben Prinzip: Einst stand die Firma *Unilever* vor dem schwer zu lösenden Problem, eine bestimmte Düse zu entwickeln. Daher kreierten die Entwickler zehn beliebige Varianten, testeten sie und behielten

300 v. Chr.

die am besten geeignete bei. Von der fertigten sie wieder zehn leichte Abwandlungen an und so weiter. Nach 45 Zyklen hatten die Ingenieure eine komplizierte Düse entwickelt, die genau das tat, was sie sollte, und bestens funktionierte. Das Trial-&-Error-Prinzip hatte ineffektive Berechnungen und akribische Planungen geschlagen. Zum Schluss kam etwas dabei heraus, das so wirkte, als sei es von Anfang an geplant gewesen.

Auch die Anatomie von Pflanzenfressern erweckt den Eindruck, als habe die Natur von Anfang an genau «gewusst», was sie tut: So besitzen Kühe speziell ausgebildete Mahlzähne und einen komplexen Verdauungsapparat, der sie ideal an die vegetarische Lebensweise anpasst. Andererseits gibt es den Pandabären, bei dem die Evolution nicht gerade ihren besten Tag gehabt hat: Der Panda besitzt den Verdauungsapparat eines Raubtiers, frisst aber trotzdem nur Bambus. Keiner weiß, warum er im Laufe der Evolution zur vegetarischen Ernährung übergegangen ist, aber er tut es, obwohl er aufgrund fehlender Enzyme den Bambus gar nicht verdauen kann. Forscher rätselten jahrelang, wie er es trotzdem schafft, und entdeckten schließlich celluloseabbauende Bakterien in seinem Darm. Allerdings muss der Panda Unmengen Pflanzenzeug zu sich nehmen, damit seine Energiebilanz halbwegs stimmt. Mit dem Ergebnis, dass er bis zu 100-mal am Tag Stuhlgang hat. Also buchstäblich p-a-u-s-e-n-l-o-s. Vor diesem Hintergrund erscheint der putzige, kleine Racker nicht mehr ganz so süß, oder? Es ist jedenfalls kein Zufall, dass wir nicht ihn, sondern den Hund als unseren besten Freund auserkoren haben. Sonst würde es auf deutschen Gehwegen deutlich schlimmer aussehen.

Das Kaninchen jedoch schießt den evolutionären Vogel ab. Kaninchen sind Fluchttiere sind ebenfalls Vegetarier. Genauer gesagt sogar Veganer. Sie wissen schon, die hisbollahartige Splittergruppe der Vegetarier. Aus evolutionärer Sicht ist ein veganes

Fluchttier eine ganz beschissene Kombination. Pflanzen sind schlechte Energielieferanten, und deswegen benötigen Pflanzenfresser einen sehr großen Verdauungsapparat – siehe die oben erwähnte Kuh. Jetzt kann sich das Karnickel als Fluchttier aber eine solch fette Wampe nicht leisten. Was tut es also? Es fermentiert in einem speziellen Darmabschnitt die pflanzliche Nahrung zu Proteinen und muss dann nach dem Ausscheiden das Zeug ein zweites Mal fressen, um an das nährstoffreiche Protein zu kommen. Verstehen Sie ...? Ich erwähne das nur, weil Veganismus gerade so hipp ist.

Die Evolution strebt nicht nach Perfektion. Selbst bei uns Menschen nicht. Wir haben zwei Nieren, aber nur ein Gehirn. Ergibt das Sinn? Na ja. Wenn eine Niere ausfällt, arbeitet die andere weiter. Wenn das Hirn ausfällt, arbeitest du bei RTL.

Die Evolution «strebt» nach nichts. Sie beruht auf einem Zusammenspiel zufälliger Veränderungen, die an neue Bedingungen angepasst sind – oder nicht. Die Evolution ist eine Geschichte zahlloser Fehlversuche, verzweifelter Notlösungen, unendlicher Neuanfänge und bizarrer Umwege. Sie hat blitzschnelle Geparde, aber auch Faultiere hervorgebracht, die sich mit der Geschwindigkeit einer Parlamentsdebatte fortbewegen. Und Blattschneiderameisen. Emsige, kleine Streber, die es nur gibt, damit das öffentlich-rechtliche Fernsehen spannende Naturfilme über sie drehen kann. Im Regenwald gibt es Insekten, die wie Stöcke aussehen, Frösche, die wie Blätter aussehen, Falter, die wie Vögel aussehen, und Eidechsen, die wie alles aussehen, worauf sie sitzen. Im Dschungel scheint man Probleme mit der Identität zu haben.

Die Natur bringt die unterschiedlichsten Lebensformen mit den absurdesten Eigenschaften hervor. Eine einzelne Biene kann an einem Tag mehr Honig sammeln als ein Elefant in seinem ganzen Leben. Hyänen bringen beim Scrabble bis zu

54 Punkte. Kardinalbarsche sind Maulbrüter und bewahren ihre befruchteten Eier bis zum Schlüpfen in ihrem Kehlsack auf. So etwas möchte man sich beim Menschen nicht vorstellen.

Die Evolution arbeitet nicht mit festen Plänen und Zielvorgaben, sondern mit offenen Möglichkeiten. Evolutionäre Anpassungen geschehen nicht wegen eines «Damit», sondern aufgrund eines «Weil». Der menschliche Daumen hat sich nicht entwickelt, *damit* wir irgendwann einmal besser *PlayStation* spielen oder trampen können, sondern er ist zufällig entstanden und hat sich durchgesetzt, *weil* er unseren Vorfahren einen evolutionären Vorteil bot. Mit ihm konnte man besser greifen, tasten und Werkzeuge fertigen. Vorfahren mit zwei Daumen hatten schlicht und einfach eine höhere Überlebensrate als Typen mit drei Schultern oder vier Kniegelenken.

Wenn eine besondere Fähigkeit oder Eigenschaft die Anzahl der Nachkommen erhöht, dann setzt sich diese Fähigkeit mit der Zeit durch. Das ist eine banale statistische Rechnung. Kritiker der Evolutionstheorie sehen das naturgemäß anders. Immer wieder kommen nach meinen Auftritten einzelne Zuschauer auf mich zu und sagen etwas pikiert: «Na ja, aber die Evolution ist schließlich nur eine Theorie ...» Und damit haben sie sogar recht. «Natürlich ist die Evolution ‹nur› eine Theorie», antworte ich dann immer. «Gravitation ist auch ‹nur› eine Theorie. Trotzdem springt keiner vom Dach, weil es ‹nur› eine Theorie ist.»

«Aber wie zum Teufel ist so etwas Hochkompliziertes wie das menschliche Auge entstanden?», fahren die Kritiker dann fort. «Das kann nie und nimmer ein ungeplanter Prozess gewesen sein. Dahinter muss ein schöpferischer Plan stecken ...»

Die beiden Forscher Daniel Nilson und Suzanne Pelger haben zu diesem Thema 1994 eine beeindruckende wissenschaftliche Publikation veröffentlicht. Sie kreierten ein einfaches Computermodell für die Evolution eines lichtempfindlichen Flecks von Zellen. Diese Zellen konnten sich in jeder Generation geringfügig in Gestalt und Geometrie verändern. Nilson und Pelger starteten eine Computersimulation, die sie so programmierten, dass die Lichtempfindlichkeit pro Generation immer etwas besser werden solle. Nach rund 100 000 durchlaufenen Generationsschritten hatte sich der ursprünglich lichtempfindliche Fleck in etwas verwandelt, das dem menschlichen Auge verblüffend nahekam: Es entstand eine flexible Linse, die ihren Brechungsindex beliebig variieren konnte, um die Fokussierung auf unterschiedlich entfernte Gegenstände zu verbessern. Erzählen Sie das mal einem bibeltreuen Christen.

Evolutionsbiologen bezeichnen dieses Phänomen als «natürliche Selektion». Die schreitet – wie beim Beispiel des Auges – in winzig kleinen Schritten voran, kann aber in der Summe enorm durchsetzungsfähig sein. Ein Lebewesen, das ein spezielles Merkmal besitzt, mit dessen Hilfe es ein klein wenig mehr Nachkommen hervorbringt als die Konkurrenz, hat diese schon nach wenigen 100 Generationen komplett verdrängt.

Lange Zeit wusste man nicht, wie das geht. Selbst Charles Darwin hatte keine Ahnung, durch welche Mechanismen sich Lebewesen von Generation zu Generation anpassen und verändern können. Inzwischen ist man schlauer. Das Geheimnis liegt in der DNA, jenem berühmten, in sich gedrehten Molekül, auf dem die gesamte Erbinformation eines Lebewesens gespeichert ist. Die DNA ist sozusagen die Gebrauchsanleitung des Lebens. Dort sind alle Anweisungen codiert, die man benötigt, um aus einer einzigen Anfangszelle ein Huhn, einen Cockerspaniel oder einen Unternehmensberater herzustellen. Weiterhin sorgt die DNA dafür, dass in jedem lebenden Organismus die täglichen Routinearbeiten erledigt werden. Sie regelt, wann unsere Zellen welche Enzyme ausschütten, dosiert die Calciumversorgung der

Knochen und organisiert den Angriff auf Grippeviren genauso wie den Abtransport abgestorbener Blutkörperchen.

Man könnte sagen, die DNA ist eine Art Mikrocomputer, dessen Software rund 0,5 Gigabyte groß ist. Das ist nicht sooo viel. Was damit zusammenhängt, dass auf der DNA keine langen Allgemeinen Geschäftsbedingungen stehen. Im Prinzip könnten Sie problemlos alle Ihre Freunde auf ein einziges iPad laden. Dafür gibt es mit Sicherheit auch bald eine App. Dieser Minicomputer findet sich in jeder einzelnen Ihrer Körperzellen! Er ist für jeden Menschen einzigartig. Allerdings sind die Variationen sehr gering. Die genetischen Unterschiede zwischen zwei beliebigen Menschen betragen nicht einmal 0,1 Prozent. Statistisch betrachtet hatte die Bild-Zeitung damals recht, als sie titelte: Wir sind Papst!

Aber diese 0,1 Prozent machen den Unterschied in Geschlecht, Größe, Haarfarbe und sogar in vielen unserer ureigenen Charaktereigenschaften aus. Nur 0,1 Prozent Unterschied im Genmaterial sorgen folglich für unsere Individualität. Deswegen ist es auch möglich, aus einem Büschel Haare oder einem Tropfen Blut per DNA-Analyse herauszufinden, ob Sie es waren, der ihren Nachbarn mit der Axt zerteilt hat. Ausnahme: ihr Urin. Der enthält nämlich nicht genügend menschliche Zellen. Sollten Sie sich also bei Ihrem letzten Banküberfall vor Aufregung in die Hose gepinkelt haben, brauchen Sie sich keine großen Gedanken zu machen, dass man Ihnen auf die Schliche kommt. Hat Ihr Körper allerdings so viele Zellen abgestoßen, dass das BKA sie in Ihrem Urin nachweisen kann, ist strafrechtliche Verfolgung sowieso Ihr geringstes Problem.

Damit sich Lebewesen über Generationen hinweg verändern und anpassen können, muss sich folglich ihre DNA verändern. Bakterien vermehren sich, indem sie sich teilen. Die schnellsten schaffen eine vollständige Teilung in etwa 20 Minuten. So

> Nicht-Physiker können diese Seite überblättern.

kann bei guter Nährstoffzufuhr eine primitive Salmonelle bis zu 200 Milliarden Nachkommen am Tag produzieren, weswegen sie unter Mikrobiologen auch als der «Julio Iglesias unter den Mikroben» bezeichnet wird.

Bei jeder Teilung wird die DNA der Ursprungs-Bakterie reproduziert. Die einzige Chance, dass sich das Erbmaterial von Bakterien verändert, liegt in der sogenannten Mutation. Darunter versteht man einen kleinen, zufälligen Kopierfehler bei der Teilung. Wenn nun eine solche mutierte Tochter-Bakterie widerstandsfähiger ist als ihre Mutter-Bakterie, dann wird sich dieser Kopierfehler evolutionär durchsetzen. Es ist also ein rein zufälliger Prozess, der Bakterien resistent gegenüber Antibiotika macht und für viele unangenehme Krankheiten verantwortlich ist.

Übrigens: Eine Menge anderer Lebewesen praktizieren ebenfalls ungeschlechtliche Vermehrung. Auch Blattlausweibchen brauchen nicht unbedingt einen Geschlechtspartner. Sie können vaterlose, weibliche Nachkommen gebären, und der im Leib der Mutter befindliche Embryo kann seinerseits einen noch kleineren, weiblichen Embryo in sich tragen. So kann ein Blattlausweibchen gleichzeitig eine Tochter und eine Enkelin gebären, die wiederum eineiige Zwillinge sind. Viele Adelsgeschlechter kennen solche Verwandtschaftsverhältnisse.

So einfach, schnell und effizient die asexuelle Fortpflanzung ist, einen entscheidenden Nachteil hat sie: Obwohl es bisweilen zu zufälligen Mutationen kommt, erzeugt die ungeschlechtliche Vermehrung meist nur more of the same. Geklonte Einzeller, die in dieselbe Richtung denken. Wenn sie überhaupt denken. Denn Klone bedeuten vor allem intellektuellen Stillstand.

Machen Sie sich einmal die Mühe, und fahren Sie montagmorgens um sieben an den Frankfurter Flughafen. Dort können Sie moderne Business-Klone in ihrem natürlichen Habitat beobachten: dynamische 40-jährige, heterosexuelle, golfspielende,

1,80 Meter große Anzug-Träger, die mit standardisierten Rollkoffern und Laptoptaschen ausschwärmen. Gleichgeschaltet wie eine Armee. Flexibel wie eine Fichtenplantage.

Die große Schwäche von Monokulturen kann man tatsächlich sehr gut in der Forst- und Landwirtschaft beobachten. Monokulturen sind zwar hocheffizient, gleichzeitig aber sehr anfällig für Schädlinge. Durch extrem ökonomische Anbaumethoden wird das System anfälliger für viele äußere Störfaktoren. In jedem größeren naturbelassenen Mischwald kommt es in bestimmten Zyklen zu kleineren bis mittleren Waldbränden. Diese sind wichtig, weil sie für eine Umverteilung der Nährstoffe sorgen und neues Wachstum ermöglichen, ohne gleich das ganze System zu zerstören. Greift nun der Mensch in diesen Prozess ein, indem er den lockeren, ungezähmten Mischwald in eine hocheffiziente, dichte Monokultur verwandelt und zusätzlich den Ausbruch kleiner, notwendiger Feuer verhindert, sammelt sich in dem dichtstehenden Wald immer mehr Kleinholz an. Irgendwann genügt dann ein einziger Funke, um eine Katastrophe auszulösen. Fragen Sie die Kalifornier.

Das System des ungeordneten Mischwaldes, der auf Vielfalt und Flexibilität beruht, ist nicht perfekt. Ganz im Gegenteil. Es ist chaotisch, unvollkommen und ineffizient. Aber es überdauert. Wenn es ausfällt, fällt es auf elegante Art und Weise aus und bleibt trotzdem funktionsfähig. Je perfekter, effizienter und eindimensionaler ein System dagegen aufgebaut ist, desto gefährdeter ist es.

Eine Methode, die Vielfalt und Robustheit ermöglicht, ist die geschlechtliche Vermehrung. (Now we are talking!) Sie ist zwar im Vergleich zur puren Zellteilung relativ ineffizient, bringt aber wesentlich flexiblere Kreaturen hervor. Der DNA-Strang des einen Geschlechtspartners teilt sich auf und verbindet sich mit dem geteilten DNA-Strang des anderen. Das Männchen gibt also genau wie das Weibchen die Hälfte seiner Gene ab, und daraus entsteht ein zu 100 Prozent neues Lebewesen. Für das Männchen ist das super, für das Weibchen allerdings oft eine Lose-lose-Situation: Es gibt 50 Prozent seiner Gene ab, muss danach aber meist 100 Prozent der Arbeit machen. Für 80 Prozent des Gehalts.

Doch unter dem Strich scheint sich der Aufwand zu lohnen. Obwohl das ganze Verfahren wesentlich anstrengender ist als reine Zellteilung, ermöglicht die sexuelle Fortpflanzung Innovation und Fortschritt. Sex ist gewissermaßen die freie Marktwirtschaft für Gene. Denn durch die Vermischung von unterschiedlichem Erbmaterial kann man auf unkomplizierte Art und Weise Nachkommen hervorbringen, die besser sind als man selbst. Deswegen suchen wir vorwiegend nach Geschlechtspartnern, die schöner, witziger und erfolgreicher sind als wir. Der Haken an der Sache: Genau *danach* sucht unser potenzieller Partner ebenfalls.

Und welchen Stress sich die Natur macht, nur, um an Sex zu kommen! Wale fressen sich monatelang am Südpol einen Ranzen an, bis sie fast platzen. Dann hören sie plötzlich auf zu fressen, schwimmen nach Südafrika und paaren sich dort, bis sie vollkommen abgemagert sind. Ein Jahr darauf geht das Ganze dann wieder von vorne los. Ein wenig erinnert das an Joschka Fischer.

Das Skorpionfliegenweibchen weigert sich sogar, mit dem Männchen zu kopulieren, wenn es nicht vorher ein Geschenk bekommt. In der Regel ein totes Insekt. Zugegeben, das ist kein besonders guter Tipp für das erste Date. Wobei es auf die Region ankommt. Ein ehemaliger Schulkollege von mir hat seine zukünftige Frau rumgekriegt, indem er ihr ein überfahrenes Wildschwein mitgebracht hat. Fastfood bedeutet in meiner Heimat, ein Tier mit mindestens 120 Sachen zu überfahren.

Wenn es um Geschlechtsverkehr geht, machen wir die idiotischsten Dinge. Besonders wir Männer. Wir führen eine Frau zum Essen aus und bezahlen dafür ein Vermögen – in der Hoffnung, dass danach «was» geht. Die Frauen bestellen «einen kleinen Salat ohne Dressing und ein Glas Leitungswasser», und selbst wenn sie etwas Richtiges ordern, wollen sie vom Teller des Mannes probieren. Meine Frau macht das bis zum heutigen Tag. Egal, was ich nehme, Valerie will probieren. IMMER! Ich könnte die Gallenblase eines verwesten Komodowarans bestellen, und sie würde trotzdem sagen: «Och, kann ich mal ein kleines Stückchen ...? Bittebittebitteeeee!!!» Und dann wird sie todsicher der Meinung sein, dass es *viel* besser schmeckt als ihr getrüffeltes Rinder-Carpaccio.

Das Werben um den Partner ist hochkompliziert. Allein einer Frau ein gutes Kompliment zu machen ist eine Wissenschaft für sich. Neulich sagte ich spontan zu Valerie: «Du hast tolle Augen!» Daraufhin guckte sie mich misstrauisch an und antwortete: «Aber'n fetten Arsch oder was?»

Früher war die Sache mit der geschlechtlichen Vermehrung wesentlich einfacher. Der beliebteste Anmachspruch des Neandertalers war «Uhuhuhuh». Eine Technik, die heute nur noch auf Mallorca praktiziert wird.

Seit rund 900 Millionen Jahren dreht sich auf unserem Planeten fast alles um die schönste Nebensache der Welt. Die geschlechtliche Vermehrung war zweifellos der große Wurf der Evolution. Durch sie kamen Vielfalt, Flexibilität und Kreativität in die Welt. Der erste Dildo wurde bereits vor rund 30 000 Jahren entwickelt. Somit ist der Dildo älter als das Rad. Ich bin mir sicher, hätte das Ding damals schon vibriert, wäre es zum Rad überhaupt nicht erst gekommen.

Bis zum heutigen Tag gibt es kein Medikament, das den Sexualtrieb zuverlässig und ohne starke Nebenwirkungen unterdrückt. Die Wissenschaft forscht allerdings auch nicht gerade mit Hochdruck daran.

Obwohl wir uns mit Hilfe der geschlechtlichen Vermehrung zum evolutionären Weltmarktführer hochgearbeitet haben, sind die einzelligen Lebewesen immer noch die heimlichen Herrscher des Planeten. 70 Prozent der gesamten Biomasse auf unserer Erde bestehen aus primitiven Bakterien und Mikroorganismen, die sich nach wie vor ungeschlechtlich fortpflanzen. Wobei der Begriff «primitiv» relativ ist. Eine «primitive» Salmonelle enthält in etwa genauso viele Bauteile wie eine Boeing 747. Da bekommt der Song «Flugzeuge im Bauch» eine vollkommen neue Bedeutung.

Alleine in unserem Darm tummeln sich drei Kilogramm Bakterien. Unser Gehirn wiegt knapp die Hälfte. Wir haben doppelt so viele Darmbakterien wie Gehirn! Wahrscheinlich kommt deswegen oft so ein Scheiß raus.

Auch auf unserer Haut grasen über eine Billion Bakterien. Mit einem simplen Zungenkuss tauschen wir bis zu 250 verschiedene Arten mit unserem Partner aus (so interessant das klingt, aber fürs erste Date würde ich ein unverbindlicheres Gesprächsthema wählen).

Insgesamt besteht der menschliche Körper aus etwa zehn Billionen Zellen. Die Zahl der Mikroorganismen, die sich in uns, um uns und um uns herum tummeln, liegt aber zehnmal höher! Sie lesen richtig! Rein mengenmäßig sind wir eher ein Haufen Mikroorganismen als ein Mensch (auch diesen Fakt sollten Sie beim ersten Rendezvous dezent umgehen; es sei denn, Sie daten eine Mikrobiologin).

Zusammenfassend kann man sagen, dass in diesem Land 81 Millionen Menschen mit rund 200 000 Tonnen Bakterien eine Art Wohngemeinschaft bilden. Und da habe ich die Bewohner von Türgriffen und Spülschwämmen noch gar nicht mitgezählt. Tatsächlich leben wir nur, weil uns diese kleinen Lebewesen mit allem versorgen. Wir können nicht ohne sie – sie könnten aber problemlos ohne uns. Es ist ihr Planet. Sie erzeugen Sauerstoff, reinigen das Wasser, machen den Boden fruchtbar. Pro Tag erledigen zehn Billionen Bakterien in unserem Darm die Drecksarbeit. Etwa 400 verschiedene Arten der kleinen Helferlein bauen dort Nährstoffe ab, regulieren deren Aufnahme in den Blutkreislauf und produzieren Aminosäuren und Proteine. Haben wir es ihnen jemals gedankt?

Ich finde es schade, dass Darmbakterien in unserer Gesellschaft so unbeliebt sind. Was vielleicht auch ein bisschen an ihrem uncharismatischen Aussehen liegt. Optisch liegen Bakterien vom Kuschelfaktor ganz weit hinten. Da hat es der oben erwähnte Pandabär leichter. Weil er so süüüüß aussieht! Aber was, bitte, hat ein Pandabär jemals für uns getan? Nichts! Null! In Wirklichkeit ist der Pandabär ein eingebildeter kleiner Schnösel. Ich bin davon überzeugt, dass er ganz bewusst seine Fortpflanzung eingestellt hat, um seine Top-Position auf der Roten Liste nicht zu gefährden. Für das ökologische Gleichgewicht auf diesem Planeten ist der Pandabär vollkommen unwichtig. Aber trotzdem gibt der *WWF* Millionen aus, damit sich dieser kleine Kerl vermehrt. Ich bin der Meinung: Wenn er partout keine Lust auf Fortpflanzung hat, dann lasst ihn doch in Gottes Namen aussterben! Wenn der Pandabär ausstirbt, geht unser Leben problemlos weiter. Wenn das Darmbakterium ausstirbt, geht es uns buchstäblich besch…

Alles in allem haben wir unseren unsichtbaren Mitbewohnern

eine Menge zu verdanken. Und der Evolution erst recht. Sie ist dafür verantwortlich, dass es uns gibt. Der Evolutionsbiologe Stephen Jay Gould war der Meinung, wenn die Erdgeschichte noch einmal abliefe, würden sich mit großer Sicherheit vollkommen andere Lebewesen auf unserem Planeten tummeln. Ich stimme ihm zu. Nur eine winzige Kleinigkeit in unserer Entwicklungsgeschichte, und Sie würden nicht gemütlich auf Ihrer Couch sitzen und dieses Buch lesen, sondern in einer nasskalten Höhle Algen von den Wänden lecken. Und damit denke ich nicht an eine Teilnahme am *Dschungelcamp*.

Wir sind ein evolutionäres Produkt, und demnach basiert unser gesamtes Dasein zu einem erheblichen Teil auf Zufällen und unberechenbaren Entwicklungen. Wir sollten also froh sein über die Existenz von Unberechenbarkeiten und Zufällen, statt sie zu fürchten.

UNIVERSUM

AM ANFANG WAR DER ZUFALL

Halten wir kurz fest: Laut Evolution hätte es uns nicht zwingend geben müssen. Die Entwicklung von intelligentem Leben war nicht vorgesehen. Das ist den meisten nicht bewusst. Wahrscheinlich gehen viele von uns auch deshalb damit so schluderig um.

Das führt uns automatisch zu einem noch fundamentaleren Gedanken: Warum gibt es überhaupt etwas und nicht nichts? Das ist die Urfrage der Menschheit. Bei großen Fragen wird es manchmal kompliziert. Tatsächlich verlangt kein physikalisches Gesetz, dass ein Universum entsteht, das sich mit kleinen Materieteilchen füllt und das Licht, die Schwerkraft und «Die Geissens» hervorbringt.

Um es vorwegzunehmen: Statistisch gesehen gibt es das Universum gar nicht. Unsere Existenz ist ein unfassbar seltener Zufall. Aus wissenschaftlicher Sicht wäre es sehr viel wahrscheinlicher gewesen, dass es buchstäblich nichts gegeben hätte, als dass sich irgendwann Raum, Zeit, Materie und zum Schluss sogar Leben entwickelt hätten. Haben sie sich aber! Unser Universum ist gewissermaßen ein Sechser mit Zusatzzahl und gleichzeitigem Jackpot im Spiel 77.

Wären vor 13,8 Milliarden Jahren nur einige kosmologische Ereignisse minimal anders verlaufen, gäbe es keine Galaxien, keine Planeten und kein Privatfernsehen.

Wie wir heute wissen, begann alles mit dem Urknall. Den Tag ohne gestern, sozusagen. Wer oder was ihn ausgelöst hat, wissen wir jedoch nicht. Für tiefgläubige Leser: Es gibt noch eine Chance. Toi, toi, toi!

Über die Zeit *vor* dem Urknall wissen wir noch weniger. Wobei der Begriff «Zeit» vor dem Urknall gar keinen Sinn ergibt. «Zeit» vergeht nämlich nur dann, wenn sich etwas verändert. Aber wenn nichts da ist, kann sich logischerweise auch nichts verändern. Wenn alles immer gleich bleibt, vergeht keine Zeit. Wie Sie wissen, bin ich im Odenwald groß geworden – ich weiß also, was damit gemeint ist.

Diese brillante Erkenntnis zur Zeit verdanken wir übrigens Albert Einstein. Der bewies mit der allgemeinen Relativitätstheorie eindeutig: Wenn ich buchstäblich alle Dinge aus dem Universum entfernen würde, verschwände quasi mit dem allerletzten Materieteilchen auch die Zeit. Doch es wird noch abgedrehter: Es würde nicht nur die Zeit, sondern sogar der Raum selbst verschwinden. Raum und Zeit sind Phänomene, die laut Einstein nur in Verbindung mit materiellen Dingen auftreten. Wer schon mal eine Scheidung hinter sich gebracht hat, weiß das. Die Exfrau räumt Ihnen die Bude aus und nimmt mit dem letzten Möbelstück auch noch das Haus mit. Woraufhin die gemeinsame Zeit, die man hatte, ebenfalls flötengeht. Ein guter Scheidungsanwalt betreibt im Grunde genommen Kosmologie auf niedrigem Niveau.

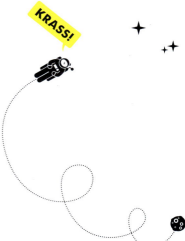

Doch dann, plötzlich – vor 13,8 Milliarden Jahren – kam es quasi aus dem Nichts zum Urknall. Wobei der Begriff Ur*knall* nicht korrekt ist. In Wirklichkeit hat überhaupt nichts geknallt. Denn

Schall benötigt Materie, um sich ausbreiten zu können, und wenn nichts da ist, kann auch nichts knallen. Dazu gibt es ein Experiment: Stellen Sie ein laut aufgedrehtes Radio unter eine Glasglocke und pumpen sie die Luft ab, wird es mit zunehmendem Vakuum immer leiser und leiser werden, bis Sie irgendwann überhaupt nichts mehr hören. Mit einem Kanarienvogel würde das Gleiche passieren – aber das hat andere Gründe.

Sehen können Sie das Radio allerdings noch. Denn im Gegensatz zum Schall kann sich Licht im Vakuum ausbreiten. Deswegen ist es auch viel schneller als der Schall: Etwa 300 000 Kilometer pro SEKUNDE! Das ist richtig flott. Stellen Sie sich einen Kinosaal mit 300 Millionen Sitzreihen vor. Ich weiß, das ist ein sehr, sehr großer Kinosaal. Wenn Sie in der letzten Reihe sitzen, dann sehen Sie den Film nur eine Sekunde später als der Typ in der ersten Reihe. Aber *hören* können Sie ihn erst eineinhalb Wochen später. Und bis der *Langnese*-Mann zu Ihnen kommt, dauert es ewig.

Aber zurück zum Anfang. Vor 13,8 Milliarden Jahren hat sich aus Gründen, die wir nicht kennen, eine unbekannte Menge aus Materie und Antimaterie gebildet. Antimaterie – das ist keine Phantasterei von Science-Fiction-Autoren, sondern Materie, die aus Antiteilchen aufgebaut ist. Das klingt noch absurder, aber in der Physik werden jene Teilchen so bezeichnet, die entgegengesetzt elektrische Ladungen haben, aber die gleiche Masse. Das eine hat eine positive Ladung, das andere eine negative. So ist das Antiteilchen von einem Elektron ein Positron; das von einem Proton ein Antiproton und das von Pasti … genau: Antipasti.

Trifft ein Teilchen mit einem Antiteilchen zusammen, zerfallen beide sofort in hochenergetische Strahlung. So, und jetzt kommt's: Wäre nach dem Urknall exakt die gleiche Menge Materie und Antimaterie entstanden, hätte sich das Ganze in null Komma nix in Wohlgefallen aufgelöst. Es wäre buchstäblich nichts zurückgeblieben. Doch wie der Zufall es will, gab es ein klein wenig mehr Materie als Antimaterie. Wissenschaftler sprechen von einem mengenmäßigen Unterschied von 0,000 001 Promille. Das ist wirklich nicht sehr viel. Aber dieser klitzekleine, zufällig entstandene Überschuss bildete schließlich die Grundlage für die Entstehung unseres gesamten Universums.

Falls Sie es genau wissen wollen: Die Entstehung von Materie-Antimaterie und die darauffolgende Zerstrahlung hat ultrakurze 10^{-43} Sekunden gedauert. Ein Zeitraum, der in der Physik als Planck-Zeit bezeichnet wird. Inzwischen weiß man, dass nach etwa drei Minuten praktisch alle Materie, aus der unser Universum besteht, entstanden war. Drei kurze Minuten! Da kann die Bibel mit ihren «sechs Tagen» schön einpacken!

In Sachen Helligkeit war der Schöpfer allerdings einen Zacken schneller. «Es werde Licht», sprach er lapidar am Anfang. «Und es ward Licht.» In Wirklichkeit war es im Universum ziemlich lange zappenduster. Es war öde, es war einsam, und es war pechschwarz – ein wenig wie Brandenburg bei Nacht. Bis es für physikalische Begriffe hell wurde, hat es rund 400 000 Jahre gedauert. Erst dann war das Weltall weit genug ausgedehnt, und elektromagnetische Strahlung, also so etwas wie Licht, konnte durchkommen. Aus dieser Zeit stammt auch die bereits erwähnte kosmische Hintergrundstrahlung. Seit es existiert, bläht sich unser Universum unaufhaltsam auf. Schon nach läppischen 20 Millionen Jahren entstanden die ersten Sterne, nach 570 Millionen Jahren bildeten sich die ersten Galaxien.

Und auch *das* ist in höchstem Maße erstaunlich und nicht zuletzt – purer Zufall! Damit sich ein dauerhaftes Universum bilden konnte, waren eine Menge extrem fein aufeinander abgestimmte Naturgesetze und Konstanten vonnöten. Dazu gehören zum Beispiel

die Lichtgeschwindigkeit, das Masseverhältnis zwischen Protonen und Elektronen oder die starke Wechselwirkung. Nicht wenige Forscher glauben, dass es vor dem Urknall schon eine unendliche Zahl von anderen Urknallen gegeben hat, bei denen die sogenannte kosmische Feinabstimmung eben nicht ganz so fein abgestimmt war, sodass die ganze Chose wie ein Soufflé sofort wieder in sich zusammengefallen ist. Demnach hätte es also x Billionen Blindgänger vor unserer Existenz gegeben. Möglicherweise waren darunter auch ein paar erfolgreiche Versuche. Vielleicht gab es früher einen Kosmos mit 12 Raum-Dimensionen, einer Lichtgeschwindigkeit von 20 Stundenkilometern und einer Gravitationskraft, die nur halb so groß war. Ein Universum ohne Hektik – und vor allem ohne Rückenschmerzen.

Ebenso ist es durchaus möglich, dass neben unserem Universum zahlreiche andere Paralleluniversen existieren, von denen wir nichts mitbekommen. Universen, in denen Claudia Roth Bundeskanzlerin ist und in denen noch immer «Wetten, dass…?» läuft. Moderiert von Wolfgang Lippert. Ein beängstigender Gedanke.

Würde man versuchen, den Urknall zu wiederholen, gäbe es keine Chance, genau dieselben Naturkonstanten zu erhalten. Wir würden ein komplett anderes Universum vorfinden, das nach völlig anderen Regeln funktionieren würde.

Nun haben wir eben dieses Universum und müssen damit zurechtkommen. Aber ganz ehrlich: Wir hätten es schlimmer treffen können. So schlecht ist unser derzeitiges Universum nicht. Auf jeden Fall ist es aufgrund seiner permanenten Ausdehnung gigantisch groß. Unser sonnennächster Stern, Proxima Centauri, ist schon 4,3 Lichtjahre von uns weg. Das klingt nicht besonders viel, aber ein normaler

TAAAXI!

Jumbojet wäre dorthin etwa vier Millionen Jahre unterwegs. So viel Tomatensaft können die gar nicht mitnehmen. Und Proxima Centauri ist nur unser allernächster Stern. Unsere Nachbargalaxie, Andromeda, ist schon 2,5 Millionen Lichtjahre entfernt. Und sie ist wiederum nur unsere direkte Nachbargalaxie.

In meinem Bühnenprogramm zeige ich ein sehr spektakuläres Bild, das vom Hubble-Space-Teleskop aufgenommen wurde. Darauf ist ein wunderschöner Ausschnitt des Nachthimmels mit Hunderten von Lichtpunkten zu sehen.

Die Zuschauer sind von diesem Bild immer sehr fasziniert und bewundern die Schönheit der vielen leuchtenden Sterne. Doch sie täuschen sich. Bei den leuchtenden Objekten handelt es sich nicht um Sterne. Jeder einzelne Lichtpunkt dieses Ausschnitts, des sogenannten Deep Field, entspricht einer ganzen Galaxie! Galaxien, die allesamt Hunderte Milliarden von Sternen enthalten. Insgesamt gibt es in unserem Universum rund 200 Milliarden dieser Galaxien. Da oben ist so unglaublich viel Platz! Und wir regen uns auf, wenn der Nachbar seinen Zaun zehn Zentimeter zu weit auf unser Grundstück setzt.

Daher bin ich jedes Mal ein wenig irritiert, wenn gläubige Menschen in den Nachthimmel blicken und sagen: «… da muss es doch noch mehr geben als unsere sichtbare Welt!» Ich dagegen blicke in Richtung Deep Field und denke mir: «Reicht euch das etwa nicht?» Oder, wie der Nobelpreisträger Richard Feynman es ausgedrückt hat: «Wer sich ernsthaft mit Physik beschäftigt und darüber nicht verrückt wird, der hat überhaupt nichts verstanden.»

Insgesamt beträgt die aktuelle Ausdehnung des sichtbaren Universums imponierende 30 Milliarden Lichtjahre, Tendenz steigend. Die meisten Bereiche sind nicht sonderlich dicht besiedelt. Es gibt Gebiete im Weltall, da können Sie 75 Millionen Lichtjahre fliegen und treffen kein einziges Materieteilchen. Dagegen ist das australische Outback ein Rosenmontagsumzug.

Unser Sonnensystem ist eines von etwa 180 Milliarden anderen innerhalb unserer Milchstraße. Die Tatsache, dass sich in dieser Milchstraße ein Planet gebildet hat, auf dem es Wasser, Sauerstoff und sogar so etwas Spektakuläres wie Leben existiert, war wiederum ein nahezu unglaublicher Zufall. Unsere Erde ist in vielerlei Hinsicht ein echter Glücksfall, den es so nur selten gibt. Selbst in einem Universum, das 200 Milliarden Galaxien enthält.

Einen großen Anteil daran hat unsere Sonne. Sie versorgt uns seit ungefähr 4,5 Milliarden Jahren zuverlässig mit Energie. Wie jeder andere Stern wandelt sie durch komplizierte Kernfusionsprozesse Masse in Energie um und wird dadurch pro Sekunde um vier Millionen Tonnen leichter. JEDE SEKUNDE! Und dennoch hat sie seit 4,5 Milliarden Jahren nicht wesentlich abgenommen. Meine Frau kommentierte das nur mit: «Ich weiß genau, wie sie sich fühlt ...»

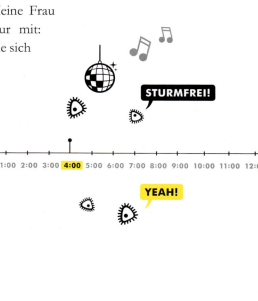

WISSENSCHAFT Universum

Die Entwicklung von Leben benötigt vor allem sehr viel Zeit. Wäre unsere Sonne nur ein klein wenig größer, hätte auf der Erde überhaupt kein Leben entstehen können, weil es unser Sonnensystem gar nicht mehr geben würde. Sterne verhalten sich nämlich ein wenig so wie Hunde: Je größer sie werden, desto früher sterben sie. Ein Stern, der zehnmal größer ist als unsere Sonne, hat bereits nach zehn Millionen Jahren seinen Brennstoff verbraucht. Eine viel zu kurze Zeitspanne, um in seiner Nähe Leben hervorbringen zu können. Darüber hinaus muss ein lebensfähiger Planet zig andere präzise Voraussetzungen erfüllen: Sein Abstand zur Sonne muss genau passen, er muss Wasser enthalten, eine Sauerstoffatmosphäre bilden können und, und, und …

Wissenschaftler glauben, dass es selbst bei optimistischer Schätzung in unserer Galaxie nur etwa 300 andere Planeten gibt, die diese Voraussetzungen erfüllen. Möglicherweise

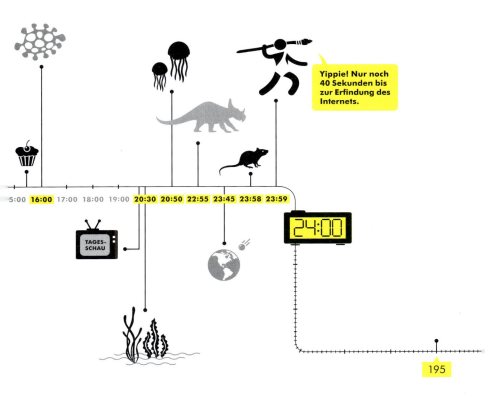

Yippie! Nur noch 40 Sekunden bis zur Erfindung des Internets.

existiert auf einem dieser 300 noch weiteres Leben. Ganz auszuschließen ist das nicht. Jedenfalls ist das sicherste Indiz für die Existenz intelligenten Lebens im All die Tatsache, dass noch niemand versucht hat, mit uns Kontakt aufzunehmen.

Wie genau Leben auf *unserem* Planeten entstanden ist, weiß man leider nicht. Klar ist nur: Es hat ganz schön lang gedauert. Stellt man die 4,5 Milliarden Jahre Erdgeschichte als einen Tag dar, beginnt das erste Leben um vier Uhr morgens mit den Einzellern. Sie erinnern sich: Das waren die spaßbefreiten Gesellen mit der ungeschlechtlichen Vermehrung. Bis zum Nachmittagskaffee passiert dann nicht mehr viel. Erst um 16 Uhr bilden sich mehrzellige Lebewesen. Kurz nach der «Tagesschau», um 20:30 Uhr, gibt es die ersten Meerespflanzen, 20 Minuten später tauchen Quallen auf. Richtig spannend wird es eigentlich erst kurz vor 23 Uhr mit den Dinosauriern. Nach einer guten Dreiviertelstunde sind die allerdings schon wieder ausgestorben. Nun schlägt im wahrsten Sinne des Wortes das letzte Stündlein der Säugetiere. Uns Menschen gibt es in der Erdgeschichte gerade mal eine knappe Minute.

All das zusammengenommen ist ein Wunder. Eine Verkettung von unzähligen, unwahrscheinlichen Details, die in letzter Konsequenz zu der Existenz von uns Menschen geführt haben.

Die Menschheit hat unglaubliches Glück gehabt, dass der verworrene Weg vom Urknall bis in die Gegenwart zu dem geführt hat, was wir heute sind. Bereits in einer Milliarde Jahren wird unser Sonnensystem beginnen, sich selbst zu zerstören. Ein ziemlich unbehaglicher Gedanke, vor allem, wenn man gerade gebaut hat. Der Kernbrennstoff in der Sonne wird knapper und knapper werden, und sie wird unausweichlich zu einem roten Riesen anwachsen, der unsere Erde und alles Leben darauf verschlingen wird. Falls wir nicht schon vorher durch Meteoriteneinschläge, Pandemien oder einen gigantischen Vulkanausbruch dahingerafft worden sind. Nach und nach wird das mit allen anderen Sternen in allen andere Galaxien passieren. Bereits in zehn Milliarden Jahren wird der größte Teil dessen, was wir heute am Himmel sehen, erloschen sein. Mit quälender Unausweichlichkeit wird die ewige Nacht über das gesamte Weltall hereinbre-

> Was sagen
> Sie dazu?

chen. In Anbetracht dieser Tatsache sollen wir unsere Existenz nicht ganz so wichtig nehmen.

Vom Urknall angefangen bis hin zum letzten verglühten Stern existiert nur ein winzig kleines Zeitfenster von einem milliardstel milliardstel milliardstel milliardstel milliardstel Prozent, in dem so etwas wunderbar Zufälliges wie Leben möglich ist. Und diese Zeit ist genau JETZT! Deswegen: Wenn wir schon mal da sind, lassen Sie uns wenigstens etwas Vernünftiges daraus machen …

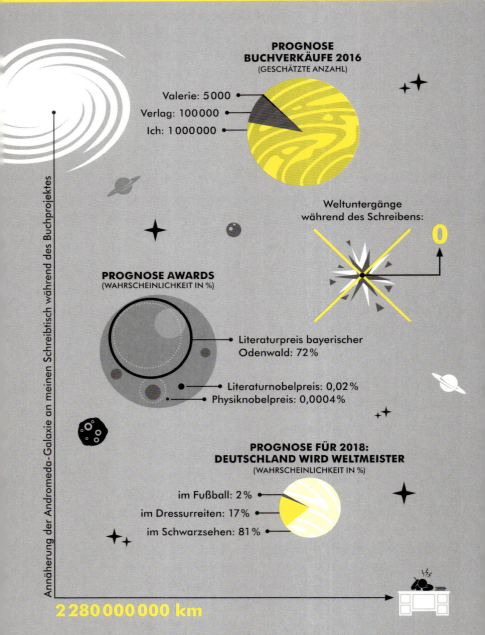

BIG DATA

DIE LAST DES ALLZU-VIEL-WISSENS

Egal, in welchem Lebensbereich, ob bei der Partnersuche, im Business, bei der Karriere, selbst bei so etwas scheinbar Berechenbarem wie den Naturwissenschaften regiert offensichtlich die Unberechenbarkeit. Müssen wir uns geschlagen geben? Gibt es wirklich kein Gebiet, in dem wir dem Zufall ein Schnippchen schlagen können? Wie sieht es zum Beispiel bei dem Thema Big Data aus? Das Schlagwort für riesige Datenmengen, die überall gesammelt und in entsprechende Datenbanken einsortiert werden, ist derzeit in aller Munde. Die Versprechungen sind gigantisch. Mit Hilfe von Big Data glaubt man, in naher Zukunft die meisten Ereignisse voraussagen zu können und unser Leben, unser komplettes Denken berechenbar zu machen. «Das wird die Welt, wie wir sie kennen, vollkommen verändern», glaubt mein Controller-Freund Jürgen. Er scheint recht zu behalten. Immerhin wird im Netz jeden Tag eine Datenmenge produziert, die der zwölffachen Datenmenge aller jemals gedruckten Bücher entspricht. Den *Ikea*-Katalog eingeschlossen.

Alles, was wir im Netz tun, hinterlässt Spuren. Unser Telefon weiß, wo wir uns gerade aufhalten, unsere Kreditkartenfirma, wo wir gestern eingekauft haben, und unser Stromanbieter, wann wir bei elektrischem Licht kochen und uns gleichzeitig die Haare föhnen. Staaten betreiben Datenspionage in der Hoffnung, terroristische Anschläge verhindern zu können. Für Unternehmen ist Datensammeln eine der großen Zukunftsperspektiven, denn damit schaffen sie den gläsernen, berechenbaren Kunden. Schon heute kann der Handelsriese *Walmart* aus dem Kaufverhalten junger Frauen erkennen, ob sie schwanger sind. Oft sogar früher, als es die Frauen selbst wissen! Statt einen Termin beim Gynäkologen zu vereinbaren, sollten Sie demnächst einfach an der Supermarktkasse fragen: «Und? Was wird's denn?»

Diese Form der Transparenz verursacht bei vielen ein mulmiges Gefühl. Daher schlage ich seit Neuestem zurück und kaufe einmal in der Woche zwei, drei Produkte, die nicht zueinanderpassen: ein Sack Kartoffeln und fünf Rollen Zahnseide zum Beispiel (was Valerie besonders freut). Oder eine Flasche Weizenkorn, zwei Tütchen Backpulver und die *Emma*. Dann stelle ich mir vor, wie die Datenbank-Experten von *REWE* vollkommen verwirrt auf meine bizarre Einkaufsliste starren. «Was zum Teufel ist das denn für ein Konsument? In welches soziodemographische Cluster fällt der bloß? Könnte es sein, dass er schwanger ist?»

Ursprünglich waren die Heilsversprechen des Informationszeitalters Demokratisierung, Offenheit und Kreativität. Doch dann sagte 2010 der *Google*-Boss Eric Schmidt den inzwischen berühmten Satz: «Wir wissen, wo du bist. Wir wissen, wo du warst. Und wir wissen mehr oder weniger, worüber du nachdenkst.»

Wobei man zugeben muss, dass es zumindest bei vielen Männern nicht unbedingt schwer ist, zu erahnen, was sich die meiste Zeit über in ihrem Kopf abspielt. Ein Drittel aller weltweiten Internetseiten haben pornographische Inhalte, aber nur 0,0000001 Prozent beschäftigen sich mit der zweiten Lautverschiebung im indogermanischen Sprachraum. Man muss kein Genie sein, um daraus einen groben Trend abzuleiten. *Google* weiß deshalb so viel über uns, weil wir so einfältig sind.

Zu den beliebtesten Fragen bei *Google* gehört die, ob

ein Prominenter schwul ist. Oft erkennt die Suchmaschine schon nach drei Buchstaben, dass wir diese Frage stellen möchten. Die Masse ist eben sehr berechenbar. Jedes erfahrene Improvisations-Theater kann Ihnen das bestätigen: Wenn die Schauspieler das Publikum nach einem Werkzeug, einem Beruf und einem Tier fragen, dann schallt es aus dem Zuschauerraum mit der Präzision einer Atomuhr: Hammer – Bäcker – Katze! Und zwar fast immer. Rohrmuffen-Fräse, Sonnenschutz-Mechatroniker oder indisches Zwergbuckelrind sind dagegen deutlich unterrepräsentiert.

2012 entwickelte *Google* einen sensationellen Algorithmus, der – nachdem er zehn Millionen *YouTube*-Videos gescannt hatte – mit einer Wahrscheinlichkeit von 75 Prozent eine Katze identifizieren konnte. Wow! Der zweijährige Sohn meiner Nachbarin kommt auf nahezu 100 Prozent. Ich sag es mal salopp: Ein Unternehmen, das bei jedem vierten Katzenbild unschlüssig vor dem Computer sitzt und sagt: «Puuhh, keine Ahnung, was das sein könnte!», wird vielleicht ein klein wenig überschätzt. Ich möchte nicht wissen, wie hoch bei *Google* die Erkennungsquote von Mäusen ist.

Ebenso sollte man der Anzahl der Treffer keine allzu große Bedeutung beimessen. Zwar gewinnt «Wolfgang Amadeus Mozart» gegen «Der Wendler», verliert aber deutlich gegen «Lady Gaga». «Gott» hat immerhin sechsmal so viele Treffer wie der «Teufel», wird aber klar von «Batman» geschlagen.

Die anderen Datenkraken haben ebenfalls ihre Defizite. Da ich exzessiver Buchkäufer bin, hat *Amazon* im Laufe der letzten Jahre eine große Anzahl Daten von mir gesammelt. Doch die Kaufempfehlungen, die mir Jeff Bezos regelmäßig gibt, sind an Phantasielosigkeit nicht zu überbieten. Vor einem Jahr habe ich ein Geburtstagsgeschenk für Controller-Jürgen gekauft, ein Buch über Zierfische (ich weiß, mein Freund ist ein ganz schön verrückter Hund!). Seitdem werde ich von *Amazon* Woche für

Woche mit endlosen Angeboten für Fischfutter, Aquarien und Angelbedarf bombardiert.

Neulich hat mir *Facebook* meine eigene Frau unter «Personen, die du vielleicht kennst» vorgeschlagen. Andererseits, wann kennt man einen Menschen schon? Als mich Valerie vor einiger Zeit spontan fragte, ob ich überhaupt wüsste, was ihr im Leben wichtig sei, war ich froh, schnell auf ihrem *Facebook*-Profil nachschauen zu können.

Irgendwie beneide ich meinen Vater. Der will von dem ganzen Hype um die neuen Medien nichts wissen. Und er lebt gut damit. Sein soziales Netzwerk ist nicht *Facebook*, sondern der Stammtisch. Downloaden hat bei ihm nichts mit Datentransfer zu tun, sondern mit Trinken. Seit Neuestem hat er immerhin ein Handy. «Du rufst nie an!», beschwerte er sich kürzlich bei mir. «Doch, aber dein Handy ist immer ausgeschaltet», antwortete ich. «Ja, klar, weil mich da sowieso niemand anruft ...»

Durch seine konsequente Technikverweigerung ist mein Vater im Netz schwerer zu finden als arabische Top-Terroristen. Ich bin mir nicht sicher, ob ich das cool oder hinterwäldlerisch finden den soll. Ist die Möglichkeit, mit Menschen aus Sydney oder Ulan Bator online Solitär spielen zu können, grandios oder unnötig?

Im alten Griechenland bezeichnete man Menschen als «idiotes», wenn sie den öffentlichen Foren fernblieben. Folglich müsste man Leute, die nicht auf *Facebook*, *Twitter* oder bei *Google Plus* unterwegs sind, als Idioten ansehen. Könnte es sein, dass es mittlerweile genau umgekehrt ist?

Und könnte es darüber hinaus vielleicht sein, dass die Versprechungen, Visionen und Befürchtungen, die mit Big Data in Zusammenhang stehen, übertrieben sind? Macht das exzessive Ansammeln von Informationen unsere Gesellschaft möglicherweise nicht klüger, sondern hilfloser? Sind die Versprechungen von der Berechenbarkeit der Welt nur leere Drohungen?

Pro Tag speichert *Google* etwa 20 Petabytes an Daten. Das ist eine Zwei mit 16 Nullen! Im ersten Moment hört sich das beeindruckend an. Andererseits enthält eine durchschnittliche Ejakulation immerhin schon fünf Petabyte an Datenmaterial. Und der Download geht deutlich schneller.

Der Fairness halber muss man erwähnen, dass in der männlichen Datensuppe eine große Menge Dubletten enthalten sind. Außerdem haben 90 Prozent des gesamten Erbmaterials nach heutigem Kenntnisstand keine eindeutige Funktion, sind also möglicherweise wertloser Datenmüll. Warum sollte das bei *Google* & Co. grundsätzlich anders sein?

Zwar wächst die weltweit gesammelte Datenmenge mit enormer Geschwindigkeit, nicht aber die Informationsmenge. Und es besteht ein großer Unterschied zwischen puren Daten und echten Informationen. Der Satz «Sein oder nicht sein» enthält zum Beispiel dieselbe Datenmenge wie «yß2902ndfß89aZ-2rz%0q». Aber die darin enthaltenen Informationen unterscheiden sich immens. Das ist die Kehrseite der stupiden Sammelei: Wertvolle Informationen sind im Gros der Daten immer schwieriger zu finden. Denn mit dem Umfang der Datenmenge wächst auch das Rauschen und überstrahlt das eigentliche Signal. Anders ausgedrückt: Je größer der Heuhaufen, desto schlechter findet man die Magd darin.

Auf das Problem des Rauschens wies übrigens auch Edward Snowden hin, als er 2015 in einem Interview sagte: «If we collect everything, we understand nothing.» Angesichts dessen ist es ein wenig erstaunlich, dass er gleichzeitig die NSA für so unglaublich mächtig hält.

Das Lieblingsbeispiel für Big-Data-Fans ist die Prognose von Grippeepidemien. Eine Häufung von Suchbegriffen, die in Zusammenhang mit Grippe stehen, führte dazu, dass *Google* im Jahr 1999 den Ort und den Zeitpunkt des Ausbruchs einer Grippewelle in den USA wesentlich schneller voraussagen konnte als die nationale Gesundheitsbehörde. Heute jedoch ist die Euphorie darüber gedämpft. Denn in den letzten Jahren hat sich herausgestellt, dass *Google Flu Trends* mehrfach weitere Grippewellen entweder übersah oder ihr Ausmaß komplett überschätzte.

Viele Menschen sind davon überzeugt, Unternehmen wie *Google* sammelten deswegen wie verrückt Daten, weil sie einen großen Plan, eine übergeordnete Vision verfolgten. Vielleicht ist genau das Gegenteil der Fall? Möglicherweise sammeln diese Unternehmen Daten schlicht und einfach deshalb, weil es geht. Und irgendwann ersticken wir daran.

Die Crux am Informationszeitalter ist, dass das Wissen zwar zunimmt, aber die Diskrepanz zwischen dem, was wir wissen, und dem, was wir zu wissen glauben, ebenfalls. Denn im Netz geistert eine Menge Bullshit. Googeln Sie zum Spaß nach Studien, deren Ergebnisse Ihrer persönlichen Meinung entsprechen. Sie werden sich wundern. Im Internet finden Sie zu jedem noch so durchgeknallten Statement toprecherchierte Untersuchungen von serbokroatischen Wissenschaftlern, die bewiesen haben, dass in Wahrheit George W. Bush und sein Vater die zwei Flugzeuge in die Twin Towers gesteuert haben.

Hinzu kommt, dass mit dem kollektiven Wissen paradoxerweise auch das Nichtwissen anwächst. Eine *Google*-Anfrage mit dem Stichwort «Nichtwissen» ergibt rund 1,8 Millionen Treffer, «Wissen» liefert dagegen 260 Millionen Treffer. In diesen zwei Zahlen spiegelt sich das ganze Dilemma von *Google* und anderen Suchmaschinen wider: Tatsächlich ist unser Nichtwissen viel, viel größer als unser Wissen. Doch genau *das* können die smarten Jungs vom Silicon Valley nicht abbilden. *Google* ist eine Maschine, die den Stand des Wissens vollkommen verzerrt darstellt. Und diese Verzerrung wird umso größer, je mehr Daten gesammelt werden.

1517

Auf schmerzliche Weise musste das die angeblich allwissende NSA am 11. September 2001 erfahren. Die meisten Details über die Attentäter lagen den Behörden bereits lange vor dem Anschlag vor. Ihre Namen und mögliche Verbindungen zu Al Kaida waren in den Tiefen der Festplatten abgespeichert. Sogar der besorgte Hinweis eines Fluglehrers, dass seine Flugschüler lediglich an Starts und nicht an Landungen interessiert waren, wurde notiert und abgespeichert. Der Anschlag gelang trotzdem. Nicht, weil man zu wenige Daten sammelte, sondern weil alle entscheidenden Hinweise im Meer der vielen, vielen unbedeutenden Daten untergingen.

Damals war an den Flughäfen ein aufwändiges Computersystem mit dem Namen *Capps* installiert, das potenziell gefährliche Passagiere automatisch identifizieren sollte. Unglücklicherweise war *Capps* zur Identifikation der Selbstmordattentäter denkbar ungeeignet. Vor 9/11 dachte man nämlich, die größte Gefahr gehe von Terroristen aus, die eine Bombe an Bord schmuggeln, aber selbst nicht mitfliegen. Demnach konzentrierte sich *Capps* auf Leute, die beispielsweise ihr Ticket bar bezahlten, um ihre Spuren bei der Flucht zu verwischen. Auf die Idee, die Attentäter könnten einen Crashkurs gemacht haben, kam *Capps* nicht.

Moderne Terrornetzwerke sind auf eine verstörende Weise perfekte Beispiele für die fundamentale Schwäche von Big Data. Je mehr Daten man sammelt, umso schlechter kann man individuelle Verhaltensweisen herausfiltern. Weil diese eben gerade *nicht* in ein allgemeines Muster passen.

Inzwischen hat man sich auf potenzielle Selbstmordattentäter eingestellt. Ein entscheidender Faktor zu ihrer Identifikation ist: Sie besitzen keine Lebensversicherung. Selbst dann nicht, wenn sie Frau und Kinder haben. Denn die Versicherung zahlt nicht, wenn sich einer selbst in die Luft sprengt. Diese unorthodoxe Theorie haben die Ökonomen Steven D. Levitt und

Stephen J. Dubner in ihrem Buch «Superfreakonomics» eingehend beschrieben. Ein cleverer Al-Kaida-Mitarbeiter wird also gut dran tun, demnächst einen Termin bei seinem *Allianz*-Vertreter zu machen.

Um die Attentate am 11. September verüben zu können, haben die Terroristen schätzungsweise 500 000 Dollar investiert. Bis zum heutigen Zeitpunkt hat die USA Billionen Dollar ausgegeben, um einen weiteren großen Anschlag zu verhindern. Die NSA kämpft also mit einem extrem teuren und weitgehend wirkungslosen Breitband-Antibiotikum gegen ein kleines, kostengünstiges und sehr wandlungsfähiges Virus.

Neulich erzählte mir ein IT-Spezialist einen internen Witz unter Datenschützern: In Wahrheit sei Edward Snowden kein Whistleblower, sondern ein Agent, der von der US-Regierung angeheuert wurde, um der gesamten Welt vorzugaukeln, wie intelligent und effektiv die NSA sei.

Klug angewendet, ergibt Big Data durchaus Sinn. Im Jahr 1854 wütete in London eine schwere Cholera-Epidemie, bei der etwa 14 000 Menschen starben. Zu diesem Zeitpunkt wussten

ZUKUNFT
Big Data

die Mediziner noch nichts über die Existenz von Bakterien, die diese Krankheit auslösen. Doch der Arzt John Snow hatte eine andere Idee. Statt nach der eigentlichen Krankheitsursache zu suchen, markierte er sämtliche Todesfälle auf einer Stadtkarte

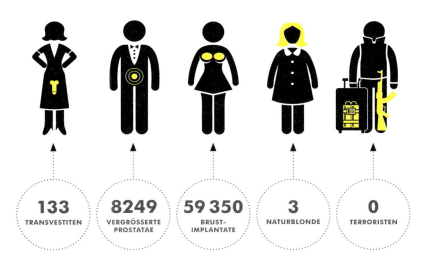

DEZEMBER-2015-STATISTIK

133	8249	59 350	3	0
TRANSVESTITEN	VERGRÖSSERTE PROSTATAE	BRUST-IMPLANTATE	NATURBLONDE	TERRORISTEN

und fand heraus, dass sich die Cholerakranken vor allem um drei verschiedene Brunnen gruppierten. Die Vermutung lag auf der Hand: Wahrscheinlich stimmte dort etwas mit dem Wasser nicht. Und siehe da: Nachdem man die Brunnen geschlossen hatte, kam die Seuche zum Stillstand. John Snow betrieb lange vor *Google* als einer der ersten Menschen eine Big-Data-Analyse. Er sammelte Daten, suchte nach Mustern und kam so der Wahrheit auf die Spur.

1596

1600

Heute können wir über digitale Daten Unwetter besser vorausberechnen, Flugpläne optimieren und sogar die Entwicklung ganzer Galaxien simulieren. Der britische Mathematiker Max Little hat unter Einbezug von Big Data das Programm «Parkinsons' Voice Initiative» entwickelt, mit dem man eine Parkinson-Erkrankung im absoluten Frühstadium diagnostizieren und so frühzeitig behandeln kann. Da die Erkrankung unter anderem mit einer Veränderung des Stimm-Musters einhergeht, spricht man ein paar Sätze in sein Smartphone, und die Software analysiert diese Abweichungen innerhalb von Sekunden.

Der Kriminologe Kim Rossmo hat sogar einen Algorithmus entwickelt, mit dem man per digitaler Rasterfahndung Serientätern auf die Spur kommen kann. Das Problem dabei: Der Axtmörder muss erst eine genügend große Anzahl von Menschen um die Ecke bringen, damit dieser Algorithmus funktioniert. Ähnlich einem Rasensprenger: Wenn man nur einen einzelnen Tropfen auf der Wiese sieht, bringt einem das nichts. Bei sehr vielen Tropfen kann man hingegen eindeutig auf die Quelle schließen.

Inzwischen existieren zu praktisch jedem Phänomen gewaltige Datenbanken. Mit ultraschnellen Großrechnern werden die verschiedensten Daten gegeneinander abgeglichen. «Data-Mining» nennt man diese Methode, die jedoch mit Vorsicht zu genießen ist. Häufig suchen Data-Miner im Meer der Daten nach einem Zusammenhang zwischen zwei beliebigen Zahlenreihen und adeln diese nachträglich mit einer Theorie, um dem Ganzen Sinn zu verleihen. Und schwuppdiwupp! verursachen Atomkraftwerke Leukämie.

Der Statistikprofessor Walter Krämer gibt zu bedenken, dass Daten-Analysen immer nur Korrelationen, aber niemals Kausalitäten herausfinden können. Der Absatz von Eiscreme und das Auftreten von Waldbränden sind in Kalifornien zum Beispiel eindeutig miteinander korreliert. Einfach, weil beide Phänomene von der Sommerhitze abhängen – aber natürlich existiert kein ursächlicher Zusammenhang zwischen ihnen. Mit dem Kauf einer Familienpackung *Ben & Jerry's* entzündet man kein Gestrüpp in Sacramento. Genau das ist wahrscheinlich auch das Problem von *Google Flu Trends*: Big-Data-Experten verzichten grundsätzlich auf eine schlüssige Beweiskette und argumentieren stattdessen, die Daten selbst würden den Beweis liefern. Man lässt den Computer theoriefrei rechnen und hofft, dass er einem eine Theorie frei Haus liefert.

Doch Daten legen sich nicht von selbst aus. Man benötigt immer einen umfassenden, einen menschlichen Blick. Mathematische Algorithmen können niemals Ursache-Wirkungs-Prinzipien finden. Darauf sind sie nicht ausgelegt. Wenn Sie einen Computer fragen, was ein Bleistift und eine Musikkassette miteinander zu tun haben, scheitert er. Er kann nicht kreativ denken.

Moderne Datenanalysen spucken zwar in Teraflopgeschwindigkeit exakte Ergebnisse aus, ob diese Ergebnisse allerdings etwas mit der Realität zu tun haben, steht auf einem ganz anderen Blatt.

Mit Big Data verknüpfen wir die Hoffnung, die Welt genauer berechnen und damit besser verstehen zu können. Wir versuchen, die Vergangenheit in Daten zu erfassen, um damit treffendere Vorhersagen über die Zukunft zu erhalten. Das funktioniert in einigen Fällen sehr gut, in anderen überhaupt nicht. Denn in letzter Konsequenz spucken Datenanalysen immer nur Wahrscheinlichkeiten aus. Aber wenn etwas «höchstwahrscheinlich» eintrifft, kann es trotzdem auch «nicht» passieren. Wenn jemand sagt, er komme zu 99 Prozent, und er kommt nicht, hat er dann gelogen?

Um Zusammenhänge verstehen, priorisieren und verknüpfen zu können, sind allzu viele Daten, Informationswege und Verbindungen oft sogar belastend. Der Mensch in all seinen Facetten ist eben deutlich mehr als eine große Datenmenge. Von Friedrich Nietzsche stammt der Satz: «Um das Leben zu begreifen, muss man die Last des Allzu-viel-Wissens abwerfen.» Oder war es Paris Hilton?

Um wirklich zu verstehen, müssen wir also reduzieren. In dieser Fähigkeit unterscheiden wir uns fundamental von Computern. Wenn wir ein zehnsekündiges Video eines uns unbekannten Dozenten sehen, können wir mit einer verblüffenden Treffergenauigkeit einschätzen, wie gut dieser Dozent sein Handwerk beherrscht. In Millionen Jahren Evolutionsgeschichte hat unser Gehirn Methoden entwickelt, die es ihm erlauben, anhand weniger Merkmale erstaunlich gute Rückschlüsse zu ziehen. Dazu ein kleines Beispiel. Welche Emotion zeigt dieses Gesicht? Ganz spontan!

Genau! Wut, Ärger, Zorn. Innerhalb von Sekundenbruchteilen haben wir einen ziemlich guten Eindruck davon, wie es dieser Person gerade geht. Und das, obwohl die Zeichnung nur wenig Striche enthält und die menschliche Psyche hochkomplex ist. Und nun betrachten Sie folgendes Bild:

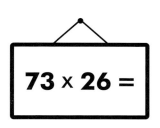

Antwort? Ganz spontan! Mmmh. Schon schwieriger, oder? Denken ist wesentlich anstrengender als fühlen. Und vor allem wesentlich langsamer. Einen guten Freund aus 60 Metern von hinten zu erkennen fällt uns leicht. Ein Computer kann das nicht. Der hat keinen guten Freund. Dafür kann der blitzschnell 73 mit 26 multiplizieren. Ein Mensch, der das kann, hat meist auch keinen guten Freund.

Im Gegensatz zu einem Computer betreiben wir grobe Überschlagsrechnungen, Heuristiken genannt. Wir besitzen die einmalige Fähigkeit, trotz unvollständigem Wissen und begrenzter Zeit mit Hilfe von Faustregeln Lösungen zu finden. Diese Methode verwenden wir sehr häufig unbewusst und automatisch: Wenn wir in einer fremden Stadt aus der U-Bahn steigen und den Ausgang nicht kennen, folgen wir der Masse, weil wir davon ausgehen, dass die schon wissen wird, wo es langgeht. Auch Bestsellerlisten funktionieren so: Sie basieren auf dem Glauben, ein Buch, das viele andere Menschen gekauft haben, müsse gut sein.

Heuristiken sind typisch menschlich und unterscheiden sich fundamental von der Arbeitsweise eines Computers. Computer sind konstruiert, um mit einem Algorithmus ein exaktes Ergebnis zu berechnen: präzise, nachvollziehbar und fehlerfrei. Ich kann mich zumindest nicht erinnern, dass mein Computer einmal vergessen hätte, bei einer komplizierten Addition «Eins im Sinn» zu übertragen. Auch beim Schach hat er sich niemals ablenken lassen.

Wir Menschen dagegen sind in dieser Hinsicht extrem fehleranfällig. Wir denken zwar schnell und können blitzschnell Muster erkennen, aber die sind weich, flexibel, kreativ und häufig schlampig. Wir versuchen, mit minimalem Aufwand möglichst elegant ans Ziel zu kommen. Das menschliche Hirn kann etwa drei Terabytes an Informationen speichern – ein winziger Bruchteil der Informationen, die heute täglich auf der Welt produziert werden. Wir müssen also sehr gut auswählen, was davon wir uns merken wollen. Tagtäglich werden wir allein mit 2000 Werbebotschaften konfrontiert. Damit wir nicht wahnsinnig werden, selektiert, bewertet und verarbeitet unser Gehirn sämtliche Eingänge, bevor sie in unser Bewusstsein gelangen – ähnlich einem Spamfilter. Das Problem bei einem Spamfilter ist jedoch: Er sortiert mitunter auch wertvolle Infos aus. Und damit meine ich nicht nur die *Viagra*-Werbung.

Nichtsdestotrotz besteht die beeindruckendste Leistung unseres Gehirns in der Abwehr von unnötigen Informationen. Zumindest von Informationen, die wir nicht intuitiv verarbeiten können: «Welche Reiserücktrittsversicherung ist für unseren Somalia-Urlaub am besten?» – «Soll ich doch lieber das kaltgepresste Ölivenöl nehmen?» – «Was bedeutet der Posten ‹Projektbesprechung *Lady Ramona* – 150 Euro› auf der Kreditkartenabrechnung meines Mannes?»

Computer speichern alles akribisch ab. Ob es sinnvoll ist oder nicht. Aber diese Pseudo-Genauigkeit ist letztlich stupide und seelenlos. Mein Freund Jürgen ist da anderer Meinung: «Du wirst sehen, in zehn Jahren wird es künstliche Intelligenz geben!» – «Ich glaube, nicht», antwortete ich. «Aber wenigstens gibt es so etwas wie künstliche Dummheit schon ziemlich lange ...»

Ich bin davon überzeugt, dass der intelligente Roboter immer ein Running Gag aus dem Silicon Valley bleiben wird. Denn Denken ist eben *keine* simple Rechenaufgabe. Vieles spricht so-

gar dafür, dass es das genaue Gegenteil ist. Noch ein kleines Beispiel. Vervollständigen Sie den folgenden Satz:
Der Ameisenbär hat eine sehr lange
A) Zunge.
B) Reise von Afrika durchgestanden.
C) Drogenabhängigkeit hinter sich.

Kein Computer der Welt ist fähig, Antwort C auszuschließen (wobei ich nicht weiß, ob Ameisenbären nicht doch einen Hang zu Crystal Meth haben). Computer besitzen keinerlei Gefühl für Absurdität und Sinnhaftigkeit.

Der Zukunftsforscher Matthias Horx glaubt, intelligentes Verhalten sei vor allem eine Anpassungsreaktion auf Gefahren, Angst, Bedrohungen und Verzweiflung. Um künstliche Intelligenz herzustellen, müssten wir also Robotern diese Emotionen beibringen. Dazu müssten sie sterblich sein: Aus dieser Not heraus könnten sie so etwas wie Intelligenz entwickeln.

1997 schlug der *IBM*-Rechner Deep Blue den amtierenden Schachweltmeister Garri Kasparow. Schon damals hieß es, Computer seien nun intelligenter als Menschen. Und tatsächlich sah es so aus. Im zweiten von sechs Spielen machte Deep Blue einen vollkommen unberechenbaren, für einen Computer untypischen Zug. Er opferte ohne Not eine Figur. Das verwirrte Kasparow dermaßen, dass es ihn den Sieg gekostet hat. Er glaubte nämlich, Deep Blue legte ein kreativ-menschliches Verhalten an den Tag. Damit konnte er nicht umgehen.

Die Ironie an der Geschichte: Der Zug des Schachcomputers basierte auf einem Programmierfehler, wie man später herausfand. Deep Blue war an jenem Zeitpunkt des Spiels nicht in der Lage, einen guten Zug vorauszuberechnen, und wählte daraufhin einen zufälligen aus. Ein Computer-Bug ist für den größten Erfolg der Computer-Geschichte verantwortlich. Bei

1769

Microsoft basiert das Geschäftsmodell sogar auf Programmierfehlern! Die Nerds von *Google*, *Facebook* und *Amazon* verschweigen es gerne, aber im Grunde sind Computer heute noch genauso «dumm», wie sie vor 50 Jahren waren. Sie sind nicht mehr und nicht weniger als ultraschnelle Rechenmaschinen auf dem intellektuellen Stand einer Küchenschabe. Bis zum heutigen Tag «versteht» kein Computer eine einfache Kindergeschichte, die man ihm vorliest. Prozessoren wissen nicht, dass man nach dem Tod nicht mehr zurückkommt, dass man mit einem Bindfaden ziehen, aber nicht schieben kann und dass die Zeit nicht rückwärts läuft. Eine simple Fruchtfliege hat 250 000 Neuronen. Das ist ein Bruchteil der Rechnerkapazität eines iPhones. Trotzdem kann sie problemlos in drei Dimensionen navigieren, Looping-Manöver durchführen und unseren Hausmüll in einen Swingerclub verwandeln. Zugegeben, dafür kann sie nicht telefonieren.

Big Data mag unser Leben mehr und mehr beeinflussen. Im Guten wie im Schlechten. Doch der Mensch ist eben nur zu einem gewissen Teil berechenbar. Für den Rest werden selbst die klügsten Köpfe im Silicon Valley keinen Algorithmus finden. Unter diesem Gesichtspunkt ist es durchaus heikel, wenn man Maschinen allzu große Entscheidungsbefugnis zutraut. Was werden wir in Zukunft mit Personen tun, bei denen ein Computer errechnet, dass sie mit 80-prozentiger Wahrscheinlichkeit einen Terroranschlag verüben werden? Ist es moralisch vertretbar, wenn unsere Krankenversicherung die Tarife individuell gestaltet und sich dabei an einer Gesundheits-App orientiert, die detailliert unseren Lebenswandel überwacht? Sollte ein abstrakt errechneter Scoring-Wert darüber entscheiden, ob ein junges, ehrgeiziges Start-up-Unternehmen einen Kredit erhält?

Auf all diese Fragen können Computer mit Hilfe

von Big Data eine Antwort liefern. Ob richtig oder falsch, interessiert die Maschine nicht. Aber wollen wir das wirklich? Wollen wir allen Ernstes auf Apparate vertrauen, denen man problemlos vorgaukeln kann, dass in unseren Entgiftungsstationen cracksüchtige Ameisenbären herumlungern?

IRRATIONALITÄT

ES LEBE DER WEIHNACHTSMANN!

Wir können die kompliziertesten Probleme lösen und über die komplexesten Sachverhalte nachdenken, wir können abwägen, berechnen, analysieren wie kein anderes Lebewesen – nur, um zum Schluss auf alle Fakten zu pfeifen und uns trotzdem anders zu entscheiden.

Zweifellos wird unser Wissen immer umfassender. Unsere moderne Wissensgesellschaft erlaubt es uns, auf Daten und Fakten zuzugreifen, um mögliche Zukunfts-Szenarien zu entwickeln. Gleichzeitig scheitern viele dieser Bemühungen an einer entscheidenden Komponente: der menschlichen Irrationalität.

Auch ich war lange Zeit davon überzeugt, wir Menschen seien im Kern vernunftgeleitete und damit berechenbare Wesen. Heute weiß ich: Das stimmt nicht. Rationalität wird massiv überschätzt. Erst gestern habe ich zwei Minuten lang auf einen Stuhl eingebrüllt, weil ich mir das Schienbein daran gestoßen habe, und wenn mein Computer Zicken macht, bin ich persönlich von ihm enttäuscht.

Vor einiger Zeit wollte ich mir eine neue Jeans kaufen. Keine große Sache, dachte ich, und betrat einen kleinen, trendigen Laden in der Frankfurter Innenstadt. Da ich mit Abstand der älteste und damit womöglich der kaufkräftigste Kunde im Laden war, witterte der flippige Verkäufer ein gutes Geschäft, legte mir freudestrahlend eine Hose auf den Tresen und sagte: «Diese

Jeans ist etwas ganz Besonderes! Es gibt sie weltweit nur 200-mal. Darf ich dir etwas über diese Hose erzählen?» Eigentlich wollte ich nur eine Jeans kaufen und keinen wissenschaftlichen Fachvortrag hören. Aber schon legte er los: «Diese Hose wird in einem traditionellen Verfahren in Japan auf alten *Levi's*-Maschinen genäht, sie ist ungewaschen und sollte auch nicht gewaschen werden. Dadurch bekommt sie nach ein paar Monaten eine ganz charakteristische Patina.»

«Und wenn sie anfängt zu müffeln?», fragte ich vorsichtig. «Na, dann legst du sie einfach über Nacht ins Eisfach, das tötet die Bakterien. 215 Euro, und wir sind im Geschäft!»

«Moment mal, junger Mann», stutzte ich, «ich fasse das jetzt mal zusammen: Sie wollen mir eine Jeans für 215 Euro verkaufen, die von blinden japanischen Fischern auf so alten Maschinen zusammengeschustert wurde, dass man anscheinend nur 200 Stück davon herstellen kann, die Dreck ansetzt, weil man sie nicht waschen darf, und für die man eine Gefriertruhe anschaffen muss, um den Geruch loszuwerden? – Ich bin dabei!»

Ja, ich habe dieses limitierte Designerteil tatsächlich gekauft. Manchmal verhalten sich selbst Naturwissenschaftler irrational. Emotionen und Wunschdenken beeinflussen unsere Entscheidungen viel mehr, als wir uns das eingestehen wollen. Und die Werbung nutzt das gnadenlos aus. Schon für den Kauf eines stinknormalen Joghurts braucht man inzwischen ein Ökotrophologie-Studium. Weil es «normale» Joghurts leider nicht mehr gibt. Die drehen sich mittlerweile linksherum und haben absurde Buchstabenkombinationen in sich. Shampoos sind noch schlimmer. Es gibt Shampoos gegen Spliss, gegen fettiges Haar, gegen halbfettiges und gegen Schuppen. Ich will aber ein Shampoo für normales Haar. Ich *habe* nämlich normales Haar. «Haben Sie nicht», sagt mir Laborchef Dr. Klenk in der Werbung. «Bei erblich bedingtem Haarausfall: nur *Alpecin*. Doping für die

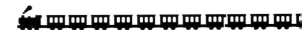

Haare, das dazu beiträgt, die Wachstumsphasen der Haarwurzel deutlich zu verlängern.»

Alle drei Wochen muss ich mich mit einem neuen Rasierklingensystem beschäftigen, weil die Irren von *Gillette* wieder einen neuen *Mach Ultrasensitiv Turbo* auf den Markt bringen und mir damit zu verstehen geben, dass die 67 Vorgängermodelle, die ich gekauft habe, natürlich vollkommener Schrott waren. Inzwischen gibt es sogar Rasierer mit fünf Klingen. Ich habe hochgerechnet: Im Jahr 2050 haben *Gillette*-Rasierer 38 Klingen. Spätestens dann sind Rasierunfälle Todesursache Nummer eins.

Im Fernsehen schwört der Schauspieler Jan Josef Liefers auf die Byzantiner Königsnuss, die eine reine Erfindung von *Ferrero* ist. Es gibt überhaupt keine Byzantiner Königsnuss. Genauso wenig wie es die Piemont-Kirsche gibt. Die ist eine freche Erfindung der «Kirschexpertin Claudia Bertani», die es erst recht nicht gibt.

In den meisten Fällen hat das Gefühl, das ein Produkt bei seinen Nutzern hervorruft, wesentlich mehr Gewicht bei der Kaufentscheidung als sein Preis oder seine Funktionalität. Auf dieser Erkenntnis basiert unter anderem der Erfolg von *Apple*. Würde Steve Jobs den Menschen für ein rationales Wesen halten, hätte er *Dell* gegründet. Wenn alle Kunden rational handelten, würden sie den objektiv besten Computer kaufen und die schlechten floppen lassen.

Es sind nicht die neuen, perfekt gedämpften Laufschuhe von *Nike,* hinter denen wir her sind, sondern in Wirklichkeit ist es das Gefühl, unsere altbekannte Laufstrecke einmal «völlig neu» zu erleben. Als Familie fahren wir nicht in den Urlaub, weil das kleine, stickige Appartement in der lauten Seitenstraße von Rimini so unfassbar erholsam ist, sondern weil in jedem neuen Urlaub die Erinnerung an die guten Gefühle der vorangegangenen Urlaube enthalten ist. Gute Gefühle sind das Einzige, hinter dem wir in Wahrheit her sind. Und die sind nicht vollständig berechenbar.

In einigen Fällen führen sie sogar zu unsinnigem Verhalten. Vor einigen Jahren führte der Psychologe Alexander Todorov von der Princeton University einen interessanten Test durch: Er zeigte seinen Studenten für einen kurzen Augenblick Porträtfotos von jeweils zwei ihnen unbekannten Männern und forderte sie auf, spontan zu entscheiden, welche der beiden Personen einen kompetenteren Eindruck macht. Was die Studenten nicht wussten: Bei den Paarungen handelte es sich um reale Politiker, die bei unterschiedlichen Wahlen gegeneinander antraten. Das Ergebnis: In 70 Prozent aller Fälle entsprachen die Entscheidungen der Studenten dem tatsächlichen Wahlgewinner! Nicht, weil er möglicherweise kompetenter als sein Gegner *war*, sondern weil er den Wählern lediglich kompetenter *erschien*.

Selbst bei etwas so Wichtigem wie einer politischen Wahl spielen für uns Rationalität und logische Argumente offenbar eine untergeordnete Rolle. Vernunft kann uns davor bewahren, als kompletter Idiot dazustehen, aber sie wird uns nicht davon abhalten, unsere Stimme einer Flachpfeife mit tollem Haarschnitt zu geben.

Der Grund liegt vermutlich in unserer evolutionären Prägung. In der Steinzeit konnte man es sich nicht leisten, rationale Argumente gegeneinander abzuwiegen. Man musste sich auf sein Gefühl, seinen ersten Eindruck verlassen. Wenn Sie vor 150 000 Jahren als männlicher Homo sapiens an ein Wasserloch gekommen sind und auf einen fremden Artgenossen trafen, galt es, vier simple Fragen zu beantworten: Männlich oder weiblich? Wenn weiblich, paarungsbereit oder nicht? Wenn männlich, Freund oder Feind? Wenn Feind, stärker oder schwächer? Innerhalb von Sekundenbruchteilen mussten Sie eine klare Entscheidung treffen. Sonst hätte es nichts mehr zu entscheiden gegeben.

Kein Meeting, kein Coaching, keine Mediation, kein Telefonjoker. Vier simple Fragen, eine Entscheidung.

Und dann kam *Starbucks*. Zehn, zwölf Entscheidungen – nur um einen blöden Kaffee zu bekommen. Ein Vorgang, bei dem der Frühmensch wahrscheinlich bereits nach der Frage «Tall, grande oder venti?» die Steinaxt herausgeholt hätte.

Evolutionsbiologisch ist unser Gehirn nicht primär für die Wahrheitsfindung konstruiert. Genaugenommen ist unserem Gehirn die Wahrheit vollkommen wurscht. Es hat sich nicht entwickelt, um herauszufinden, ob die Erde eine Scheibe, eine Kugel oder ein Rotationsellipsoid ist. Es hat sich entwickelt, um in einer überschaubaren Gruppe von 30, 40 Menschen inmitten von Bäumen, Felsen und Säbelzahntigern überleben zu können – und nicht in einer Welt mit Handy-Tarifen, Körperfettwaagen oder mobilen Brezelverkäufern, die in Kassel-Wilhelmshöhe zusteigen.

Wenn Sie heutzutage an einem Samstagnachmittag in ein Shopping-Center gehen, sehen Sie mehr Menschen als unsere Vorfahren während ihres gesamten Lebens. Und ich rede hier nur von einem Einkaufsbummel in Brandenburg.

Im Laufe eines durchschnittlichen Arbeitstages besuchen wir 40 verschiedene Webseiten, wechseln 35-mal pro Stunde zwischen den verschiedenen Programmen auf unserem Computer hin und her und konsumieren dreimal so viel Information wie noch vor 30 Jahren. Inzwischen müssen wir in unserem modernen Leben täglich bis zu 20 000 kleinere und größere Entscheidungen treffen. Zucker oder Süßstoff? CDU oder SPD? Scheidung oder Durchhalten? Da *muss* man ja wahnsinnig werden. Eine Sirene ertönt – Atomkrieg oder Mittagspause? Man weiß es nicht!

Entscheidungen stressen uns. Unser gesamtes modernes Leben stresst uns. In den USA hat kürzlich ein Mann mit einer

Schrotflinte seinen Laptop zusammengeschossen und das Ganze auf *YouTube* gestellt. Eine Art Screenshot. Anscheinend ist etwas mit der Installation schiefgelaufen, und da ist der gute Mann ausgetickt.

Man kann's verstehen. Letzten Monat schickte mir die *Telekom* ein neues Smartphone, und beim Auspacken finde ich einen Zettel mit der Aufschrift: Ihr Smartphone funktioniert nicht? Rufen Sie uns an!

Zum ersten Mal in der Geschichte der Menschheit hinkt unsere evolutionäre Anpassung den äußeren Entwicklungen hinterher. Wir können inzwischen alle Informationen, Hintergründe und Daten in Windeseile abrufen und sind dadurch theoretisch in der Lage, die meisten unserer Einstellungen, Meinungen und Ansichten mit Hilfe von objektiven Fakten zu überprüfen. Doch tatsächlich vertrauen wir nach wie vor bei den meisten Dingen dem intuitiven Steinzeitmenschen in uns. Der rationale Individualist, der in der Steinzeit sein eigenes Ding machte, ist im Zweifel vom Säbelzahntiger gefressen worden. Von *dem* stammen wir nicht ab. Wir stammen von denen ab, die abends in der Höhle am Lagerfeuer saßen und mit großen Augen einem Typen zuhörten, der mit einem Tierschädel auf dem Kopf herumgetanzt ist und dabei abstruse Zauberformeln gesungen hat. Heute ist dieser Brauch als Fronleichnamsprozession bekannt. Der *Christopher Street Day* der Katholiken.

Wir glauben nicht unbedingt das, was wahr ist, sondern das, was sich wahr anfühlt. Wenn Statistik gegen Geschichten antritt, verlieren die Zahlen. Persönliche Erfahrungen schlagen die robustesten Doppelblindstudien. Da können Sie noch so wissenschaftliche, seriöse, randomisierte, placebokontrollierte Metastudien anführen, sobald einer am Tisch sagt: «Isch hab meim Hund letzte Woch' Annika D30 gegebbe, un seitdem is sein Durchfall wie weggeblase ...», erntet er anerkennendes Kopfnicken. Das klappt allerdings nur, wenn er sympathisch und vertrauenserweckend ist. Sind Sie *RWE*-Manager, sollten Sie es vermeiden, bei *Anne Will* in die Runde zu rufen: «Also, die Neurodermitis von unserem Jan-Niklas ist deutlich besser geworden, seit ich ihn einmal pro Woche ins Abklingbecken von Biblis tauche …»

Vor einigen Jahren führte der Psychologe Paul Slovic ein Experiment durch. Er zeigte einer Gruppe von Menschen das Foto eines halbverhungernden Kindes aus Malawi, eine andere

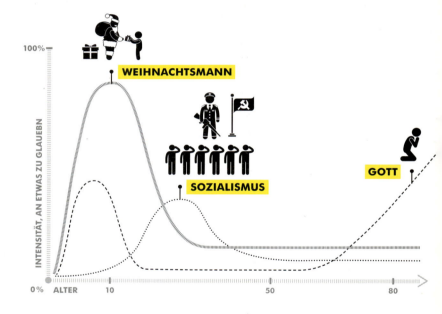

Gruppe erhielt detaillierte Statistiken über die Anzahl hungernder Menschen in dem afrikanischen Staat. Die Gruppenteilnehmer, die die Statistik sahen, spendeten im Schnitt nur halb so viel wie diejenigen, die das Foto des abgemagerten Kindes betrachtet hatten.

Zahlen und Statistiken liefern zwar wertvolle Erkenntnisse, aber wir lassen uns eher weniger von ihnen überzeugen. Spektakuläre, zu Herzen gehende Einzelfälle oder Anekdoten liefern keinen grundsätzlichen Erkenntniswert, aber sie überzeugen die Menschen. Das ist sogar statistisch nachgewiesen. Aber Statistik wiederum überzeugt die Leute ja nicht.

Bei den meisten unserer Ansichten pfeifen wir auf Fakten, wir glauben einfach. Wir glauben vornehmlich das, was emotional ist und sich gut anfühlt. Wäre es nicht schön, wenn sich mit billigen Zuckerkügelchen Krankheiten heilen ließen? Wenn wir essen könnten, soviel wir wollen, und trotzdem nicht dick würden? Wenn wir mit Sonne und Wind eine ganze Industrienation versorgen könnten? Das wäre doch super! Und deshalb fallen wir auf jeden Quatsch rein, der zu gut ist, um wahr zu sein. Schnelle Heilung, schnelles Geld, todsichere Karrierestrategien, Blitz-Diäten.

Es sind nicht Unwissen oder mangelnde Intelligenz, die so viele Menschen Irrtümern, Mythen oder Ideologien hinterherhängen lassen. Kein Mensch sagt: Ich habe null Ahnung von Genen, also muss Gentechnik böse sein. Es ist dieses unsägliche Halbwissen, das uns in die Bredouille bringt. Nicht das, was man nicht weiß, bereitet einem Schwierigkeiten, sondern das, was man sicher zu wissen glaubt, aber was falsch ist. Kinder glauben nicht deswegen an den Weihnachtsmann, weil sie naiv oder dumm sind. Sie glauben daran, weil sie ihre Informationen von Quellen haben, denen sie vertrauen: ihren Eltern. Welche vertrauensvollen Quellen haben Sie?

Realistisch betrachtet haben wir Menschen ziemlich schlechte Filter, um Wahrheit von absolutem Blödsinn zu trennen. Und das Schlimme ist: Wir haben kaum Möglichkeiten, objektiv herauszufinden, ob etwas kompletter Bullshit ist. Schauen Sie sich Leute an, die eine vollkommen andere Meinung haben als Sie und 100-prozentig überzeugt davon sind. Von etwas, was Sie wiederum für 100-prozentigen Blödsinn halten. Glauben Sie mir: Umgekehrt ist das nicht anders. Wir sind blind gegenüber unserer eigenen Blindheit. Auch das ist wissenschaftlich sehr gut untersucht.

Stellen Sie sich vor, Sie sind Anhänger einer kleinen Gruppe von 12 Personen, die sich um einen charismatischen Propheten scharen, der den Weltuntergang für den 24. Februar 2023 voraussagt. Im Laufe der Jahre identifizieren Sie sich immer mehr mit dieser Gruppe. Sie kündigen Ihren Job, verlassen Ihren Partner, geben den Hund ins Tierheim und ziehen mit Ihren 12 Gleichgesinnten in einen abgelegenen Biobauernhof in der Uckermark, um sich fortan als Selbstversorger angemessen auf das Jüngste Gericht vorzubereiten. Irgendwann verkaufen Sie Ihr Haus, lassen sich Ihre Lebensversicherung auszahlen und überweisen Ihr gesamtes Geld auf das Schweizer Nummernkonto des Propheten. Dann kommt es zum 24. Februar 2023, und – nichts passiert. Gar nichts. Der Weltuntergang ist ausgeblieben.

Kommen wir nun zur alles entscheidenden Quizfrage: Würden Sie am 25. Februar 2023 aufwachen und sagen: «Meine Güte, was war ich nur für ein unfassbarer Idiot? Dieser miese Schmierenkomödiant hat uns komplett verarscht!»? Möglich wäre es. Viel wahrscheinlicher allerdings ist, dass Sie sagen würden: «Meine Güte, was für ein riesiges Glück, dass wir diese Gruppe gegründet haben! Gott hat unsere Gebete erhört und wegen uns den Weltuntergang abgewendet. Das ist der endgültige Beweis, dass unser Prophet recht hatte.»

Die Psychologie bezeichnet dieses Verhalten als kognitive Dissonanz. Je mehr Energie, Geld, Aufwand oder Schmerzen wir in eine Sache gesteckt haben, desto schwerer fällt es uns einzugestehen, dass wir uns geirrt haben könnten. Niemand steht gerne als Volltrottel da, der sein gesamtes Leben für eine idiotische Schnapsidee gegen die Wand gefahren hat.

Deswegen halten wir mit voller Überzeugung an Dingen fest, die von außen betrachtet oft ziemlich schräg wirken. Waaas? Du hast allen Ernstes 20 000 Euro für eine Ausbildung zum Forellen-Flüsterer ausgegeben? Wiiie? Zehn Jahre mit diesem Arschloch, und du bringst es nicht fertig, dich zu trennen? Häää? 300 Milliarden Euro Hilfsgelder, und Athen ist immer noch pleite?

Wir alle versuchen um jeden Preis und entgegen allen Argumenten, unser positives Selbstbild aufrechtzuerhalten: Menschen, die ihr ganzes Leben lang an das 2000 Jahre alte Abbild von Jesus Christus auf dem Turiner Grabtuch geglaubt haben, sind durch die wissenschaftliche Karbon-Datierung nicht von ihrem Irrtum abzubringen. Eher sagen sie: «Gott hat die C14-Atome bestimmt extra vermehrt, um uns zu prüfen.»

Manchmal wirkt das Prinzip der kognitiven Dissonanz bei ganzen Volkswirtschaften. In England wurden bis weit in die 20er Jahre des letzten Jahrhunderts Gaslaternen als Straßenbeleuchtung benutzt – lange nachdem sich in anderen europäischen Großstädten elektrisches Licht als wesentlich vorteilhafter erwiesen hatte. Die britische Regierung hatte in der Vergangenheit allerdings sehr große Summen für die Gasbeleuchtung investiert und hielt daher stoisch daran fest. Solche Verhaltensweisen finden Sie bei nahezu allen politischen Großprojekten in jeder Epoche und in jeder Kultur.

Wer viel investiert, tut sich schwer, einen Irrtum einzugestehen. Deswegen würde der Papst auch dann noch trotzig an Gott glauben, wenn seine Existenz von der Wissenschaft eindeutig widerlegt werden würde.

Das gilt selbst für viele angeblich so skeptische Wissenschaftler. Galileo weigerte sich standhaft, Keplers nachgewiesene Hypothese, dass der Mond die Gezeiten verursacht, anzuerkennen. Leibniz lehnte strikt das Newton'sche Gravitationsgesetz ab. Newton wiederum glaubte fest daran, dass die Erde 6000 Jahre alt ist. Die willkürliche Behauptung der Kirche überzeugte ihn in diesem Fall mehr als die rationalen Beweise seiner Wissenschaftskollegen. Von Max Planck ist der weise Satz überliefert: «Neue wissenschaftliche Ideen setzen sich nicht deswegen durch, weil ihre Gegner überzeugt werden. Sie setzen sich durch, weil ihre Gegner aussterben.»

Wir alle schustern uns gerne unsere eigenen Wahrheiten zurecht. Zumindest, wenn wir geistig gesund sind. Erstaunlicherweise sehen depressive Menschen die Realität oft viel realistischer, klarer und unvoreingenommener als nichtdepressive. Vielleicht sollten wir bei der Suche nach Projektmanagern für den nächsten Flughafenbau lieber in Psychiatrien gucken. Denn physische Gesundheit geht oft mit Selbstüberschätzung einher. Bei ausnahmslos allen. «Das Buch dieses gutaussehenden Philosophen – das lese ich jetzt!», sagte meine Frau vor einiger Zeit zu mir. Und nahm es mit in den Urlaub. Seit mittlerweile sieben Jahren. Man schätzt, dass 30 Prozent aller «Wer bin ich und wenn ja wie viele»-Exemplare inzwischen einen Vielfliegerstatus haben.

Fragt man Führungskräfte, ob sie bereit wären, Personen einzustellen, die bedeutend intelligenter sind als sie selbst, antworten die meisten: «Im Prinzip schon, aber unglücklicherweise gibt es davon ja keine.»

Die Wahrscheinlichkeit, dass in den USA ein Start-up die ersten fünf Jahre überlebt, beträgt etwa 35 Prozent. Die Unternehmensgründer selbst schätzen ihre Erfolgsaussichten locker auf das Doppelte. Ein Phänomen, das in der Sozialpsychologie als «Above-Average-Effekt» bekannt ist. 90 Prozent aller Autofahrer halten sich für überdurchschnittlich gute Fahrer. 80 Prozent aller Menschen halten sich für überdurchschnittlich intelligent. Manche sind sogar davon überzeugt, sie könnten aktiv den Zufall beeinflussen. Sie glauben, die Wahrscheinlichkeit eines Losgewinns würde steigen, wenn sie die Lose persönlich zögen.

Der große Physiker Richard Feynman warnte stets davor, sich selbst zu betrügen. Denn sich selbst betrügt man am leichtesten. Ich war immer davon überzeugt, dass mein Gehirn mit Abstand das tollste Organ meines Körpers sei. Bis ich mich eines Tages fragte: Moment mal, *wer* sagt mir das eigentlich?

Die unangenehme Wahrheit ist: Der Besitz unseres Gehirns stört uns, es zu verstehen. Denn es versucht im Zweifel alles, um unsere mühsam aufgebauten Weltbilder und Einstellungen aufrechtzuerhalten. Selbst wenn sie noch so absurd sind. Jeder zweite Westdeutsche glaubt laut einer Umfrage an Wunder. Eine Zahl, die sich ziemlich genau mit der aktuellen Wahlbeteiligung deckt.

Fällt dann das Kartenhaus unserer Überzeugungen in sich zusammen, holen wir einfach ein zweites Deck aus dem Schrank und bauen dasselbe wacklige Konstrukt mit den neuen Karten wieder auf.

Der Grad unserer Selbstüberschätzung korrespondiert oft mit dem Grad unserer Inkompetenz. Menschen, die sich fachlich mit einer Sache sehr intensiv beschäftigt haben, wissen einerseits mehr über diese Sache als andere; andererseits – und das ist viel entscheidender – kennen sie auch das Ausmaß ihrer eigenen Unwissenheit viel besser. Aus diesem Grund halten sich Anfänger und Amateure viel schneller für Experten als Experten. Das kann man wunderbar in zahllosen Talkshows beobachten: Abend für Abend erklären uns Schauspieler oder alternde Popstars im Brustton der Überzeugung, warum dem Elektroauto die Zukunft gehört, wie man Afrika rettet oder dass der Mindestlohn die Wirtschaft ankurbelt. Das ist ungefähr so, als ob mir mein Steuerberater erklären würde, wieso mein Auto diese komischen Geräusche macht. Auch Politiker, bei denen es im Zahlenraum unter zehn nicht ganz so flüssig läuft, sind sich in komplizierten ökonomischen Fragen meist viel sicherer als Ökonomen und Mathematiker. «Von nichts sind wir fester überzeugt als von dem, worüber wir am wenigsten Bescheid wissen», sagte der Philosoph Michel de Montaigne schon in der Renaissance. Und der große Humanist Dieter Bohlen legte keine 500 Jahre später nach: «Das Problem ist – mach einem Bekloppten mal klar, dass er bekloppt ist ...»

Was sowohl Bohlen als auch de Montaigne meinten: Bekloppte sind so dermaßen bekloppt, dass sie keinerlei Vorstellung über das Maß ihrer Bekloppheit haben. Das ist auf eine skurrile Weise in sich logisch. Ohne ein gewisses Maß an Intelligenz hat man keine Chance zu erkennen, wie doof man ist. Ein intellektueller Teufelskreis.

Dieses Phänomen ist als «Dunning-Kruger-Effekt» bekannt. 1999 ließen die Psychologen David Dunning und Justin Kruger an der Cornell University eine Reihe von Intelligenz- und Kognitions-Tests von ihren Studenten durchführen. Es zeigte sich: Diejenigen Studenten, die die schlechtesten Testergebnisse erzielten, waren gleichzeitig am unfähigsten, ihre eigene Leistung korrekt einzuschätzen. Zu wissen, wie kompetent man ist, erfordert offenbar dieselben Fähigkeiten, die man benötigt, um wirklich kompetent zu sein.

Mangelnde Intelligenz gepaart mit fundamentalem Unwissen ist demnach die häufigste Ursache für katastrophale Fehleinschätzungen. Haben Sie schon einmal eine Mail aus Nigeria bekommen, in der Ihnen folgendes Problem geschildert wird? Das nigerianische Energieministerium muss 320 Millionen Dollar auf ein deutsches Konto transferieren, hat aber blöderweise

ZUKUNFT: Irrationalität

niemanden, der das Geld annehmen kann. Deswegen fragt es Sie, ob Sie das Geld bei sich parken können. Als Dank stellt man Ihnen eine üppige Provision in Aussicht. Sie müssen vorab lediglich läppische 1000 Euro für Notargebühren und Transferkosten überweisen.

Vielleicht fragen Sie sich, weshalb die Macher solcher Spam-Mails eine so unfassbar hirnverbrannte Anfrage verschicken, auf die nur komplette Vollidioten hereinfallen können? Genau das ist der Trick an der Sache! Diese Mails gehen an Millionen von Internetnutzern. Wäre ihr Inhalt eleganter, klüger und professioneller formuliert, würden eine Menge Leute auf die Mail antworten, um sich über Modalitäten und Details zu informieren. Im Laufe der Konversation kämen die meisten dahinter, dass es sich um Betrüger handeln muss. Nur die echten Vollpfosten greifen zu. Aber genau *die* greifen auch zu, wenn der Text so bescheuert verfasst ist wie oben. Je dämlicher die Mail, desto weniger Zeit müssen die Macher drauf verwenden, sich mit Halbirren herumzuärgern, die irgendwann sowieso wieder abspringen. Eine geniale Idee, die auf subtile Weise Streuverluste minimiert. So gesehen gönne ich den «Nigerianern» jeden Cent.

Das bedeutet jedoch keinesfalls, dass ein hohes Maß an Wissen und Bildung vor Fehleinschätzungen schützt. Mitnichten. Auch intelligente Menschen sind problemlos in der Lage, den absurdesten Blödsinn zu glauben: Es gibt Gynäkologen, die glauben an Jungfrauengeburt. Krebsforscher rauchen. Und wenn das ehemals winzige Muttermal auf unserem Arm plötzlich die Umrisse von Kasachstan annimmt, holen wir uns eine Flasche Bier aus dem Kühlschrank und hoffen, es würde umso gutartiger werden, je weniger wir es beachten. Inzwischen kann man sich in bestimmten akademischen Kreisen kaum noch unterhalten, ohne dass nach zehn Minuten über Homöopathie, Wassergedächtnis, NLP oder Quantenheilung gesprochen wird.

231

«Und du glaubst wirklich an gar nichts?», fragen mich die Leute bei solchen Gelegenheiten immer. «Also nicht mal an so was wie Hufeisen?» – «Doch doch», antworte ich dann, «aber nur bei Pferden!»

Gleichzeitig ist ein gewisses Maß an Selbstüberschätzung auch eine starke Triebfeder. Sie lässt uns an uns selbst glauben, positiv und hoffnungsfroh in die Zukunft blicken und blendet mögliche Gefahren und Risiken aus, wie etwa die Erfolgsstory von Christoph Kolumbus eindrücklich zeigte.

Der amerikanische Evolutionsbiologe Robert Trivers ist sogar der Ansicht, dass uns die Fähigkeit zum Selbstbetrug einen evolutionären Vorteil verschafft hat. Wer sich in der Frühzeit selbst überschätzte, stellte sich im Zweifel auch selbstbewusst vor eine herannahende Mammutherde. Okay, viele von diesen Hasardeuren sind umgekommen, aber einige haben den Sieg davongetragen und damit das Überleben der gesamten Horde gesichert. Das gilt noch heute. Wer felsenfest davon überzeugt ist, ein toller Hecht zu sein, kann das seinen Mitmenschen meist sehr glaubhaft vermitteln und kommt mitunter wirklich schneller ans Ziel. Genau das konnten James Fowler und sein Kollege Dominic Johnson von der University of California in San Diego mit Hilfe eines spieltheoretischen Modells zeigen. In einer Reihe von Versuchen wiesen sie nach, dass in vielen Fällen Selbstüberschätzung wie eine selbsterfüllende Prophezeiung funktioniert und der jeweiligen Person einen größeren Erfolg bescherte.

Ein gewisses Maß an Irrationalität steckt in jedem. Wir Menschen sind lebende Widersprüche. Die einen predigen Wasser und trinken Wein. Andere predigen Wein und trinken Wasser. Und wieder andere trinken ausschließlich Wein. Millionen von uns verhalten sich auf eine Weise, von der sie wissen, dass sie ganz schön bescheuert ist. Wir rauchen, saufen, fahren Motorrad oder kaufen Hedgefonds. Manche heiraten sogar. Warum?

Weil wir es tun wollen. Es macht uns Spaß, gibt uns einen Kick oder ist einfach nur eine Flucht vor der Realität. Zwischen Wissen und Handeln liegen nicht selten Lichtjahre. Denn unser Hirn rechnet nicht, es will sich einfach nur wohl fühlen. Das führt zu Alkoholsucht, Musikhören und Finanzkrisen.

Würde es rechnen, würde es nur den Naturgesetzen und den Regeln der Mathematik gehorchen, wären wir nichts weiter als eine Maschine – ohne Emotionen, ohne Versuchungen, ohne kognitive Dissonanz, Glaube und Selbstbetrug. Wir würden funktionieren. Aber es gäbe keinen Raum für verrückte Ideen, für Illusionen und für Neues. Unsere Irrationalität ist das Geheimnis unserer Kreativität und Phantasie. Es ist unsere Unvernunft, die darauf besteht, dass nicht wir uns der Welt anpassen, sondern die Welt sich gefälligst uns anpassen soll. Deshalb hängt jede Art von Fortschritt in hohem Maße von unserer Irrationalität ab. Oder wie es Ludwig Wittgenstein treffend formulierte: «Wenn die Menschen niemals etwas Dummes täten, geschähe auch nichts Vernünftiges.»

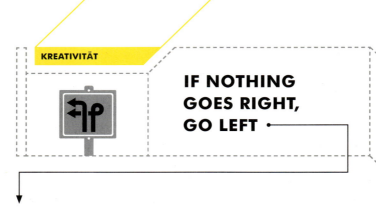

KREATIVITÄT

IF NOTHING GOES RIGHT, GO LEFT

Warum sind Computer nicht kreativ? Wieso haben *Pentium*-Prozessoren so wenig Phantasie? Weil sie Rechenmaschinen sind. Aber Kreativität basiert auf Unberechenbarkeit. Phantasie ist überraschend und nicht kalkulierbar.

In meinem Bühnenprogramm «Evolution» zeige ich ein Foto, das mir ein Fan zugeschickt hat. Zu sehen ist die Fassade einer kleinen Schlosserei. Rechts an der Wand befindet sich ein großes Holzkreuz mit einer angenagelten Christusfigur. Daneben hängt das Logo der Schlosserei, darunter die Aufschrift «Befestigungstechnik».

Immer wenn ich das Bild zeige, lachen die meisten Zuschauer aus vollem Hals. Aber es gibt auch einige, die das Bild geschmacklos und blasphemisch finden. In einem jedoch sind sich alle einig: Da war ein echter Querdenker am Werk! Querdenker verweigern Konventionen und haben Spaß an neuen Ideen. Sie denken um die Ecke, denken neu und im Zickzackkurs – quer eben! Damit sind sie Motor für Fortschritt und Innovation. Das gefällt nicht immer allen.

Vor einigen Jahren warb eine relativ unbekannte Autovermietung mit dem Bild eines verbeulten Porsche und dem dazugehörigen Text: «*Sixt* vermietet auch an Frauen.» Der Firmeninhaber erhielt daraufhin unzählige Protestbriefe von erbosten Damen, die er alle mit einem persönlichen Entschuldigungsbrief beant-

1886

wortete. Die provokante Aktion steigerte die Bekanntheit des Unternehmens immens und war der Beginn des Aufstiegs des *Sixt*-Konzerns.

Die ausführende Agentur *Jung von Matt* beschreibt die Werbetaktik für *Sixt* mit einer Metapher aus dem Motorsport. Dort gibt es die sogenannte Ideallinie. Auf ihr kann man den Kurs am sichersten und schnellsten umfahren. Entscheidender Nachteil: Jeder nutzt sie. Auf der Ideallinie kann man nicht überholen. Wer vorbei möchte, muss sie verlassen und in die Kampfzone ausweichen. Dort geht es riskanter und dreckiger zu. Wer also etwas Überraschendes kreieren möchte, wer auf neue Gedanken kommen will, der muss wohl oder übel weg von der Ideallinie. Er muss querdenken.

Bedauerlicherweise wird uns diese Fähigkeit nirgendwo beigebracht. Schon sehr früh lernen wir in der Schule, dass man dann eine gute Note bekommt, wenn man schön auf der Ideallinie bleibt und vorformulierte Fragen richtig beantwortet. Unser Bildungssystem bringt jungen Menschen vor allem bei, was sie alles wissen müssen, und fragt dieses Wissen stupide ab. Fehler werden gnadenlos bestraft. Wir bekommen eine Eins, wenn wir keine Fehler machen.

Doch das, was heute richtig ist, kann sich schon morgen als komplett falsch erweisen. «Ich denke, dass es einen Weltmarkt für vielleicht fünf Computer gibt», sagte *IBM* im Jahr 1943. «Wer zum Teufel will Schauspieler sprechen hören?», tönte *Warner Brothers* 1927. «Ich werde niemals wieder heiraten», war sich George Clooney 1993 sicher.

Meist sind es nicht die richtigen Antworten, die uns weiterbringen, sondern kluge Fragen. In den achtziger Jahren erhielt der Golfprofi Jack Nicklaus den Auftrag, auf Grand Cayman einen 18-Loch-Golfplatz anzulegen. Unglücklicherweise ist die Insel viel zu klein, um einen Platz dieses Ausmaßes zu bauen. Wie also konzipiert man einen 18-Loch-Golfplatz auf einer Insel mit der Dimension einer Telefonzelle? Unmöglich. Jack Nicklaus dagegen stellte eine andere Frage: «Was muss ich verändern, damit ich einen 18-Loch-Golfplatz mit der Dimension einer Telefonzelle bespielen kann?» Er dachte nach und entwickelte einen speziellen Cayman-Ball, der bei gleicher Schlagkraft nur halb so weit fliegt. Clevere Frage, brillante Antwort!

Die cleversten Fragen stellen Kinder. Als mein Neffe acht Jahre alt war und im Fernsehen zufälligerweise einen Bericht über die Todesstrafe in den USA aufschnappte, fragte er mich: «Was passiert eigentlich, wenn der Mann auf dem elektrischen Stuhl ungepopptes Popcorn in den Mund nimmt?»

Kinder haben deswegen so schräge Gedanken, weil sie unvoreingenommen an Probleme herangehen. Und weil sie schamlos sind. Sie unterhalten sich über Kacke, lachen über Pupse und laufen mit rotzverschmierten Gesichtern durch die Gegend. Sie haben mit Konventionen nichts am Hut. Kindliche Kreativität ist nicht süß, sondern anarchistisch und nicht selten brutal. Wenn Sie das nicht glauben, dann geben Sie Ihrem Fünfjährigen ein Brennglas und setzen Sie ihn vor eine Ameisenspur.

Kinder sind egoistisch, unkultiviert und habgierig. Aber gleichzeitig legen sie einen entzückenden Einfallsreichtum an den Tag. Sie drehen jeden Stein um, um zu sehen, ob sich darunter Ameisen, Spinnen oder Asseln befinden. Erwachsene tun das nicht mehr. Sie glauben zu wissen, was unter den Steinen ist. Doch je mehr wir glauben zu wissen, umso mehr leiden unsere Neugier und unser Forschergeist.

Albert Einstein hat gesagt: «Ich habe mich geistig derart langsam entwickelt, dass ich erst als Erwachsener anfing, mich über Raum und Zeit zu wundern.» Und diese kindliche Herangehensweise an wissenschaftliche Fragestellungen half ihm offenbar, um etwas derart Unkonventionelles wie die Relativitätstheorie zu entwickeln. Seine genial einfach gestellte Kinderfrage «Wie sähe die Welt aus, wenn ich auf dem Rücken eines Lichtstrahls reiten könnte?» legte den Grundstein für eine der revolutionärsten Erkenntnisse der Wissenschaftsgeschichte.

Gute Fragen sind subversiv, fantasievoll und unbequem, ihre Beantwortung ist unvorhersehbar und eröffnet neue Perspektiven. Stellen Sie sich eine gute Frage, und sie wird Sie an Orte bringen, an denen Sie feststellen werden, dass Sie dort allein sind. Warum habe ich eigentlich geheiratet?, könnte so eine Frage lauten. Oder auch: Wäre die Welt eine gerechtere, wenn alle gleich viel hätten? Welche Prinzipien würden Sie für den zehnfachen Monatslohn über den Haufen werfen? Würden Sie Gott weniger ernst nehmen, wenn er Sächsisch spräche?

Unser heutiges Bildungssystem stammt aus dem 18. und 19. Jahrhundert und ist ähnlich konzipiert wie eine Dampfmaschine: Man stopft oben etwas rein, und unten kommt etwas heraus. Es wurde geschaffen, um während der industriellen Revolution die ökonomischen Interessen zu bedienen. Aus dieser Epoche stammen heute noch unsere Lehrpläne. Ein standardisiertes Einheitsmenü aus Lesen, Rechnen und Schreiben. Jahreszahlen, Vokabeln, binomische Formeln. Außergewöhnliche Blickwinkel und Regelbrüche sind im Lehrplan nicht vorgesehen. «Vince ist sehr neugierig und stellt oft komische Fragen», sagte mein Klassenlehrer beim Elternabend zu meiner Mutter. Ich glaube, das hat sie damals etwas beunruhigt.

Schauen Sie sich diese Zahlenreihe an und überlegen Sie, nach welcher Regel diese Reihe aufgebaut sein könnte:

2   4   6   8   ?

Welche Zahl kommt als Nächstes? Haben Sie eine Vermutung? Also, wie lautet die Regel?

Ich stelle diese kleine, einfache Aufgabe gerne bei meinen Vorträgen. Die meisten Zuhörer antworten: «Ach, das ist doch einfach! Die nächste Zahl in der Reihe muss um zwei größer sein als die vorherige.» Doch das ist nur eine von mehreren Lösungen! Die Zahlenreihe kann nämlich auch so aussehen:

2   4   6   8   9

Denn die Regel, die ich im Kopf habe, lautet: Die nächste Zahl muss einfach nur größer sein als die vorherige. Der Gag an der Sache ist folgender: Um die Regel herauszufinden, hätten Sie die offensichtliche brechen müssen. Doch die meisten Zuhörer rufen auf die Frage nach der nächsten Zahl: 10! Wir lieben die 10. Die 10 ist perfekt. Weil sie so schön ins Muster passt. Man nennt das «Bestätigungstendenz». Wir haben eine starke Abneigung dagegen herauszufinden, dass wir uns eventuell getäuscht haben könnten. Doch genau dieser Regelbruch führt uns zu neuen, überraschenden Erkenntnissen.

Wahrscheinlich hätte man in der Schule auch nur für die 10 eine Eins bekommen, denn unser Schulsystem belohnt tendenziell Konformität und Anpassung. Aus diesem Grund werden Einserschüler selten Unternehmer, Künstler oder Erfinder. Sie machen lieber innerhalb eines Konzerns Karriere.

Vermutlich sind deswegen viele der brillantesten und innovativsten Menschen, die wir kennen, Schulversager gewesen. Thomas Mann, Winston Churchill oder Steve Jobs fielen durch das schulische Raster. Der britische Milliardär Richard Branson ist Legastheniker. Genau wie der *Ikea*-Gründer Ingvar Kamprad, Salvador Dalí und Walt Disney. Selbst Johannes Gutenberg hatte eine starke Leseschwäche. Und *der* Mann erfand immerhin den modernen Buchdruck!

Die Kreativitätsforscher George Land und Beth Jarman lie-

ßen vor einigen Jahren Fünfjährige einen Test absolvieren, der ursprünglich von der NASA entwickelt worden ist, um innovative Ingenieure und Entwickler ausfindig zu machen. Der Test lautete: «Finde möglichst viele Verwendungsmöglichkeiten für Ziegelsteine.» Diese simple Frage misst das divergente Denken, also die Fähigkeit, möglichst viele Antworten zu finden. Und das geht nur, wenn die Antworten immer schräger, unorthodoxer und origineller werden. Divergentes Denken hebelt die Regeln des logisch-linearen Denkens, das in unserem Bildungssystem hauptsächlich gelehrt wird, aus.

Die Fünfjährigen schnitten durch die Bank großartig ab. 98 Prozent schafften es in die Kategorie «hochgradig kreativ» und würden damit sofort einen Job bei der NASA bekommen, wenn ihre Eltern nicht der Meinung wären, sie sollten erst mal die Schule absolvieren. Bei Zehnjährigen lag die Quote nur noch bei 30 Prozent. Erwachsene über 25 lagen bei zwei Prozent.

Ein gutes Bildungssystem sollte Schülern meiner Ansicht nach weniger beibringen, *was* sie denken sollen, sondern *wie* sie denken sollen. Ein gutes Bildungssystem stellt Fragen und gibt keine vorformulierten Antworten. In meiner Schulzeit gab es Bewertungen in Kategorien wie Ordnung, Fleiß, Mitarbeit und Betragen. Inzwischen wären andere Kategorien wichtiger: Kreativität, Originalität, Neugier. Und ganz wichtig: Sinn für Humor. Denn Humor war schon immer die Mutter des Querdenkens.

- Was war der Hauptindustriezweig der Afghanen? – Hunde und Drogen.
- Wie bezeichnet man einen Menschen, der für seinen Glauben stirbt? – Tot.
- Nenne fünf Tiere, die in Afrika leben. – Drei Löwen und zwei Giraffen.

- Löse folgende Gleichungen und beeindrucke mich. – Es ist nicht meine Motivation, anderen Menschen zu imponieren.

Diese sehr lustigen Antworten auf Prüfungsfragen stammen allesamt von Schülern, die echten Humor haben – und die darüber hinaus extrem kreativ sind. Leider aber auch extrem selten. Selbst Studiengänge, früher noch am ehesten Orte des kreativen Denkens, sind inzwischen durchökonomisiert und auf Effizienz getrimmt. Im Studium kommt derjenige voran, der sich nicht ablenken lässt, der fleißig und angepasst ist. Man schüttet sich mit Instant-Wissen voll, und in der Bachelor-Prüfung geht es vor allem darum, schön durch den Reifen zu springen. In keiner Phase des Studiums werden die Studenten aufgefordert, auf Distanz zu gehen und darüber nachzudenken, was sie tun.

Dadurch züchtet man stromlinienförmige Rechenmaschinen heran, die zwar gut Antworten geben können. Im Fragenstellen sind sie aber ungeübt. Wenn diese Leute selbst Chef sind, heißt es allenfalls: Wie viel wird das kosten? Wer ist für dieses Problem verantwortlich? Muss ich denn alles selber machen? Wie häufig kann ich meine Mitarbeiter auswechseln, um die Kosten fürs Teambuilding zu sparen?

Vor 100 Jahren ist man in der Arbeitswelt relativ gut mit dem klassischen Mantra «Halte dich an die Regeln, arbeite dein Pensum ab und mach das, was dein Chef dir sagt» zurechtgekommen. Heute sind vollkommen andere Eigenschaften gefragt: Kreativität, Phantasie, Neugier und Experimentierfreude werden wichtiger. Und zwar nicht nur in Führungspositionen.

In Zukunft werden viele Berufe, die ein Softwareprogramm oder ein Roboter schneller und effizienter erledigen kann, über kurz oder lang durch diese erledigt werden: Buchhalter, Kassierer, Controller, Makler und – ja, auch Lokführer.

Vor einiger Zeit entdeckte Jürgen einen komischen Fleck auf

seinem Arm. Also setzte er sich drei Stunden an den Rechner und recherchierte. Dann ging er zum Arzt, schilderte ihm detailliert mit medizinischen Fachbegriffen sein Problem und stellte darüber hinaus eine korrekte Diagnose. «Sie wissen doch schon alles», sagte der Dermatologe mit einem ärgerlichen Schulterzucken. «Was wollen Sie eigentlich von mir?» – «Ein Rezept für eine Cortisonsalbe», sagte er. «Welche genau, hab ich Ihnen hier aufgeschrieben ...»

In Zukunft müssen wir uns fragen: Welche Leistung biete ich an, die nicht durch eine dreistündige Recherche im Internet oder durch Roboter ersetzbar ist? Hier kommen Kreativität und Innovation ins Spiel.

Nach einer Studie des Santa-Fe-Instituts beträgt die derzeitige durchschnittliche Lebenserwartung eines internationalen Unternehmens läppische 10 bis 14 Jahre. Also in etwa so viel wie die eines Hundes. Wenn Sie sich morgen einen Labrador-Welpen anschaffen, wird der wahrscheinlich die meisten Konzerne, die Sie kennen, überleben. Vielleicht sollten Sie für Ihre Altersvorsorge nicht in *Walmart-* oder *BMW*-Aktien investieren, sondern sich lieber an *Fressnapf* beteiligen.

Wer nicht permanent etwas Neues anbietet, läuft Gefahr, unterzugehen. Ähnlich der Evolution ist die Marktwirtschaft ein einziger, langer Zyklus von Leben und Sterben. Konzerne werden gegründet, wachsen und gehen wieder pleite. Die entstehende Lücke wird von anderen, kleineren Marktteilnehmern genutzt, die mit innovativen Ideen neue Unternehmen gründen. Eine Dynamik, die man genau so in der Natur beobachten kann. In der Tiefsee hängt das tierische Leben davon ab, wie viele Nährstoffe, vor allem in Form von Aas, aus den oberen Schichten hinabsinken. Pervers, aber wahr: Je mehr oben gestorben wird, desto größer ist die Kellerparty.

Meist setzen sich die kreativen Ideen durch. Kennen Sie die

Tintenfischart *Sepia apama*? Sie trifft sich einmal im Jahr zu einer riesigen Fortpflanzungsorgie in Südaustralien. Dabei nutzen die schwächeren Männchen einen genialen Trick: Sie wechseln in einer Art Travestie die Farbe und täuschen vor, ein Weibchen zu sein. Werden also vom Tinten- zum Tuntenfisch. Auf diese Art kommen sie unbemerkt an die streng bewachten Weibchen heran, nehmen ihre ursprüngliche Färbung an und paaren sich mit ihnen. In Deutschland heißt das «Kölner Karneval».

Einfallsreichtum und unorthodoxe Ideen können manchen mächtigen, aber phantasielosen Marktführer ziemlich in Schwierigkeiten bringen. Man schätzt, dass 80 Prozent aller erfolgreichen Produkte unkonventionelle Rekombinationen bereits bekannter Ideen sind. Die revolutionärsten Innovationen sind ein geniales Flickwerk aus alten Einzelteilen, die zufällig in der Garage rumlagen. Der USB-Anschluss wurde zwar bei *Intel* entwickelt. Aber als erstes erkannte ein Unternehmen namens *Apple* das Potenzial und baute ihn in die Computer ein. Die Computermaus gab es bereits 1979. Erfunden wurde sie beim Marktführer *Xerox*. Als Steve Jobs dieses komische Ding zum ersten Mal sah, wusste er intuitiv, dass einmal alle Computer so funktionieren werden. *Xerox* dagegen hat nie verstanden, was es da in den Händen hielt. Damit begann der Abstieg.

Die Kunst besteht offenbar darin, Bekanntes mit neuen Augen zu sehen, frische Einflüsse einzubringen oder bestehende Funktionen auf andere Einsatzgebiete zu übertragen. Johannes Gutenberg erfand die Druckerpresse, weil er aus Mainz stammte. Dort waren Weinpressen allgegenwärtig. In einem nüchternen Moment dachte er über die Grenzen des Fachs hinaus und konstruierte aus einem Gerät zur Herstellung von Alkohol den Wegbereiter der modernen Massenkommunikation. Kein Wunder, dass sein Fast-Namensvetter Guttenberg nach fast 600 Jahren immer noch von der Kopierfunktion fasziniert war.

Häufig sind es Branchenfremde und Außenseiter, die einem Unternehmen frische Impulse geben. Die Idee für das Scrollrad beim iPod hatte kein Techniker, sondern *Apples* Marketingchef. Der *Amazon*-Gründer Jeff Bezos war kein Buchhändler, sondern arbeitete ursprünglich an der Wall Street. Ronald Reagan war vor seiner Zeit als US-Präsident als Schauspieler tätig. Viele Europäer hielten ihn daher für einen ziemlich beschissenen Politiker. Die Amerikaner jedoch kannten seine Filme und waren froh, dass er das Metier gewechselt hat.

Leider ist nach wie vor für unbequeme Fragesteller und Spinner in den meisten Unternehmen kein Platz. Eine große Innovationsstudie von 2011 zeigt: In deutschen Unternehmen wird Kreativität nicht sonderlich gefördert. Querdenker gelten als Querulanten. Daher fehlen den meisten Unternehmen auch zukunftsweisende Ziele und Visionen.

Wer möchte schon in einem auf Effizienz getrimmten Unternehmen Leute haben, die permanent Abläufe hinterfragen und alle anderen mit ihren wirren Ideen nerven? Kreativität und straffe Organisationsstrukturen vertragen sich nicht gut. Laut einer Studie der Fernuniversität Hagen gehören zu den zehn favorisierten Eigenschaften eines Mitarbeiters u. a. Fleiß, Höflichkeit und Teamfähigkeit. Unterwünschte Eigenschaften: Selbstbewusstsein, Unbelehrbarkeit und Abweichung von Firmentrends.

Deswegen stellen Unternehmen lieber Ja-Sager und Anpasser ein und schicken sie einmal im Jahr auf ein Querdenker-Seminar, in dem sie aufgefordert werden, «mal so richtig über den Tellerrand zu schauen». Das ist lustig und harmlos und wird in der Gruppe meist als inspirierend empfunden – und weil es sich gut anfühlt, denken die Teilnehmer, es sei kreativ. Bullshit. Ihr Körper schüttet lediglich Endorphine aus. Das hat nichts mit Kreativität zu tun, sondern mit Hirnchemie. Wenn man Querdenken ausschließlich genießt, ist es oft nicht viel wert, denn wahre

Kreativität bedeutet immer Wandel, oft auch Zerstörung. Die dadurch entstehenden Irritationen sind niemals nur angenehm. Querdenken macht nicht per se Spaß. Es ist nichts, was man mit einem glücklichen Lächeln im Gesicht annimmt, sondern eine Kraft, die einem die eigene Begrenztheit und Unvollständigkeit vor Augen führt. Neben der Lust am kreativen Prozess löst echtes Querdenken bei den Beteiligten immer auch Unbehagen, Zweifel und Unsicherheit aus.

Mein Lieblingsbeispiel dafür ist der Automobilkonzern *General Motors*. Im Jahr 2007 hat die Unternehmensführung seine männlichen Fahrzeugdesigner in einem Workshop in Pumps und Frauenkleider gesteckt. Ziemlich unbehagliche Vorstellung, oder? Aber als die Männer in dem Fummel in ihre Autos einsteigen mussten, haben sie plötzlich eine Menge über die Komfortbedürfnisse ihrer weiblichen Kundschaft gelernt. Und wahrscheinlich auch ein bisschen über sich selbst. Angeblich laufen bis heute einige der Designer privat in den Kleidern herum.

Überhaupt sind in den USA Querdenker deutlich stärker gefragt. Den größten Aufwand betreibt in dieser Hinsicht *Google*. «Sie werden auf ein Fünf-Cent-Stück geschrumpft und in einen Mixer geworfen, der in einer Minute angeht. Was tun Sie?» Auf diese Art von Fragen sollten Sie vorbereitet sein, wenn Sie sich bei *Google* bewerben. Eine kluge Antwort darauf ist übrigens: «Ich springe einfach heraus.» Denn geschrumpfte Menschen wären unglaublich stark, da sich beim Schrumpfen das Volumen mit der dritten Potenz verringert, die Muskelkraft jedoch nur mit der zweiten Potenz. (Details dazu finden Sie in meinem letzten Buch «Bleiben Sie neugierig!».)

Die Gemeinsamkeit, die alle *Google*-Bewerbungsfragen verbindet: Man hat nur eine Chance, sie zu lösen, wenn man querdenkt. *Google* legt bei seinen Mitarbeitern größeren Wert auf divergentes Denken als auf «klassische» Intelligenz.

Wie aber hängen diese Faktoren zusammen? Der Psychologe Ellis Paul Torrance fand heraus: Man muss zwar intelligent sein, um kreativ werden zu können – das Gegenteil gilt jedoch nicht unbedingt. Es gibt eine Menge hochintelligente Menschen, die unfassbar unkreativ sind, aber kaum hochkreative Leute mit dem IQ eines Flussbarschs.

Blöderweise suchen die meisten Konzerne Mitarbeiter, die berechenbar funktionieren. «Wir suchen Querdenker», schreiben sie zwar in ihre Stellenanzeigen, meinen damit aber Leute, die «irgendwas mit nachhaltig und klimaneutral» machen. Verrückte Rulebreaker also, die den Hintergrund ihrer *Excel*-Listen farbig ausfüllen und am Berg auch mal im zweiten Gang anfahren.

Kein Wunder, denn der Laden wurde letztes Jahr von den Querdenkern von *McKinsey* durchstrukturiert. Die Arbeit läuft jetzt in Workflows und Prozessbahnen. Jeder Mitarbeiter ist Teil der Wertschöpfungskette. Die Zeit zum Nach-, Vor- und Querdenken ist wegoptimiert worden. «Ich will endlich was bewegen!», klagt der Querdenker. «Dann werden Sie doch Liftboy», antwortet der *McKinsey*-Mann.

Moderne Manager möchten erstens, dass alles reibungslos funktioniert, und zweitens, dass man ihnen nicht widerspricht. Da sind sie bei echten Querdenkern eindeutig an der falschen Adresse. Kreative Menschen benehmen sich im Allgemeinen nicht sonderlich gut. Wenn Sie zum Beispiel im Showgeschäft nach guten zwischenmenschlichen Beziehungen suchen – viel Spaß. Kreative sind oft narzisstisch, respektlos gegenüber Autoritäten und haben nicht selten ziemlich einen an der Klatsche. Sie sind nicht pflegeleicht, nett oder brav. Meist sind sie unzuverlässig, nicht teamfähig und sehr, sehr anstrengend. (Ich bin da natürlich eine totale Ausnahme. Ehrlich ...)

Eine junge Frau, nennen wir sie Rita, begegnet auf dem Begräbnis ihrer Mutter einem Mann, der ihr bisher vollkommen

1925

unbekannt ist. Sofort ist sie fasziniert von ihm und verliebt sich auf der Stelle unsterblich. Bevor sie ihn allerdings nach seinem Namen und seiner Telefonnummer fragen kann, verlässt er die Beerdigung. Auch den anderen Gästen ist der geheimnisvolle Fremde unbekannt, sodass Rita ihn nicht ausfindig machen kann. Zwei Wochen später bringt sie ihre Schwester um. Warum?

Ich stelle dieses Rätsel sehr gerne auf Partys nachts um halb zwei, wenn sich alle in der Küche versammeln. Und jedes Mal entsteht eine lebhafte Diskussion über Ritas Beweggründe.

Der Psychologieprofessor Kevin Dutton beschreibt in seinem lesenswerten Buch «Psychopathen», dass diese Geschichte Teil eines Testverfahrens ist, um psychopathische Persönlichkeiten zu identifizieren. Eiskalte Mörder, rücksichtslose Wirtschaftskriminelle oder abgebrühte Börsenzocker haben in der Regel keinerlei Probleme, Ritas Motivation für den Mord an ihrer eigenen Schwester zu erahnen. Die Lösung springt ihnen wie selbstverständlich ins Gesicht. Sie ist elegant, kreativ und extrem unorthodox. Aber auch ziemlich skrupellos. Die meisten meiner Freunde kamen zum Glück selbst nach längerem Nachdenken nicht auf die Lösung. Nur eine einzige Bekannte nannte wie aus der Pistole geschossen die richtige Antwort. Ich habe den Kontakt zu ihr abgebrochen. Irgendwie war sie mir schon immer suspekt gewesen.

Wenn wir das Wort «Querdenker» hören, denken wir normalerweise an nette, vielleicht etwas schrullige Nerds, die die Büroklammer, die doppelte Buchführung, die Zwölftonmusik oder den Kubismus erfunden haben. Doch auch die Attentäter des 11. September könnte man als «Querdenker» bezeichnen. Genauso wie viele Serienmörder. Die Foltermethode «Waterboarding» mag grausam sein, aber ihr Erfinder war mit Sicherheit kein Mensch, der in üblichen Mustern gedacht hat. Die Figur des Hannibal Lecter in «Das Schweigen der Lämmer» fasziniert uns gerade deswegen, weil sie vollkommen unkonventionelle Schlüsse zieht und auf eine bizarre, aber hochintelligente Art und Weise Regeln bricht. Trotzdem möchten wir mit solchen Typen nicht unbedingt einen dreiwöchigen Norwegen-Urlaub im Zweimannzelt verbringen.

Auch viele erfolgreiche Macher sind häufig gefährliche Irre. Richard Branson ist ein großes, pubertierendes Kind. Steve Jobs war ein charismatischer Choleriker, der Onkologen für Idioten hielt und seine Krebserkrankung lieber mit esoterischer Naturheilkunde bezwingen wollte. Vom Schraubenkönig Reinhold Würth sind legendäre Geschichten bekannt, wie er unterdurchschnittliche Vertriebsleute demütigte. Angeblich mit Negativ-Incentives. Der umsatzschwächste Mitarbeiter bekommt eine Woche Aufenthalt in Hannover spendiert. Aber nur bei schlechtem Wetter. Bei Sonnenschein wird abgesagt.

Vielleicht muss man diese schrägen Charakterzüge ertragen, wenn man es mit Querdenkern zu tun hat. Eine narzisstische Persönlichkeit zu haben hilft ungemein, wenn man von allen Seiten wegen einer neuen, unorthodoxen Maßnahme angefeindet wird. Ingvar Kamprad, Winston Churchill oder J. P. Morgan trafen zahllose Entscheidungen, die andere aus Furcht, Zweifel oder der Befürchtung, sie würden von allen anderen abgelehnt, niemals getroffen hätten.

In den USA ist es üblich, dass bei den Abschlussfeierlichkeiten eines Universitätsjahrgangs eine erfolgreiche Person eine «Commencement Speech» hält. Der Redner tritt mit einem albernen schwarzen Hut auf dem Kopf ans Pult und gibt den Absolventen ein paar entscheidende Ratschläge für ihr zukünftiges Leben mit auf den Weg. 2005 hielt Steve Jobs vor Stanford-Absolventen eine solche Commencement Speech. Was schon deshalb lustig ist, weil Jobs selbst nie einen Universitätsabschluss gemacht hat. Aber in Amerika ist man in solchen Dingen entspannter. Wäre Jobs in Deutschland aufgewachsen, hätte er ohne Schulabschluss allenfalls Außenminister werden können.

In seiner Rede erwähnt der *Apple*-Gründer unter anderem, dass er in der Schule einen Kalligraphiekurs belegt hat. Als er Jahre später Computer entwickelte, habe er sich plötzlich wieder an diesen Kurs erinnert und sich gefragt: Warum machen wir die Benutzeroberflächen von Computern eigentlich nicht schöner? Dieser Ansatz ist bis zum heutigen Tag das Erfolgsmodell von *Apple:* Hightech plus Ästhetik. Jobs nutzte sein zufällig erworbenes Wissen über Kalligraphie, verband es mit Computertechnologie, und das Ergebnis war etwas vollkommen Neues – ein einzigartiges Zusammenspiel von Technologie, Design und Vermarktung.

Steve Jobs' Botschaft an die Studenten war: Connect the dots! Verbindet die Punkte in eurem Leben! Besonders die, die im ersten Moment nicht zusammenpassen.

Das, was wir landläufig Kreativität nennen, basiert fast immer auf der Kombination von Dingen, die anscheinend nichts miteinander zu tun haben. Das erste Automobil war eine Kreuzung zwischen einem Fahrrad und einer Pferdekutsche. Das Telefon paarte sich mit dem Computer und brachte das Internet hervor. *Airbnb* ist eine kluge Kombination von Online-Reiseagentur, Social-Media-Plattform und dem guten alten Bed and Breakfast. In Leipzig sah ich neulich ein Matratzenfachgeschäft direkt neben einem *Beate-Uhse*-Shop. Seit Jahren kauft Valerie ihre Laufbekleidung bei *Tchibo*. Eines Mittags kam sie begeistert nach Hause und sagte: «Toll! Die verkaufen dort jetzt auch Kaffee!»

Wenn es um das Punkteverbinden geht, sind der Phantasie keine Grenzen gesetzt. Das Unternehmen *Sanifair* hat es sogar geschafft, der banalsten Tätigkeit überhaupt einen Glamourfaktor zu geben. Kacken als Event! Jedes Mal, wenn man müde und gestresst auf einer Autobahnraststätte haltmacht und nach dem

CONNECT THE DOTS

Verbinden Sie die Zahlen von 1 bis 57 und dann die Buchstaben von A bis K.

UND NICHT SCHUMMELN!

ZUKUNFT — Kreativität

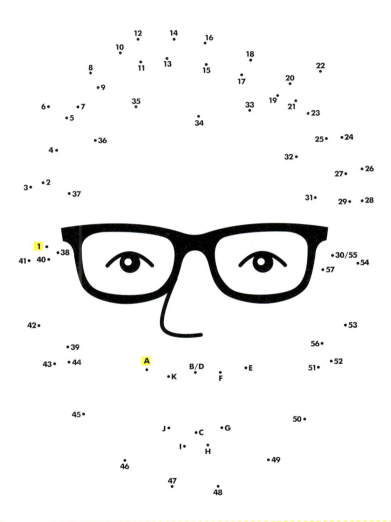

Einwurf von 70 Cent das magische Drehkreuz der Verdauung passiert hat, erwartet man keine banale Klofrau, sondern einen milde lächelnden buddhistischen Zen-Meister, der einen mit einer nepalesischen Klangschale zum selbstreinigenden Tiefspüler begleitet.

Auch mein Geschäftsmodell – die Kombination von Humor und Wissenschaft – basiert im Grunde auf dem «Connect the Dots»-Prinzip. Wobei ich der Meinung bin, dass guter Humor und gute Wissenschaft gar nicht so weit voneinander entfernt sind. In beiden Fällen muss man um die Ecke denken, Perspektiven wechseln und Dinge auf teilweise unorthodoxe Weise miteinander verknüpfen. Wahrscheinlich gibt es deswegen so viele Wissenschaftlerwitze. Ein Beispiel? Einstein, Pascal und Newton spielen Verstecken. Einstein zählt. Pascal versteckt sich, Newton jedoch bleibt einfach stehen und malt ein Quadrat um sich auf den Boden. Einstein dreht sich um und ruft: «Isaac, ich hab dich!» – «Nein», grinst Newton, «du hast Pascal: Die Kraft, die ein Newton auf eine Fläche von einem Quadratmeter ausübt.» Wissenschaftlerhumor muss man mögen ...

Wie bereits erwähnt, ist Spaß ein wesentlicher Faktor, um Menschen dazu zu bringen, Dinge neu, anders und «unkorrekt» zu verknüpfen. Humor missachtet die Grenzen des geradlinigen Denkens, schaltet vorübergehend das Programm für gesunden Menschenverstand aus und fährt stattdessen den Ideen-Zufallsgenerator hoch.

Humor ist destillierte Kreativität. Wenn Sie Ihr Geld mit Betteln verdienen, versuchen Sie es mal mit humorvollen Schildern: «Bin kein Alkoholiker, nehme aber Trinkgeld», «Jeder Wurf ein Euro», «Habe auf Telekom-Aktien gesetzt». Die oben bereits erwähnte Werbeagentur *Jung von Matt* hat diese Sprüche für ein unorthodoxes soziales Projekt entworfen. Die Obdachlosen, die sie benutzten, hatten tatsächlich über 30 Prozent mehr Umsatz.

Querdenken lohnt sich. Es ist vielleicht die einzige Kompetenz, die uns auf die Zukunft vorbereitet. Wer ständig seinen Horizont erweitert, wer Dinge tut, die neu und ungewohnt sind, vergrößert sein Handlungsrepertoire. Sie brauchen kein Überflieger zu sein. Oft reicht es, mehrere mittelmäßige Begabungen klug miteinander zu vermischen und dadurch etwas Einzigartiges zu schaffen.

Ich war weder ein brillanter Physikstudent noch ein erstklassiger Unternehmensberater, und was meine schauspielerischen Fähigkeiten auf der Bühne angeht ... na ja. Aber mir ist es gelungen, diese unterschiedlichen Fertigkeiten miteinander zu verknüpfen, und so habe ich mir einen Markt erarbeitet, den es vorher nicht gab. Dass ich heute als Kabarettist, Buchautor und Redner tätig bin, ist das Ergebnis von Fleiß, Zähigkeit und Risikobereitschaft – vor allem aber einer großen Portion Unberechenbarkeit. Ich habe eine solche Karriere nie geplant. Allerdings war ich immer offen für Neues, habe vieles ausprobiert und nach dem Ausschlussprinzip gehandelt: Finde heraus, was dir keinen Spaß macht – und lass es sein! Der verbliebene Rest ist die Summe dessen, wofür man brennt. Mit etwas Glück entsteht daraus eine Karriere. Und ohne Glück hat man wenigstens sein Blatt ausgereizt.

Natürlich ist diese Vorgehensweise keine Garantie dafür, glücklich, zufrieden und erfolgreich zu werden. Selbst *Apple* wäre wahrscheinlich nie so erfolgreich geworden, wenn Steve Jobs statt eines Kalligraphiekurses ein Bauchtanzseminar besucht hätte. Und was man nicht vergessen darf: Auch *Apple* hat trotz seiner vielen unorthodoxen Ideen und seiner Kreativität zig Flops produziert und stand mehrfach vor dem wirtschaftlichen Abgrund.

Andererseits zeigt die Geschichte: Auf jede noch so große Krise folgte in der Regel eine Phase des Überflusses, eine Phase, in der Kreativität und Phantasie aufblühen. Nach dem Massensterben der Dinosaurier vor 65 Millionen Jahren war der Platz frei für die Ära der Säugetiere. Die große Pestwelle im 14. Jahrhundert hatte denselben Effekt wie eine moderne Neutronenbombe. Sie tötete zwei Drittel der europäischen Bevölkerung, ließ aber deren Hab und Gut intakt zurück. Nach dem Grauen blieb ungeheuer viel Kapital übrig, das es den Überlebenden ermöglichte, aus dem Vollen zu schöpfen. Das blühende Zeitalter der Renaissance begann.

Krisen stellen immer einen Wendepunkt dar und damit ein Ende des Stillstands und den Beginn von Entwicklung. Das ist bei allem Unglück auch eine tröstliche Botschaft. Wir Menschen hassen Katastrophen: «Och, ich muss morgen meine Steuererklärung machen, da passt mir so'n Meteoriteneinschlag ganz schlecht.» Es mag grausam klingen, aber jede Tragödie hat immer auch positive Seiten. Die Architektur von Duisburg oder

> Was sagen Sie dazu?

Magdeburg würde durch einen Meteoriteneinschlag sogar eher noch profitieren.

Verbinden Sie also die Punkte in Ihrem Leben, und lassen Sie sich nicht von den vielen Angepassten und Ja-Sagern verunsichern – und erst recht nicht von den vielen Konformisten in unserem Bildungssystem. Man kann problemlos die Geschichte der Naturwissenschaften anhand von Artikeln erzählen, die von den Fachblättern *Science* und *Nature* abgelehnt worden sind. Unübliche Ideen und Innovationen scheitern viel häufiger am Nichtwollen als am Nichtkönnen. Der Drang nach Konsens ist zu verführerisch. Deshalb tragen viele große Errungenschaften am Anfang einen Stempel der Ablehnung. *Star Wars* wurde in Hollywood von allen Studios außer einem abgelehnt. Weder *AltaVista* noch *Yahoo* glaubten an den Suchalgorithmus, den Larry Page und Sergey Brin entwickelt haben.

Der Bildungsexperte Sir Ken Robinson erzählte zu diesem Thema eine nahezu unbekannte kleine Geschichte von Paul McCartney und George Harrison: Beide hatten – ohne dass sie damals voneinander wussten – in der Highschool den gleichen Musiklehrer. Dieser Lehrer hielt die zwei nicht für besonders musikalisch und gab ihnen schlechte Noten. Nochmal zum Mitschreiben: Dieser Lehrer hatte die Hälfte der Beatles unter seinen Fittichen und konnte nichts Außergewöhnliches an ihnen feststellen! Es hätte gut sein können, dass sich die beiden von ihrem Lehrer hätten so frustrieren lassen, dass sie statt einer Musikkarriere einen Job im Einwohnermeldeamt angenommen hätten (nichts gegen Einwohnermeldeämter, auch da geht es mitunter ganz schön flippig zu).

«Aber ich bin doch so schrecklich unkreativ», sagen Sie jetzt vielleicht. «Wie kann ich mich trotzdem fit für die Zukunft machen?» Erinnern Sie sich noch, was die Zuschauer im Improvisationstheater rufen, wenn sie nach einem Werkzeug, einem Beruf und nach einem Tier gefragt werden? Kreative Ideen hören sich irgendwie anders an, oder? Dasselbe gilt für freies Assoziieren. Wenn Sie 100 Menschen auf der Straße fragen, was ihnen zu «Grün» einfällt, antworten die meisten «Gras».

Die Psychologieprofessorin Charlan Nemeth von der Universität Berkeley untersuchte schon vor 30 Jahren, unter welchen Umständen Menschen originellere Antworten produzieren. Sie schmuggelte Schauspieler in eine Testgruppe. Dann wurden der Gruppe Bilder gezeigt, zu denen sie frei assoziieren sollten. Die Schauspieler waren angewiesen, die Bilder bewusst falsch zu beschreiben. Wenn ihnen zum Beispiel ein Bild von einem blauen Himmel gezeigt wurde, schwärmten sie fasziniert von der grünen Farbschattierung. Als Nemeth anschließend die richtigen Testpersonen bat, frei zu dem Bild zu assoziieren, kamen sie auf wesentlich kreativere und unorthodoxere Antworten.

Wir glauben immer, gute Ideen bräuchten Klarheit und Fokussierung. Nemeths Versuche jedoch zeigen, dass originelle Einfälle viel wahrscheinlicher in einer Umgebung entstehen, in der es Irritationen, Störfaktoren und Irrtümer gibt.

Warum lassen sich so viele kreative Menschen in Berlin nieder und nicht in Bergisch Gladbach? Weil in Berlin deutlich mehr Verrückte herumlaufen! Menschen mit exotischen Beziehungsmodellen, verschrobenen Geschäftsideen und grotesken Lebensentwürfen. Die Dynamik von Städten beruht auf dieser Vielfalt. Ein biologischer Organismus läuft umso träger und langsamer ab, je größer er wird. Ein Phänomen, das als «Kleibers Gesetz» in der Biologie bekannt ist. Aus diesem Grund ist eine Gazelle deutlich hektischer als ein Blauwal, insbesondere, wenn sich der Blauwal an Land befindet. Zum Beispiel in der Fußgängerzone von Bergisch Gladbach.

Geht es aber um Kreativität, Ideenreichtum und Innovationsfähigkeit, dann verhält sich die Sache genau umgekehrt. Der Physiker Geoffrey West fand heraus, dass eine zehnmal größere Stadt 17-mal innovativer ist als die kleine. Dabei maß er Dinge wie die Anzahl von Patenten, die Größe von Forschungsetats oder die Verbreitung schöpferischer Berufe. Eine 50-mal größere Stadt ist schon 130-mal innovativer. In der Physik nennt man ein solches Verteilungsgesetz «superlineare Skalierung». In einer größeren Stadt steigt also nicht nur die Gesamtzahl der Ideen, sondern auch der Ideenreichtum pro Person. Der Durchschnittsbürger einer Fünf-Millionen-Stadt ist dreimal kreativer als einer, der in einer Stadt mit 100 000 Einwohnern lebt. Von Bergisch Gladbach gar nicht erst zu sprechen.

Ballungszentren sind Umgebungen, in denen die wichtigste aller Ressourcen weitergegeben, neu verknüpft und kombiniert wird: Information! Oder wie es mein amerikanischer Freund und Regisseur Jim Libby ausdrückte: «The internet is for people who don't live in New York.»

In Berlin, New York oder Tokio kann jeder seinen Geschäften und Ideen nachgehen, aber die Stadt gehört allen. Sie ist vielfältig, bunt und mannigfaltig. Je größer die Stadt, desto wahrscheinlicher trifft man dort Künstler, Lesben, Krebsforscher, Playboys, Leihmütter, Erfinder, Liberale oder Start-up-Unternehmer. Manchmal sogar heterosexuelle Friseure. Und, ja: Selbstverständlich kann es auch im Odenwald richtig super sein. Wenn man auf Forstwirtschaft abfährt.

Besuchen Sie größere Städte. Und wenn Sie bereits in einer größeren Stadt leben, gehen Sie in ihr spazieren. Jedes Mal in einem anderen Viertel. Sprechen Sie mit fremden Menschen, tummeln Sie sich in Bars und Kaffeehäusern. Seien Sie offen, vernetzen Sie sich, verändern, recyceln und erfinden Sie sich neu. Werfen Sie jede Woche ein Weltbild über den Haufen. Erweitern Sie Ihren Horizont. Connect your dots!

1945

Kreative Menschen auszuhalten ist für das Umfeld sicherlich nicht leicht. Das beginnt, wie bereits erwähnt, schon in der Schule. Dort haben es Andersdenker von Anfang an schwerer, sich durchzusetzen. Oft fallen die Brillantesten von ihnen sogar durch das Raster. Rudolf Diesel hat gesagt: «Von 100 Genies gehen 99 unentdeckt zugrunde.»

Doch das dürfen wir nicht zulassen. Wir leben in einer Welt, die immer unberechenbarer und komplexer wird. Eines der wenigen Dinge, die wir dagegenhalten können, sind Kreativität und Phantasie. Die größten Talente offenbaren sich häufig an den Rändern des «Normalen» und finden sich an Orten, an denen man nie gesucht hat.

Ach ja … Sie wollen sicherlich den Grund für Ritas Mord an ihrer Schwester wissen, oder? Rita bringt ihre Schwester um, weil sie hofft, der unbekannte Mann würde bei der Beerdigung ihrer Schwester erneut auftauchen.

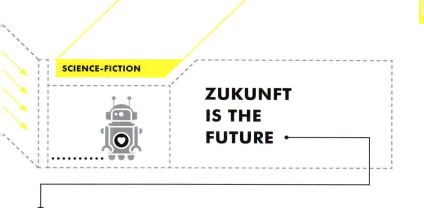

SCIENCE-FICTION

ZUKUNFT IS THE FUTURE

In den letzten 10 000 Jahren hat sich unsere Welt in einem Maße verändert wie nie zuvor. Wir erfanden Ackerbau und Viehzucht, gründeten Städte und betrieben Handel. Noch im Jahr 1500 lebten 500 Millionen Menschen auf der Erde. Heute sind es über sieben Milliarden. Damals hätten fünf moderne Containerschiffe die gesamte Fracht aller Handelsschiffe der Welt an Bord nehmen können. Unterdessen ist die Globalisierung so weit vorangeschritten, dass die Zwischenprodukte, aus denen ein *VW Golf* besteht, aus 15 verschiedenen Ländern stammen. Das Fleisch eines Doppel-Whoppers wahrscheinlich aus noch mehr.

Die Grenzen zwischen Konsument, Lieferant und Hersteller verschwimmen. *Ikea* zum Beispiel hat den Möbelaufbau an seine Kunden delegiert. Der Kunde ist zum firmeneigenen Handwerker geworden. Darüber hinaus hat der schwedische Möbelkonzern die Produktion bestimmter Komponenten Zulieferfirmen überlassen, die ebenfalls Kunden sind. Alles in allem funktioniert das super, bis auf ein kleines Problem: Es wird immer schwieriger zu entscheiden, wen man zur Weihnachtsfeier einladen soll.

Unser modernes Leben verwirrt uns in zunehmendem Maße. Wir sind die erste Generation Deutschlands, die bei einem *Soja Frappuccino Grande Latte Double Shot* in Frieden, Freiheit und Sicherheit von ganzem Herzen unglücklich sein kann. Weil wir nicht wissen, was wir haben, fragen wir uns immer wieder, was uns fehlt.

Obwohl wir bequemer und gefahrloser leben wie nie zuvor, steigt in unserer Gesellschaft der Stress. Wir sind zwar körperlich gesünder als unsere Vorfahren, aber psychisch gesehen brennt die Luft. Ein Blick in eine durchschnittliche Fußgängerzone bestätigt das: wenig Krücken, viele Irre.

Wohin wird das alles noch führen? Das ist natürlich eine rhetorische Frage. Wie ich mehrfach geschrieben habe, ist die Zukunft nicht berechenbar.

Kann man überhaupt etwas Fundiertes über die Zukunft sagen? Aber ja doch! Der zweite Hauptsatz der Thermodynamik besagt sinngemäß, dass es mit unserem Universum stetig und unaufhaltsam bergab geht. Die Griechen wissen, was das in etwa bedeutet. Andererseits besagt der dritte Hauptsatz der Thermodynamik: «Man kann den absoluten Nullpunkt niemals erreichen.» Und das ist doch eine tröstliche Vorstellung: Egal, wie beschissen es dir geht, es ist immer noch Luft nach unten.

Zwar bleibt laut Energieerhaltungssatz die gesamte Energiemenge, die vor 13,8 Milliarden Jahre beim Urknall freigesetzt wurde, zu allen Zeiten gleich, aber die *nutzbare* Energiemenge nimmt kontinuierlich ab und verwandelt sich langsam, aber sicher in eine nutzlose Energieform, die sogenannte Entropie. Unter Entropie versteht man das Maß der Unordnung. Eier zerbrechen, aber fügen sich nicht wieder zusammen. Ein Eiswürfel schmilzt und breitet sich dabei in alle Richtungen aus – aber niemals wird sich eine Wasserpfütze von selbst wieder in einen geordneten Eiswürfel formen.

Entropie ist eine der fundamentalsten und tiefsten Erkenntnisse in der Physik. Weil sie erklärt, warum die Zeit nur in eine Richtung abläuft. Der Übergang von Ordnung zu Unordnung gibt der Zeit eine Richtung. Von der Vergangenheit über die Gegenwart bis in die Zukunft. Die stetige Zunahme der Entropie erklärt schlichtweg den Ablauf aller Dinge: Geburt, Leben, Tod. Ausnahmslos alles in unserem Universum geht von Ordnung über zu Unordnung. Kurz nach dem Urknall war alles perfekt geordnet. Aber mit der Zeit wird unser Universum immer ungeordneter. Ein kurzer Blick in Ihre Abstellkammer gibt Ihnen eine ungefähre Vorstellung, wovon ich rede.

Zwar werden an vielen Orten im Weltall immer noch Sterne erschaffen, die unfassbar viel Energie erzeugen, aber das Universum in seiner Gesamtheit strebt unaufhaltsam einen Zustand der absoluten Gleichverteilung an. Schon in rund zehn Milliarden Jahren wird der größte Teil dessen, was wir heute am Himmel sehen, erloschen sein. Mit quälender Unausweichlichkeit wird die ewige Nacht über uns hereinbrechen. In ein paar hundert Milliarden Jahren wird es keinen einzigen Himmelskörper mehr geben, der noch Energie abstrahlt. Spätestens dann wird überall im Weltall dieselbe Temperatur vorherrschen. Dieser Zustand wird als «Wärmetod des Universums» bezeichnet. Ein Zustand, im dem alles vollkommen gleich verteilt ist und sich nichts mehr verändert. Dann endet alles. An diesem Punkt ergibt der Begriff «Zeit» keinen Sinn mehr. Denn Zeit ist definiert als Veränderung. Und wenn sich nichts mehr verändert, vergeht keine Zeit. Couch-Potatoes wissen, was ich meine.

Langfristig haben die vielen Zukunftspessimisten und Apokalyptiker also recht, wenn sie sagen: «Es kommt schlimm! Ganz schlimm!» Das ist thermodynamisch hundertprozentig abgesichert.

Wahrscheinlich ist deshalb auch der drohende Weltuntergang ein jahrtausendealter Dauerbrenner. Die meisten Bedenkenträger tummeln sich interessanterweise in unseren Breitengraden. Das ist kein Zufall. Schon immer mussten die nordischen Völker rechtzeitig für den Winter vorsorgen. Wer kein Brennmaterial, kein Trockenfleisch oder Salzfisch eingelagert hatte, hatte ein Problem. Das heißt: Die vorausschauenden Bedenkenträger haben überlebt – die fröhlichen Rambazamba-Typen, die sich gesagt haben: «Ach komm, so kalt wird's schon nicht werden», sind verhungert oder erfroren. Meist sogar beides gleichzeitig. Salopp gesagt haben wir uns unseren Wohlstand durch eine handfeste Dauerdepression erkauft. Wir sind reich, aber unglücklich. Völker, die in der Nähe des Äquators leben, laufen dagegen mit einem Dauergrinsen durch die Welt. Das liegt nicht unbedingt nur an dem Zeug, das sie sich jeden Tag reinpfeifen. In Äquatornähe gab es schon immer das ganze Jahr über reichlich zu essen. Folglich haben sich dort die eher sorglosen Typen durchgesetzt. Man lebt von der Hand in den Mund und sagt sich: «Don't worry, be happy!»

Mit einer solchen Haltung können wir im Norden schlecht umgehen. Wahrscheinlich fürchten wir uns deswegen auch so sehr vor dem Klimawandel. Wenn in Wuppertal, Emden und Landshut irgendwann Mangos und Papayas wachsen und uns die Sonne auf den Bauch scheint – wohin sollten wir dann mit unserer schlechten Laune?

In dem Buch «Per Anhalter durch die Galaxis» gibt es eine schöne Geschichte dazu: Das hysterischste Bevölkerungsdrittel des Planeten Golgafrincham bestieg aus Angst vor einem drohenden Weltuntergang ein Raumschiff und flog auf der Suche nach einer neuen Heimat durch das Universum. Der Gag an der Sache war: Es gab auf Golgafrincham keinen Weltuntergang. Der wurde nur erfunden, damit man die nervigen Miesmacher loswurde. Es hat geklappt! Golgafrincham war mit einem Mal frei von Politikern, Versicherungsvertretern und Klimaforschern. Die Typen in der Arche fanden übrigens einen neuen Heimatplaneten. Vor zwei Millionen Jahren landeten sie auf der Erde.

Es ist schon komisch. Unzählige Generationen vor uns haben sich abgemüht, dem Leben mehr abzutrotzen als das Allernotwendigste. Und nur einige Jahre in Wohlstand und Überfluss genügen, um im Erreichten nicht Glück zu sehen, das man steigern kann, sondern nur heillose Angst zu empfinden, wir könnten unsere Erde an die Wand fahren.

Was den wenigsten klar ist: Einen voll ausgestatteten Planeten planmäßig in Schutt und Asche zu legen, ist ein nahezu aussichtsloses Unterfangen. Auf dem Höhepunkt des Kalten Krieges hatten die USA und Russland rund 30 000 Atombomben angehäuft. Zusammengenommen hätte die Sprengkraft dieser Raketen aber nur einen Bruchteil von der des Meteoriteneinschlags betragen, der vor 65 Millionen Jahren die Dinosaurier ins Nirwana befördert hat. Okay, okay. Ich gebe zu, schon eine einzige Atombombe kann einem den Tag ziemlich versauen, aber aus eigener Kraft ist die Menschheit wohl nicht in der Lage, sich komplett auszulöschen. Ökologische Katastrophen gab es immer. Nur hießen die früher nicht «Tschernobyl», sondern «Vulkanausbruch»: Der Mount St. Helen setzte 1980 mehr radioaktive Isotope frei als der russische Super-GAU.

Das ist natürlich keine Entschuldigung dafür, mit seinem alten *VW Golf* einen Ölwechsel im Naturschutzgebiet vorzunehmen oder ein Speedboot-Rennen neben einer Robbenkolonie auszutragen. Aber selbst bei größtmöglicher Vorsicht richten wir Menschen Schaden an. Doch das tut ein Wirbelsturm auch. Solange es uns Menschen gibt, werden wir Ressourcen verbrauchen. Das ist gerade der Gag von «Leben». Sobald irgendein Lebewesen auf diesem Planeten existiert, verbraucht es Ressourcen. Termiten erzeugen Methan, die den Treibhauseffekt verstärken; Heuschrecken fressen ganze Wälder leer; Hunde kacken auf den Teppich. Das ist nicht nachhaltig. Leben bedeutet Stoffwechsel. Und Stoffwechsel verbraucht Energie. Und Energieverbrauch ist nicht nachhaltig. Nachhaltigkeit ist Voodoo. Es gibt keine Nachhaltigkeit. Tote Materie ist nachhaltig.

ATOMKRIEG

Weit über 99 Prozent aller Arten, die jemals auf diesem Planeten gelebt haben, sind inzwischen ausgestorben. Das waren nicht alles wir!

WELCHE KATASTROPHE FÜRCHTEN SIE AM MEISTEN?

VULKANAUSBRUCH

Der Großteil der Umweltsünden lief ökologisch korrekt ab. 100 Prozent bio, sozusagen.

Wir können die Welt nicht retten. Aber wir können sie genauso wenig komplett zerstören. Die landläufige Befürchtung, wir wären fähig, uns selbst und alles Leben um uns herum auszurotten, ist nichts weiter als der Größenwahn der Depressiven. Wenn uns etwas vernichten wird, dann ist es die Natur selbst. Ein erneuter Meteoriteneinschlag, ein verheerender Sonnensturm oder eine weltweite Pandemie.

ALIEN-INVASION

Bis dahin müssen wir uns wohl oder übel weiter durchwurschteln. Und zwar nicht, indem wir utopische Pläne zur Rettung der Welt spinnen, sondern indem wir uns auf kleine, erreichbare Lösungen konzentrieren: die Vergabe von Mikrokrediten, die Verteilung von Kondomen in Aids-Gebieten – oder auf Betriebsfesten.

Die großartigsten Dinge auf diesem Planeten wurden ohnehin nicht deswegen geschaffen, weil man die Welt als Ganzes verbessern wollte, sondern weil man ein ganz konkretes Problem zu lösen hatte.

Kennen Sie Joseph Bazalgette? Wahrscheinlich nicht. Bazalgette war gelernter Eisenbahningenieur, der vor über 150 Jahren das Londoner Abwassersystem errichtete. Zu der Zeit des «Großen Gestanks» im Jahr 1858 war die britische Hauptstadt eine Kloake mit Postleitzahl. Aufgrund der Einführung der Toilettenspülung liefen die Sickergruben Londons über, sämtliche Fäkalien wurden in die Themse gespült und verwandelten den Fluss in eine dickflüssige, bräunliche Soße. Unzählige Menschen starben aufgrund der katastrophalen hygienischen Verhältnisse an Cholera und anderen hässlichen Krankheiten. Kurzum: Die Stadt stand vor einem ökologischen Kollaps. Bazalgette handelte schnell und ließ ein modernes Kanalsystem von fast 2000 Kilometern erbauen. Nebenbei gestaltete er noch fünf Kilometer Flussufer um, schuf damit den Stadtteil Chelsea und ließ großzügige Parks und Promenaden anlegen. Innerhalb von kurzer Zeit verbesserte sich die Lebensqualität in der Stadt. Noch heute werden über dieses System Londons Abwässer entsorgt, außerdem boten die angelegten Uferbefestigungen Platz für die spätere U-Bahn-Linie, die Gasleitungen und andere Versorgungseinrichtungen.

Kaum ein anderer Mensch hat mehr für die Gesundheit und Lebensqualität der Londoner Bürger getan als dieser Mann. Doch während der Name «William Shakespeare» in aller Munde ist, ist der französischstämmige Joseph Bazalgette selbst alteingesessenen Londonern unbekannt. Vielleicht ist seine Herkunft der Grund? Ein Franzose, der die Briten buchstäblich aus der Scheiße gezogen hat – wie demütigend! Wahrscheinlich weist deswegen nur eine kleine, unscheinbare Statue auf dem Victoria Embankment neben der Themse auf diesen echten Weltverbesserer hin.

Geschichten wie die von Joseph Bazalgette gibt es viele. Der Agrarwissenschaftler Norman Borlaug züchtete in den fünfziger Jahren Weizen, der den Ertrag verdreifachte, und löste damit die grüne Revolution aus. Alexander Fleming erfand das Penicillin, Gregory Pincus die Antibabypille. Unzählige Techniker, Wissenschaftler, Ingenieure und Erfinder haben unsere Welt zu einer lebenswerteren gemacht.

Als ich geboren wurde, war ein 70-jähriger Mann statistisch gesehen bereits tot. Heute kauft er sich eine *Harley* (weiter unten verrate ich Ihnen den wahren Grund). Aktuelle Studien zeigen: Ein 60-Jähriger ist körperlich genauso fit wie 1965 ein 40-Jähriger. Das verändert auch den Charakter. Früher waren 20-Jährige rebellisch, 40-Jährige karrierefixiert, und 60-Jährige wollten ihre Ruhe. Heute ziehen 40-Jährige die gleichen Klamotten an wie 20-Jährige, und 60-Jährige sind so rebellisch, wie sie mit 20 nie waren.

Obwohl wir immer älter werden, weigern wir uns mit allen Mitteln, alt, geschweige denn, erwachsen zu werden. Deswegen tätowieren Steuerfachangestellte ihren Körper flächendenkend mit Flammensymbolen und Raubtieren zu und bringt jede zweite Freiwillige Feuerwehr zu Weihnachten einen Nacktkalender heraus. Ob Hamburger Schanzenviertel, Prenzlauer Berg oder Frankfurter Nordend – immer öfter sieht man dort erwachsene Männer mit Günter-Netzer-Frisuren, die auf astronomisch teuren Bonanza-Rädern sinnlos durch die Gegend fahren – sogenannte Individual Bikes, die aussehen, als wären sie gerne etwas anderes. Ein Traktor zum Beispiel. Damit gurken die Männer dann zum Bikram-Yoga. Bei der Melanie, die vor ihrem Burnout Vertriebsleiterin bei *Procter & Gamble* war.

Wenn mein Opa früher vom Feld gekommen ist, dann hatte er keinen Burnout, sondern einen kaputten Rücken. Heute macht man bei der Melanie dreimal die Woche den Sonnengruß und leidet an Allergien, Rückenschmerzen und Laktoseintoleranz.

Es geht uns gut. So gut wie nie zuvor. Selbst Hartz-IV-Empfänger können heute bei *Lidl* und *Aldi* exotische Früchte aus der ganzen Welt kaufen, nach denen sich der König von Preußen die Finger geleckt hätte. Noch vor wenigen Jahrzehnten wurden Schwarze herablassend als «Neger» und Türken verächtlich als «Kümmelfresser» bezeichnet. Inzwischen bekommen Muslime in Deutschland sogar Weihnachtsgeld. Und fühlen sich dadurch nicht einmal in ihren religiösen Gefühlen beleidigt.

Dieser Fortschritt ist eine unbestreitbare Tatsache. Er bemisst sich durch eine höhere Lebenserwartung, eine niedrigere Kindersterblichkeit, durch Alphabetisierung, mehr Nahrungskalorien pro Kopf, ein höheres Durchschnittseinkommen usw. Egal, welchen Indikator man nimmt – alle sahen vor 25, 50 oder 100 Jahren schlechter aus. Und zwar weltweit. Wenn Sie an der Stelle skeptisch mit dem Kopf schütteln, dann empfehle ich Ihnen, sich näher mit den Erkenntnissen des schwedischen Statistik-Professors Hans Rosling zu beschäftigen. Auf der Online-Plattform www.ted.com gibt es einen mitreißenden Vortrag, in dem er auf plakative Weise zeigt, wie phänomenal sich die Lebensverhältnisse in nahezu allen Ländern über die letzten 150 Jahre entwickelt haben.

Der tägliche Blick in die Nachrichten mag das Gegenteil suggerieren, aber es sieht heute besser aus auf der Welt, als es seit Beginn der Geschichtsschreibung je ausgesehen hat. Es sieht besser aus als noch vor wenigen Jahren. Sogar besser als heute Morgen um halb zehn – dank einer warmen Dusche, drei Tassen Kaffee und zwei Aspirin.

Trotzdem wird gejammert, die Welt werde immer unfairer, ärmer und ungerechter. Das ist in zweierlei Hinsicht erstaunlich. Erstens sprechen die Fakten eine völlig andere Sprache, zweitens verhalten sich oft diejenigen, die am meisten über die Weltrettung und soziale Gerechtigkeit schwafeln, privat am asozialsten. Solche Leute stellen sich alle paar Tage in irgendwelche Lichterketten für Toleranz und Frieden, sind aber noch nicht einmal fähig, den Streit mit ihrer eigenen Schwiegermutter zu beenden. Wenn es darum geht, in einer Online-Petition gegen die Ausbeutung von Frauen zu unterschreiben, sind wir zur Stelle – aber wenn Mutti zum Abwasch ruft, sind alle verschwunden.

Abends sitzen wir bei fair gehandeltem Bohnenkaffee zusammen und organisieren mit dem iPad über *Facebook* Demos gegen amerikanische Großkonzerne. Im Hintergrund läuft der neue illegale Download von David Garrett. Ein Stück von Dvořák, das klingt wie Oasis. So etwas spielt man im Hamburger Hauptbahnhof, um die Junkies fernzuhalten.

Natürlich muss vieles auf der Welt verbessert werden. Es ist noch lange nicht alles gut. Einige Ziele werden wir vielleicht niemals erreichen können: den Welthunger besiegen, ein Mittel gegen Krebs entwickeln, die Kernfusion nutzbar machen oder eine Teekanne erfinden, die nicht tropft.

Bei aller technischen Euphorie darf man nicht vergessen, dass die Lösungen von Zukunftsfragen oft über die pure technologische Komponente weit hinausgehen. Neue Technologien werfen neue moralische Fragen auf: Was spricht zum Beispiel dagegen, seine Niere bei *eBay* zu versteigern? Ist Oscar Pistorius mit seinen Karbon-Prothesen behindert oder gedopt? Und wenn wir schon dabei sind: Darf man bei den Paralympics über einen Rollstuhlfahrer sagen: «Der hat's nicht aufs Treppchen geschafft ...»? Ist es ethisch vertretbar, einen Defibrillator zu benutzen, wenn er mit Atomstrom betrieben wird? Darf eine vegane Mutter mit gutem Gewissen ihr Kind stillen? Sollte Florian Silbereisen mit der neuen ruckelfreien Software *Silbereisen 2.0* ausgestattet werden? Fragen über Fragen ...

Manchmal kann Fortschritt durch Technik auch einen Verlust bedeuten. Warum wohl hat sich das Bildtelefon nie so richtig durchgesetzt? Selbst bei *Skype* haben die meisten von uns die Kamera deaktiviert (verliebte Pärchen und Sex-Chats ausgenommen). Der Witz an der Sache ist: Ein Telefonat dient nicht zur Erzeugung von Nähe, sondern von Distanz. Telefonieren ist deswegen so toll, weil man in seinem alten Glanzjogger in einer versifften Sozialwohnung sitzen und der Omi am anderen Ende der Leitung eine todsichere Anlagestrategie für einen Bio-Supermarkt in Somalia aufschwatzen kann.

Innovationen, Technologien und Produkte setzen sich dann – und nur dann – durch, wenn sie grundlegende menschliche Bedürfnisse unterstützen und dadurch tiefe Emotionen und Leidenschaften wecken. Das iPhone ist in Wahrheit eine Erinnerung an die Kindheit: Ein einziger Gegenstand ist nötig, um sich auf den Weg ins Abenteuer machen zu können. So ähnlich wie der Colt des Westernhelden oder die Lupe von Sherlock Holmes. Das iPhone ist deswegen ein Knaller, weil es das Versprechen von Freiheit und Abenteuer einlöst. Produkte sind sexy, wenn sie den Besitzer potent machen. So gesehen verkauft *Harley Davidson* keine Motorräder, sondern die phänomenale Möglichkeit, dass harmlose Sachbearbeiter am Wochenende in einer schwarzen Lederkutte durch Käffer rasen können, um für einen kurzen Augenblick die Menschen in Angst und Schrecken zu versetzen. Für dieses großartige Gefühl der Macht sind *Harley-Davidson*-Kunden so dankbar, dass sie sich das Firmen-Logo auf den Bizeps tätowieren lassen. Aber ich habe am Strand noch nie einen Typen gesehen mit der Aufschrift: «*Opel Corsa*» am Bein. Oder, knapp über der Badehose: «*Mini*».

Zurzeit wird begeistert über das selbstfahrende Auto von *Google* gesprochen. Doch es ist durchaus möglich, dass es sich niemals durchsetzen wird. Viele von uns schätzen das Autofahren gerade, *weil* man hinter dem Steuer sitzt und die Kontrolle über eine 300 PS starke Maschine hat. Für diesen Akt der Autonomie nehmen wir sogar Tausende von Verkehrstoten pro Jahr in Kauf. Viele wollen selbstbestimmt entscheiden, gegen welchen Baum sie rauschen. Wer sich dagegen lieber sicher und entspannt chauffieren lassen möchte, nimmt den Bus. Aber «einen fahren lassen» ist eben in keiner Situation besonders cool.

Nicht alles, was technisch möglich ist, ist wirklich wünschenswert. Andererseits eröffnet uns die moderne Technik phänomenale Möglichkeiten. Zum Beispiel gibt es inzwischen eine Menge junger Japanerinnen, die lieber heute als morgen ihren Freund gegen einen kultivierten, mitfühlenden Roboter austauschen würden. Selbst dann, wenn sie wüssten, dass das Verhalten des Roboters lediglich durch eine simple Software einstudiert wäre. Einstudierte Antworten geben viele Männer schließlich auch. Aber eben deutlich schlechtere.

Die meisten von uns wollen jedoch nicht wirklich einen menschlich aussehenden Avatar, der den Geschirrspüler ausräumt oder uns morgens den Kaffee ans Bett bringt. Es ist uns schlichtweg unheimlich, wenn ein künstliches Wesen zu menschlich wirkt.

Denken wir über das Leben in der Zukunft nach, unterschätzen wir fast immer, dass sich eine Menge Dinge höchstwahrscheinlich *nicht* verändern werden: Verhaltensweisen, Produkte oder Werkzeuge, die sich evolutionsgeschichtlich buchstäblich in unsere DNA eingebrannt haben. Während Sie dieses Buch lesen (wahrscheinlich auf Papier – einem Material, das ein chinesischer Eunuch vor 2000 Jahren entwickelt hat), trinken Sie womöglich ein Glas Wein (erfunden vor ca. 6000 Jahren) und spießen mit einer Gabel – eine von den alten Römern entwickelte Killer-App – eine Olive auf. Dabei sitzen Sie auf einem Stuhl. Einem Gegenstand, den bereits ägyptische Pharaonen kannten. Im Hintergrund läuft gedämpfte Musik (seit etwa 35 000 Jahren), eine alte Aufnahme von Johannes Heesters (ca. 34 000 Jahre alt). Plötzlich betritt ihre Frau mit einem raffinierten Wickelkleid (dessen Prototyp vor 30 000 Jahren designt wurde) das Haus (12 000 Jahre) und fordert Sie mit verführerischem Blick zu einer Tätigkeit auf, die in der Evolution seit 900 Millionen Jahren bekannt ist.

In ferner Zukunft mag es vielleicht Warp-Antriebe, Quantencomputer oder Teppichböden geben, die ihre Farbe unseren

Emotionen anpassen – aber deutlich anders wird das tägliche Leben nicht ablaufen. Was unsere fundamentalen Wünsche und Bedürfnisse angeht, bleiben wir Steinzeitmenschen – da können wir noch so viele Lorbeerblätter und gehackten Fenchel auf unsere Tiefkühl-Lasagne streuen.

Über diese verblüffende Erkenntnis erfahren wir in den vielen Science-Fiction-Geschichten und Zukunftsbüchern komischerweise recht wenig. Kein Zukunfts-Guru legt dar, dass das Leben in 100 Jahren nicht grundsätzlich anders aussehen wird als heute. Doch genau *das* ist meiner Meinung nach eine eher tröstliche Botschaft. Denn sie macht unsere Zukunft dann doch ein wenig berechenbarer.

Selbst radikale gesellschaftliche Veränderungen würden vermutlich viel weniger in unserem Zusammenleben verändern, als wir glauben. Zurzeit wird sehr darum gekämpft, genauso viele Frauen wie Männer in Führungspositionen zu bringen. Manche sind sogar der Meinung, dass dadurch das gesamte Wirtschaftsleben humaner, freundlicher und anständiger werden würde. Ich habe da meine Zweifel. Der Primatenforscher Frans de Waal beobachtet fast schon sein gesamtes Leben die sozialen Verhaltensweisen von Schimpansen. Dabei fiel ihm auf, dass Schimpansinnen zwar deutlich weniger miteinander streiten als ihre männlichen Kollegen. Kommt es aber zum Kampf, versöhnen sich die Damen im Gegensatz zu den Männchen kaum. Das aggressivere Geschlecht kann wesentlich besser versöhnen und das friedfertigere schlechter. Auch in einer frauendominierten Welt wäre selbstverständlich nicht alles Friede, Freude, Eierkuchen. Vermutlich gäbe es ein ganz ähnliches Hauen und Stechen um Geld, Macht und Ansehen, wie wir das heute auch bei den Männern erleben.

Noch beim Untergang der Titanic überlebten weit mehr Frauen als Männer, da viele Männer den Frauen den Vorrang zu den Rettungsbooten gelassen haben. Nach dem Ersten Weltkrieg sanken bei Schiffsunglücken die Überlebenschancen der weiblichen Passagiere aufgrund der wachsenden Gleichberechtigung drastisch. Das nur für Ihren Hinterkopf, falls Sie Ihren nächsten Gender-Kongress auf der *MS Europa* abhalten wollen.

«Es könnte alles so einfach sein – isses aber nicht», sangen vor einigen Jahren *Die Fantastischen Vier*. Genauso verhält sich die Sache mit der Zukunft. Noch treffender formulierte es Herbert Grönemeyer mit dem Titel «Bleibt alles anders». Die einzige Konstante ist der Wandel.

Die heutigen Containerschiffe sind nicht viel schneller als ein Dampfschiff im 19. Jahrhundert, und die Übertragungsgeschwindigkeit einzelner Internetimpulse ist genauso hoch, wie die eines Telegraphen es damals war. Ein Heiratsvermittler benutzte bei seiner Suche vor 200 Jahren fast dieselben Matching-Kriterien wie heute *Parship*. Aber im Gegensatz zu früher kann heute nahezu jeder diese Dienstleistungen und

> Hier ist Platz für eigene Ideen

Technologien nutzen, nicht nur die Reichen und Mächtigen. Die Welt wurde zu einem globalen Markt der Möglichkeiten. Düsenjets fliegen seit Jahrzehnten mit der gleichen Geschwindigkeit, aber Billigflieger sind neu. Die Aufhebung der Entfernung ist vielleicht nicht neu, aber sie ist erschwinglicher geworden. «Das Geheimnis der modernen Welt ist ihre Vernetzung. Rund um den Erdball paaren sich Ideen, Produkte, Dienstleistungen. Und dadurch wird Wissen weiterentwickelt», sagt der Zoologe und Wissenschaftsautor Matt Ridley. Die Erkenntnis, dass sich Elektronen nicht nur für den Transport von Energie, sondern auch für den von Information nutzen lassen, ermöglichte eine breite Palette von Erfindungen: vom Tauchsieder bis zum Versenden einer *WhatsApp*-Nachricht. Das Tolle am Wissen ist, dass es unendlich ist! Es gibt Dutzende von Szenarien, die glaubhaft zeigen, wann uns die Rohstoffe ausgehen werden. Aber es gibt kein einziges Szenario, das schlüssig darlegen würde, dass uns die Ideen ausgehen werden. Ist das nicht eine ermutigende Vision für die Zukunft?

Oft genügt es, die Gegenwart genauer unter die Lupe zu nehmen. Die Geschichte zeigt: Neue Ideen, revolutionäre Gedanken und radikale Innovationen brauchen eine gewisse Zeit, bis sie sich in der Breite durchsetzen. Zwischen Jules Vernes Phantasie von einer Mondfahrt bis zur Landung von Apollo 11 dauerte es über 100 Jahre. Genauso lange benötigten Telefon, Auto und Flugzeug, bis sie zu Massenprodukten wurden. Das Internet gab es schon 1969 als Projekt des US-Verteidigungsministeriums, doch es dauerte ein Vierteljahrhundert, bis es kommerziell genutzt wurde. All diese Ideen haben die Welt verändert, aber keine einzige hat die Welt im Sturm erobert.

Wenn wir also einen Blick in die Zukunft werfen wollen, müssen wir sorgfältiger auf die Gegenwart schauen. Denn die Zukunft ist schon da, sie ist nur noch nicht gleichmäßig verteilt.

Letztes Jahr hat sich mein inzwischen 14-jähriger Neffe für ein Gymnasium mit dem Schwerpunkt graphische Gestaltung beworben und musste dafür seine Bewerbungsunterlagen einreichen. Ich wollte ihm dabei helfen, doch er blaffte mich nur an: «Vince, ich mach das alleine, gib mir bitte keine schlauen Ratschläge. Ich habe nur eine Frage: Wo auf dem Umschlag kommt die Adresse der Schule hin?»

Diese kleine Anekdote erzählt viel mehr über die nächste Generation als abstrakte Statistiken. Teenager von heute haben noch nie in ihrem Leben einen Brief verschickt. Wahrscheinlich spricht man deswegen von der Postmodernen.

Zumindest in diesem Punkt stehen wir vor einer Revolution und merken es noch nicht einmal. Natürlich schreiben auch wir Erwachsene E-Mails, gestalten *PowerPoint*-Präsentationen und surfen im Internet (meine Eltern ausgenommen). Aber im Vergleich zu unseren Kindern sind wir linkische Amateure. Analoge Dinosaurier, die «Digital» mühevoll als zweite Fremdsprache gelernt haben. Mein Neffe spricht es als Muttersprache. Es wird nicht mehr lange dauern, bis uns unsere Kinder zum ersten Mal fragen: «Was soll das bedeuten, die Sendung läuft um viertel nach acht?»

Wenn Sie die Frage nicht verstehen, sollten Sie sich ernsthaft Sorgen machen. Die Ideen der Zukunft sind bereits unter uns. Sei es *Netflix*, die führerlose Lok oder der nette Yogalehrer, der nächsten Sommer mit Ihrer Frau nach Gran Canaria durchbrennen wird.

Seien Sie deshalb wach. Und lachen Sie nicht über das Neue. Nicht über Social Freezing, über das Ende des Verbrennungsmotors oder über die Tochter Ihrer Putzfrau, die immer nur stupide auf ihrem Smartphone herumtippt. Es könnte sein, dass sie in einigen Jahren mit nur einem Mausklick ihren Arbeitsplatz wegrationalisiert. Ob mit oder ohne Frauenquote.

In letzter Konsequenz können wir nicht vorhersagen, wie sich unsere Wünsche, Vorlieben und Bedürfnisse in der Zukunft entwickeln werden. Menschen können nicht wissen, was sie morgen wollen oder brauchen. Die Zukunft wird uns immer überraschen.

Aber ist das wirklich so schlimm? Hätte Laplace tatsächlich recht gehabt mit seiner These, der Lauf der Welt sei vorausbestimmt und determiniert wie ein Uhrwerk, würde das bedeuten, dass unsere Zukunft feststünde. Wenn aber die Zukunft feststeht – wo ist dann unsere Freiheit? Wo ist der Raum für Phantasie? Freiheit, Fortschritt und Innovation gibt es nur um den Preis der Unberechenbarkeit.

FAZIT

DIESER WEG WIRD KEIN LEICHTER SEIN ... ODER DOCH?

Am 13. Juli 2014 um 23:26 Uhr schrie der ZDF-Reporter Tom Bartels die Anspannung eines ganzen Volkes ins Mikrophon: «Schürrle ... der kommt an ... mach ihn ... MACH IHN! Der MACHT ihn! Mario Götze!! Das ist doch Wahnsinn!!!»

Valerie und ich saßen mit ein paar Freunden in Deutschlandtrikots vor dem Fernseher und lagen uns in den Armen. Seit dem Sommermärchen 2006 haben wir mit dieser Mannschaft mitgefiebert, und nun entlud sich alle Anspannung in dieser einen Sekunde.

Warum freuen wir uns dermaßen über einen WM-Titel? Weshalb ist Fußball in aller Welt so unglaublich populär? Ich glaube, der Grund liegt in seiner Unberechenbarkeit. Trotz Millionenbudgets, akribischer Vorbereitungsphasen und computergestützter Spielanalysen gibt es im Fußball keine wirkliche Erfolgsformel. Und seit der verkorksten BVB-Saison wird mir sogar Jürgen Klopp recht geben.

Inzwischen leisten sich Spitzenclubs ganze Teams von Datenspezialisten, die Freistoßvarianten, Laufleistung, Ballbesitz, Passgenauigkeit, Laufwege und Zweikampfverhalten aufzeichnen und erforschen. Trotzdem wird der Ausgang des Spiels damit nicht vorhersehbar. Das Institut für Kognitions- und Sportspielforschung der Sporthochschule Köln hat errechnet, dass der Erfolg einer Tor-Aktion zu 40 Prozent vom Zufall bestimmt wird. Das heißt: Trotz stetiger Professionalisierung wird auch in Zukunft in jedem Spiel ein immenser Unsicherheitsfaktor stecken. Eine Grauzone, die sich der Berechenbarkeit entzieht.

Und genau deswegen ist Fußball toll! Der Underdog kann den haushohen Favoriten aus einem Turnier kicken, verloren

geglaubte Spiele können in der Nachspielzeit gedreht werden, und selbst wenn der teuerste Ballkünstler zum Elfmeter antritt, liegen Genialität und Scheitern nur Millimeter voneinander entfernt. Im Fußball ist alles möglich. «Geld schießt keine Tore», sagte deshalb Otto Rehhagel und gewann mit Griechenland völlig überraschend im Jahr 2004 die Europameisterschaft.

Der lange Weg der Fußball-Nationalmannschaft vom Sommermärchen bis zu dem historischen Tor von Mario Götze steht repräsentativ für die wichtigsten Gedanken, die ich vermitteln wollte. Obwohl ich weiß, dass weder im Fußball noch im Leben *das* Rezept für Erfolg, Zufriedenheit und Glück existiert, gibt es trotzdem ein paar Elemente, die die Wahrscheinlichkeit, dass sie eintreten, zumindest erhöhen.

MUT

Den hat mir vor allem mein ehemaliger Mitbewohner Frank «Porsche» Pahl vermittelt. Zunächst waren seine Bremsscheiben- und Kaviar-Geschäfte nichts weiter als fixe Ideen für mich. Im Laufe der Zeit erkannte ich jedoch, dass es enorme Courage erfordert, sich auf unbekanntes, unsicheres Terrain zu wagen. Anfangs habe ich ihn belächelt. Aber nur, weil ich damals selbst nie den Mut aufgebracht hätte, etwas Ähnliches zu probieren.

Fragt man Menschen, was sie in ihrem Leben bereuen, sprechen viele über das, was sie *nicht* getan haben und selten über das, was sie getan haben, und dann schlecht

gelaufen ist. Von den meisten Dingen, die wir uns nicht trauen, hängt nicht unser Leben ab, oder? Das sage ich mir jedenfalls immer, wenn ich mir vor Lampenfieber bei einer Premiere fast in die Hose mache. Früher bei der Mammutjagd kam – wenn es blöd lief – die Hälfte der Gruppe nicht mehr zurück. Aber von einer

Bühne kommt man immer runter. Es sei denn, du spielst Helene-Fischer-Songs auf einem Heavy-Metal-Konzert.

Wir alle haben Angst vor neuen Situationen und einen starken Drang zum Festhalten am Gewohnten. Das ist per se nichts Schlimmes. Schon für die ersten Zellen, die vor Milliarden Jahren auf unserem Planeten herumgeschwommen sind, war der Schutz vor Außenwirkung und die Vermeidung von Gefahren eine effektive Überlebensstrategie. «Strebe nach Stabilität und vergeude nicht nutzlos Energie», hieß die zentrale Botschaft.

Dabei ist Mut zu haben relativ leicht. Jeder von uns hat Momente, in denen er Dinge tut, die andere niemals wagen würden – und umgekehrt. Es gibt Menschen, die im Februar in einen See springen, um eine Katze vor dem Ertrinken zu retten, aber sich nicht trauen, ihrer Frau zu sagen, dass sie sie lieben. Mein Opa hat selbst in der Nazizeit nie Angst gehabt, seine Meinung zu sagen, brachte aber nicht die Courage auf, Autofahren zu lernen.

Doch das Leben belohnt die Mutigen. «So ein Quatsch», sagte meine Frau nach ihrem letzten Friseurtermin. Aber Ausnahmen

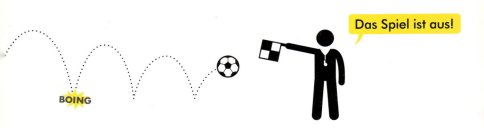

bestätigen nun mal die Regel. Wenn unsere Vorfahren nicht den Mut gehabt hätten, herabzusteigen, säßen wir noch heute auf den Bäumen.

Natürlich kann immer etwas schiefgehen. Eine Garantie gibt es nicht. Wenn Sie zum Beispiel der Meinung sind, dass man einen Glasdildo beim Flughafenscan nicht erkennen kann, dann probieren Sie es einfach aus.

Frank hat mir erzählt, dass er jede Entscheidung nach der 80/20-Regel trifft. «Ich entscheide mich, wenn ich zu 80 Prozent sicher bin, und kalkuliere mit 20 Prozent Fehlermarge.» Funktioniert super. Es sei denn, Sie sind Hersteller von Fallschirmen.

Von Zeit zu Zeit sollten wir alle ein Risiko eingehen. Es muss ja nicht gleich um Leben und Tod gehen. Tragen Sie am «Casual Friday» einen Smoking. Machen Sie ein Praktikum in der Drogenberatungsstelle. Trinken Sie Ihren Coffee-to-go im Sitzen. Und sprechen Sie endlich diese Frau an, die Ihnen seit Wochen im Supermarkt ein schüchternes Lächeln zuwirft.

Wer zu feige ist, den bestraft das Leben. Mein Vater hat fast 30 Jahre lang einen Job gemacht, den er im tiefsten Inneren hasste. Und das nur, weil er nicht den Mut aufbrachte, sich für eine andere Stelle zu bewerben. Menschen, die aus Angst keine Entscheidung treffen, verlieren nicht nur Optionen, sie verlieren vor allem ihre Selbstachtung. Denn Ambitionen sind wie Koi-Karpfen: Sie wachsen oder verkümmern entsprechend der Größe ihrer Umgebung.

TIMING

Mein amerikanischer Freund und Regisseur Jim Libby ist einer der besten Improvisations-Schauspieler, die ich kenne. Mit seiner Theatergruppe *English Lovers* gelingt es ihm, spontan und live über 90 Minuten hinweg eine spannende Geschichte zu erschaffen. Viele Zuschauer, die das zum ersten Mal sehen, können es nicht fassen, dass die Story ohne vorherige Absprache entsteht. Doch das tut sie. Jeden Abend aufs Neue. Laut Jim ist eines der wichtigsten Dinge beim Improvisieren die Bereitschaft, in jeder Situation Angebote und Ideen, die einem die anderen auf der Bühne machen, aufzunehmen, zu nutzen und etwas Produktives daraus zu entwickeln. «Carpe diem» nannte das schon vor 2000 Jahren der römische Dichter Horaz.

Für viele ist dieser Spruch lediglich eine Aufforderung, Gott einen guten Mann sein zu lassen und sich stattdessen schon morgens um 11 das dritte Pikkolöchen hinter die Binde zu kippen. «Et kütt, wie et kütt», sagt die Kölner Frohnatur und zelebriert dabei eine abstruse Mischung aus Party und rheinischem Buddhismus.

In seiner Urform bedeutet der Spruch allerdings das genaue Gegenteil. Horaz appellierte, den Tag bewusst zu nutzen, Gelegenheiten nicht verstreichen zu lassen, sondern beim Schopf zu packen.

Natürlich liegt es nicht immer in unserer Hand, ob sich gute Gelegenheiten ergeben. In vielen Fällen sind es äußere Umstände. Hätten die Gründer von *YouTube* ein paar Jahre früher versucht, ihre Idee zu verwirklichen, wären sie gnadenlos gefloppt. Noch Mitte der Neunziger lag ein Videoportal völlig außerhalb des technisch Möglichen. *Flash* kam erst 1996 auf den Markt, Videos unterstützte die Plattform erst 2002. Reif für *YouTube* war das Netz 2005.

Wenn das Schicksal ein Türchen öffnet, sollten wir das nutzen. Improvisationskünstler wie Jim wissen das. Von ihm können wir uns alle eine Scheibe abschneiden. Das heißt jedoch nicht, sich wahllos auf alles zu stürzen, was uns angeboten wird. Es gilt vielmehr, die zahllosen Einflüsse und Botschaften, die tagtäglich auf uns einprasseln, zu filtern, zu sortieren und zu priorisieren. Wer nicht zwischen «wichtig» und «unwichtig» unterscheiden kann, verzettelt sich heillos. Vor zehn Jahren haben Valerie und ich eine Eigentumswohnung in einem Frankfurter

Altbau gekauft. Kurz darauf lud man uns zur ersten Eigentümerversammlung in einer gemütlichen Apfelweinkneipe um die Ecke ein. Wir freuten uns auf den Abend, da wir die anderen fünf Wohnungseigentümerpärchen bereits kennengelernt hatten und sehr sympathisch fanden. Ich mach's kurz. Der Abend wurde ein Desaster. Nachdem unsere Gruppe dreieinhalb Stunden die kriegsentscheidende Frage diskutiert hatte, in welchem Grünton das Treppenhaus gestrichen werden sollte, erdreistete ich mich tatsächlich, in die Runde zu rufen: «Ach, is' doch eigentlich wurscht. Außerdem bin ich eh farbenblind ...» Sofort kippte die Stimmung. Plötzlich verbündete sich die «Flaschengrün»-Fraktion mit der «Mint-Türkis»-Partei und brachte flugs die «Gelb-Oliv»-Splittergruppe hinter sich. Selbst Valerie, die, sichtlich zermürbt von der endlosen Debatte, zusammengesackt auf der Eckbank saß, kam wieder in Schwung und warf mir einen verächtlichen Blick zu. «Na, wenn jeder so denken würde!», platzte es aus ihr heraus.

Es dauerte mehrere Monate, bis wir mit unseren Nachbarn wieder einigermaßen unbeschwert reden konnten. Zweieinhalb Jahre später wurde dann endlich das Treppenhaus gestrichen. In einem biederen Altrosa.

Das Leben ist zu kostbar, um es mit unwichtigen Details zu verschwenden. «Spring einfach ins kalte Wasser», sagt Jim beim Improvisieren. «Und hab keine Angst vor mangelnder Perfektion. Meistens bist du sowieso weit davon entfernt.» Das habe ich mir zu Herzen genommen. Deswegen mein Tipp: Verplempern Sie Ihre Zeit nicht mit dem endlosen Lesen der Speisekarte. Nehmen Sie das erste Gericht, das Ihnen schmeckt, und unterhalten Sie sich lieber mit Ihrem Gegenüber. Es sei denn, Ihr Gegenüber ist ein Depp. Dann ist das eingängige Studieren der Speisekarte unter Umständen die bessere Alternative.

LEIDENSCHAFT

Als ich nach meinem Physikstudium als Unternehmensberater anheuerte, wusste ich schon nach kurzer Zeit, dass dieser Job in mir kein Feuer entfachen würde. So geht es leider vielen. Fast zwei Drittel aller Bundesbürger geben an, bei ihrer Arbeit nicht sonderlich motiviert zu sein. Bei Motivationstrainern liegt der Anteil sogar noch höher.

Selbst ein kreativer Beruf ist keine Garantie für Spaß und gute Laune. Durch Valerie habe ich Schauspieler kennengelernt, die ihre Rollen wie einen Job im Einwohnermeldeamt wahrgenommen haben, und Regisseure, die bei jeder Produktion mit immer denselben abgedroschenen Tricks arbeiteten. Gleichzeitig sehe ich Menschen wie meinen Controller-Freund Jürgen, die beim Erstellen ihrer Umsatzsteuer-Voranmeldung vor Glück fast durchdrehen. Wenn nach 432 aufgeführten Posten der Gesamtbetrag bis auf den Cent genau stimmt, ist Jürgen selig. Denn selbstverständlich können viele Tätigkeiten, die für den einen öde und Zeitverschwendung sind, für den anderen die Erfüllung schlechthin bedeuten.

Während des Zweiten Weltkriegs haben amerikanische Militärpsychologen aufwendige Testverfahren entwickelt, um festzustellen, wer das Talent besitzt, ein guter Kampfpilot zu werden. Nach Abgleich der späteren Leistungen der ausgewählten Kandidaten kam man zu einem überraschenden Ergebnis. Eine einzelne Testfrage sagte den Erfolg als Pilot besser voraus als der gesamte restliche Fragebogen. Sie lautete: Haben Sie in Ihrem Leben jemals ein Modellflugzeug gebaut, das tatsächlich geflogen ist? Pilotenanwärter, die diese

Frage mit «Ja» beantworteten, besaßen eine echte Leidenschaft für das Fliegen, und das über Jahre hinweg, meist schon ihr gesamtes Leben. Diese Leidenschaft überwog alle anderen Eigenschaften, Fähigkeiten und Defizite.

Egal, was man tut, man sollte es mit Leidenschaft tun! Das gilt logischerweise nicht nur für den Beruf, sondern erst recht für die Partnerschaft. Was würden Sie zum Beispiel für eine wahrhaft leidenschaftliche Beziehung eintauschen? 20 Prozent Ihres Gehalts? Zehn Punkte Ihres IQs? Ihren Ehepartner? Je nachdem, wie die Antwort lautet, sollten Sie Ihr Leben überdenken. Und wenn Sie (noch) nicht wissen, worin genau Ihre Leidenschaften liegen, dann gehen Sie in eine Buchhandlung. In welche Abteilung zieht es Sie intuitiv? «Aufs Klo!», sagte Valerie. Vielleicht sollte sie ernsthaft überlegen, im Sanitärfachhandel anzufangen.

AUSDAUER

Aus streng wissenschaftlichen Recherchegründen schaue ich mir manchmal die Sendung *Germany's Next Topmodel* an. Regelmäßig stampfen dort 19-jährige Mädchen tödlich beleidigt mit ihren High Heels auf und beschweren sich lautstark, wenn sie rausgeflogen sind. Und das, obwohl sie doch «echt alles gegeben haben, Menno!». Mädel, du bist 20 Meter gelaufen! Wenn ich von meiner Haustür zu *REWE* gehe, dann sage ich doch auch nicht zur Kassiererin: «Hey, ich hab gerade mein Bestes gegeben. Haben Sie ein Foto für mich?»

Als ich 1997 beschloss, eine Bühnenkarriere anzustreben, wäre ich auch gerne über Nacht berühmt geworden. Doch mein Alltag sah anders aus. Jeden Vormittag schrieb ich stundenlang Gags (oder das, was ich dafür hielt), feilte an Texten und probte vor dem Spiegel. Am Nachmittag setzte ich mich dann ans Telefon und rief jeden Veranstalter, jede Kleinkunstbühne, jede Mix-Show an, die ich ausfindig machen konnte. Jeden Tag aufs Neue. Ich bestückte sie mit Pressematerial, VHS-Kassetten mit meinen ersten Auftritten und rief wieder und wieder und wieder an. Heute bin ich mir sicher: Die meisten dieser Veranstalter haben mich nicht deswegen auftreten lassen, weil ich gut war, sondern um meinem Telefonterror zu entkommen.

Der berühmte Marshmallow-Test, den ich im ersten Kapitel beschrieben habe, beweist: Das vielleicht wichtigste Kriterium auf dem Weg zum Glückspilz ist Ausdauer. Geduld und Durchhaltevermögen sind entscheidend für fast jede Form von Erfolg und Zufriedenheit. Selbst Jogis Jungs haben acht lange Jahre gebraucht, um ihr großes Ziel zu erreichen. Und das, obwohl jeder einzelne Spieler schon vorher ein Meister seines Faches war.

Ein Forschungsprojekt von Anders Ericsson bestätigt diese These. Der schwedische Psychologe analysierte jahrzehntelang akribisch die Lebensläufe von Überfliegern und Superstars. Dabei fand er heraus, dass jede außergewöhnliche Leistung stets mit außergewöhnlich harter Arbeit einherging. Egal, ob es sich um Schachprofis, Chirurgen, Programmierer, Schlittschuhläufer oder Mathematiker handelte: Will man auf einem Gebiet Großartiges vollbringen, muss man im Schnitt zehn Jahre lang täglich und systematisch üben. Etwa vier Stunden pro Tag. Und das gilt für ausnahmslos alle. Talent wird überschätzt. In Wirklichkeit ist Talent die Fähigkeit, hart und unermüdlich zu arbeiten.

Tiger Woods steht seit seinem sechsten Lebensjahr jeden Tag auf dem Golfplatz, Mozart komponierte zwar bereits im Alter von 16 Jahren beeindruckende Stücke – aber nur, weil er schon mit vier Jahren täglich und stundenlang von seinem Vater unterrichtet worden war. Eine Untersuchung der *Berliner Hochschule der Künste* zeigte, dass sich Elitemusiker und Wunderkinder nur in einer Sache signifikant von ihren Kollegen unterscheiden:

Sie üben wesentlich mehr. Nur durch permanentes Üben bringt man es zur Meisterschaft. Mein Nachbar hat zehn Jahre lang geübt, stumpf vor dem Fernseher herumzusitzen. JEDEN Tag. Ich kenne niemanden, der das so virtuos beherrscht wie er. Natürlich sind manche Ziele auch mit größtmöglicher Ausdauer nicht zu erreichen. Ab und an können äußere, unberechenbare Umstände selbst dem Fleißigsten einen Strich durch die Rechnung machen «Was kann man gegen Ameisen in der Küche tun?», fragte ich neulich einen Kammerjäger. Seine Antwort: «Ausziehen.»

BESCHEIDENHEIT

Im antiken China ließen sich die Mandarine ihre Fingernägel wachsen, um zu demonstrieren, dass sie keine alltäglichen Arbeiten mehr ausführen mussten. Damit wollten sie ihren Untergebenen klarmachen, dass sie verfeinerte, erhabene Geschöpfe waren. Wenn man sich jedoch vorstellt, wie würdelos es aussieht, wenn jemand mit zehn Zentimeter langen Fingernägeln verzweifelt versucht, sich den Hintern abzuwischen – dann ist es schnell vorbei mit der Erhabenheit.

Kennen Sie den Wolkenkratzer-Index? Er besagt, dass der Bau von angeberischen Prunkbauten ein verlässliches Indiz für den drohenden Niedergang einer Epoche darstellt. Der Petersdom wurde parallel zur Reformationsbewegung gebaut. Ein paar Jahre nach der Fertigstellung von Schloss Versailles haben die Jakobiner für den Adel bereits die Guillotine aufgestellt. Und was das spektakuläre EZB-Gebäude betrifft, das kürzlich in Frankfurt eingeweiht wurde – sooo spitzenmäßig geht es der EU ja bekanntlich auch nicht. Institutionen, die schwach werden, investieren offenbar gerne in Außenwirkung, um den drohenden Untergang zu vertuschen.

Obwohl die Theorie des Wolkenkratzer-Index wissenschaftlich umstritten ist, warnt sie zumindest vor Größenwahn und Arroganz. Es ist nicht lang her, da war es unter Investmentbankern Usus, dem Taxifahrer, der nach dem Fahrziel fragte, zu antworten: «Ist egal. Ich werde überall gebraucht!» Kurz danach fiel *Lehman Brothers*.

Sobald man groß und mächtig wird, fühlt man sich schnell unbesiegbar. Deshalb trifft es bei bahnbrechenden technologischen Veränderungen meistens die Marktführer der alten Technologie am schlimmsten. Keinem einzigen Hersteller von Segelschiffen gelang der Technologiesprung zum Dampfschiff. Kein Entwickler von Großrechnern schaffte den Sprung zum PC. Die meisten großen Musiklabels ignorierten den Trend zu Downloads und gingen unter. Sie scheiterten allesamt, weil sie sich ignorant und arrogant gegenüber Neuem zeigten. So haben vergangene Erfolge oft einen bitteren Beigeschmack.

In der Zeit, in der die Dinosaurier immer größer und mächtiger wurden, mussten sich die Säugetiere dieser erdrückenden Dominanz anpassen und verlagerten ihren Lebensraum deshalb größtenteils unter die Erde. Als Folge entwickelten sie ein gutes Gehör, scharfe Augen und ein leistungsfähiges Gehirn, das mit diesen Unwägbarkeiten umgehen konnte. Nach dem großen Meteoriteneinschlag vor 65 Millionen Jahren überlebten sie im Gegensatz zu den Dinos. Eine schlichte Lebensweise erzeugt Vorteile. Um die Welt zu verändern, benötigt man ohnehin keine oberflächlichen Protzereien. Jesus brauchte bei seinen Auftritten keine Vorgruppe und auch keine Pyrotechnik. Mutter Teresa besaß keine Rolex, Gandhi fuhr nicht Porsche, sondern höchstens Rikscha.

Zugegeben: Stolz und Eitelkeit haben Pyramiden, Eiffeltürme und Dubai erbaut. Und es heult sich wahrscheinlich auch komfortabler auf dem Rücksitz eines Taxis als in einer versifften U-Bahn. Andererseits sind Bescheidenheit und Zurückhaltung häufig die langfristigeren Erfolgsstrategien. Mein Vater verriet mir das Geheimnis seiner inzwischen 50-jährigen glücklichen Ehe mit meiner Mutter. «Erstens: Wenn du falsch liegst, gib es zu. Zweitens: Wenn du richtig liegst, halt die Klappe!»

WIDERSTANDSFÄHIGKEIT

Die Zukunft ist unberechenbar. Die bekannte Studie von Philip Tetlock in Kapitel 2 zeigt, dass selbst die besten Experten keinen blassen Schimmer haben, was die Zukunft bringen wird. Permanent werden wir mit Neuem konfrontiert, ob wir wollen oder nicht. Dabei müssen wir mit Krisen rechnen. Als James Watt die Dampfmaschine erfand, wurden Tausende zehnjährige Jungen arbeitslos, die bis dahin die Kohleloren durch die Stollen geschoben haben. Andererseits hatten die Kinder damit die Freiheit, andere Dinge in Angriff zu nehmen. Zum Beispiel elf zu werden.

Die Fähigkeit, nach einem Umbruch oder einer Krise wieder aufzustehen und weiterzumachen, nennt man Resilienz. In der Materialforschung bedeutet «resilient» die Eigenschaft eines Werkstoffs, sich flexibel an veränderte Bedingungen anpassen zu können und trotzdem funktionsfähig zu bleiben.

Mein Freund Jürgen hatte sein ganzes Leben geplant und durchgerechnet. Er wusste genau, an welchem Tag im Jahr 2051 sein Reihenhaus in Hanau-Bruchköbel abbezahlt sein wird und mit wie viel Euro er wann in Rente gehen kann. Er rechnete mit dem jährlichen Bonus, den üblichen Gehaltserhöhungen und der stufenweisen Teilzeitwiedereingliederung seiner Frau. Nur mit dem attraktiven Marketingleiter aus ihrer Abteilung rechnete er nicht.

Jedes auf maximale Effizienz getrimmte System ist anfällig für einen Blackout. Es ist gerade *nicht* resilient. Wenn alles mit

2012

allem in bestmöglicher Weise miteinander verwoben ist, kann ein kleines Einzelereignis das gesamte System lahmlegen. Genau wie bei dem Spiel *JENGA*. Wenn man dort den falschen Stein rauszieht, fällt der ganze Turm. Optimierung ist immer dann gut, wenn nichts Ungewöhnliches passiert. Blöderweise passiert aber ständig irgendetwas Ungewöhnliches. Ein neues Konkurrenzprodukt, eine politische Revolution oder eben der wirtschaftliche Totalschaden aufgrund einer Scheidung. Deswegen ist Resilienz viel wichtiger als Effizienz.

Aus diesem Grund tummle ich mich in so vielen unterschiedlichen Bereichen. Neben meiner Bühnentätigkeit schreibe ich Bücher, moderiere eine TV-Sendung, halte Vorträge und habe darüber hinaus auch noch reich geheiratet. Dass mich Valerie nur wegen meines Körpers genommen hat, muss ich wohl oder übel akzeptieren.

Der Drang nach immer effizienterer Lebensoptimierung ist absurd. Wir rasen mit über 100 000 Kilometern pro Stunde um einen riesigen Feuerball durch das Universum und glauben wirklich, wir hätten den Laden im Griff. Das ist lächerlich.

In einer Welt, die nicht planbar ist, ist die einzige Erfolgsstrategie: ausprobieren! Provisorisch, spielerisch. Ein Jahr vor der WM reiste Urs Siegenthaler, der Chefscout der Fußball-Nationalmannschaft, zum Confederation Cup, dem WM-Testturnier in Brasilien, um die Taktik der Konkurrenz zu analysieren. Nach ein paar Spielen nahm er sein Handy und schickte Jogi Löw eine inzwischen berühmte SMS mit den Worten: «Wir sind aufgefordert, mit der Zeit zu gehen und die Idee zur Seite zu legen.»

Halten auch Sie nicht krampfhaft an alten Konzepten fest, und streben Sie stattdessen nach Resilienz. Entwickeln Sie einen Plan B. Am besten noch einen Plan C dazu. Sollten Sie Investmentbanker sein, machen Sie doch nebenbei eine Ausbildung zum Bauchtänzer! Damit überstehen Sie die nächste Finanzkrise wesentlich besser als Ihre Kollegen, die ihr gesamtes Leben auf eine Karte setzen.

EHRLICHKEIT

Ehrlich zu sein ist schwer. Vor allem zu sich selbst. Vor etwa zehn Jahren schrieb die Autorin Rhonda Byrne das Buch «The Secret». Ein esoterisch angehauchtes Werk, das sich mit dem Geheimnis von Erfolg, Glück und dem ganzen Trallala beschäftigt. Es verkaufte sich millionenfach auf der ganzen Welt. Byrne macht ihren Lesern weis, sie müssten nur möglichst fest und positiv an ihre Ziele glauben, dann werde es schon laufen. Das Problem an der Sache: Im Leben gehen eine Menge Dinge den Bach runter. Man verliert seinen Job, die Tochter will Germanistik studieren, und der blöde Knubbel am Hals ist definitiv kein Mitesser. «Think positive», sagt Rhonda Byrne. Zumindest bei der Diagnose des Knubbels behält sie recht.

Glück, Zufriedenheit und Erfolg lassen sich nicht mit ein paar allgemeinen Grundsätzen aus der Selbsthilfeliteratur erreichen. Wer das glaubt, lügt sich in die eigene Tasche. Der oft genannte Satz «Sei einfach du selbst» ist ein guter Rat für maximal fünf Prozent aller Menschen.

Daher sollten wir uns mit diesen Sprüchen nicht ständig selbst ins Bockshorn jagen. Wer darauf hofft, es gäbe eine Formel für Glück und Erfolg, macht sich etwas vor. Er packt das Leben in zuckersüße Watte. Irgendwann schlägt das Pendel zurück. Was ist, wenn wir uns in Selbstfindungskursen gar nicht selbst finden können? Oder noch schlimmer: wenn wir es tun und am Ende maßlos von uns enttäuscht sind? (Um Gottes willen! SO bin ich WIRKLICH?) Oder wenn das Streben nach Erfolg einen zu hohen Preis hat? Nämlich die Tatsache, gerade keinen zu haben?

Die Wahrheit ist: Wir sind nicht immer unseres Glückes Schmied. Man kann alles richtig machen und trotzdem auf die Nase fallen. Der *Paypal*-Gründer Peter Thiel analysiert seit Jahren akribisch die Geschäftsideen junger Startups. Wenn er das Gefühl hat, dass alles passt, investiert er in sie. Dennoch liegt seine Erfolgsquote bei weniger als zehn Prozent. Das erinnert ein bisschen an die Suche nach dem Traumpartner. Mit einem klaren Blick und zunehmender Erfahrung kann man zwar vorab die größten Dumpfbacken aussortieren, aber von denen, die übrig bleiben, bei denen auch *Parship* sagt: «Glückwunsch! Alle entscheidenden Kriterien passen!» – bei denen funkt es trotzdem nur zu einem Bruchteil.

Diese Unberechenbarkeiten auszuhalten ist nicht leicht. Aber es wird umso schwerer, je mehr man sie ignoriert und glaubt, durch das sture Befolgen dubioser Erfolgstipps tatsächlich Erfolg zu haben. Deswegen plädiere ich statt für die etwas naive Think-positive-Strategie lieber für die Pizza-Margherita-Taktik: Erwarte nichts, dann wirst du im Zweifel positiv überrascht.

DANKBARKEIT

Im Englischen gibt es die schöne Redewendung «Don't complain, don't explain». Nöl nicht rum und erkläre der Welt nicht, warum nicht du, sondern die Flachpfeife vom Büro gegenüber den Abteilungsleiterposten bekommen hat. Vor allem nerve nicht deine Frau damit, wie du den *Laden* «so richtig auf Vordermann» brächtest, wenn man dich nur ließe. Sie kann nichts dafür, dass man dich nicht lässt. Es sei denn, sie ist deine Chefin.

Es ist zwar ein abgedroschenes Klischee, aber wir Deutschen meckern tatsächlich gerne und ausgiebig. Weil wir uns tendenziell ungerecht behandelt fühlen. Vom System generell, von der Politik und überhaupt. Wir neigen dazu, für alles, was uns nicht passt, einen Schuldigen zu suchen: Angela Merkel, unseren Chef oder gerne auch Mutti und Vati, die einen nie gefördert haben.

Besonders im politischen Kabarett kriegen wir pointenreich erzählt, wie viele in diesem Land zu kurz kommen (eigentlich alle, bis auf Banker, Topmanager und CDU-Politiker). Dann steht ein wütender Mensch auf der Bühne und macht uns klar, dass wir alle der Spielball von «denen da oben» sind. Mir ist das als Zuschauer jedes Mal ein bisschen peinlich. Ich stelle mir vor, *wie* ich einer indischen Turnschuhnäherin erklären muss, dass wir es hier untragbar finden, mit 65 noch zu arbeiten. Wie würde wohl eine genitalverstümmelte, vollverschleierte Frau in Ägypten reagieren, wenn sie erführe, dass wir es für diskriminierend halten, wenn die Frauenquote für DAX-Konzerne nicht eingehalten wird?

Zugegebenermaßen hat das Abwälzen von Verantwortung und die Suche nach einem Prügelknaben eine lange Historie. «Die Ernte ist schlecht, das Wetter ist hundsmiserabel – die Götter hassen uns! Irgendeiner muss schuld daran sein. Hey, da kommt Karlheinz. Lasst ihn uns umbringen.» So lief das schon vor Tausenden von Jahren.

Inzwischen geht es uns nicht nur besser, es geht uns gut. Verdammt gut. Wir leben in einem der freiesten Länder dieser Erde und haben eine Armutsquote, um die uns die gesamte Welt beneidet. Trotzdem sind viele der Ansicht, das Leben schuldete ihnen etwas.

Auch ich ertappe mich manchmal dabei. Aber dann denke ich an den Felix-Burda-Award und an Petra Thomas. Sie hätte wirklich Grund gehabt, mit ihrem Schicksal zu hadern. Hat sie aber nicht! Was gibt uns, die wir fast alle mehr Glück haben als sie, die Berechtigung dazu?

Aufgrund eines unglaublich glücklichen Zufalls sind wir genau zu dieser Zeit an genau diesem Ort geboren worden. Ganz ehrlich, es hätte schlimmer kommen können. Deswegen finde ich, ein einfaches «Danke schön, Schicksal!» wäre an dieser Stelle angemessen.

Wäre von Anfang an klar gewesen, dass Deutschland 2014 die WM gewinnt, wären die sechs Wochen in Brasilien für alle Beteiligten eine todlangweilige Veranstaltung gewesen. Das Prinzip der Unberechenbarkeit macht unserer Leben spannend, reizvoll und lebenswert. Es lässt uns zittern und bangen, lässt uns verzweifeln und hoffen. Gerade weil die Zukunft ungewiss ist, beschert sie uns die aufregendsten und schönsten Momente. So gesehen ist Fußball eine wunderbare Metapher für das Leben.

Selbstverständlich ist es sinnvoll, sich anzustrengen, zu planen, kreativ und offen für Neues zu sein – aber all das ist eben doch keine Garantie für Erfolg. So ist es auch mit diesem Buch. Die vielen detaillierten Berechnungen, die Sie in allen Kapiteln verteilt fanden, machen das Buch möglicherweise unterhaltsamer, dennoch wird dadurch sein Erfolg keineswegs berechenbarer. Zwar wissen wir exakt, wie viel Druckerfarbe für jedes Exemplar benutzt wurde, kennen die genaue Zahl der recherchierten Fachbücher und haben sogar einen statistischen Überblick über die enthaltenen Pointen – doch ob «Unberechenbar» als Ladenhüter endet oder sich wie geschnitten Brot verkaufen wird, lässt sich nicht voraussagen. Und deswegen sollte man sich nach einem so umfangreichen Projekt lieber locker machen. Denn Erfolg ist wie ein Furz: Wenn du ihn erzwingst, geht's meistens in die Hose.

Danke schön, Jogi! Danke schön, Schicksal! Und danke Ihnen fürs Lesen ...

ANHANG

FÜR ALLE, DIE ES GENAU WISSEN WOLLEN

ZEITSTRAHL

	Zeitpunkt	Ereignis
BÄM!	vor 13,8 Mrd. Jahren	Urknall
	vor 13,3 Mrd. Jahren	Galaxien
	vor 4,57 Mrd. Jahren	Sonne
	vor 4,53 Mrd. Jahren	Mond
	vor 4 Mrd. Jahren	Sauerstoff auf der Erde
	vor 3,8 Mrd. Jahren	Erste Moleküle entstehen
	vor 3,7 Mrd. Jahren	Älteste geologische Hinweise auf Leben

	vor 2 Mrd. Jahren	Die ersten Zellen mit Kern
	vor 1,2 Mrd. Jahren	Die Mehrzeller kommen
	vor 900 Mio. Jahren	Geschlechtliche Vermehrung. Now we are talking …
	vor 420 Mio. Jahren	Landpflanzen (obwohl Holland noch nicht existierte)
	vor 345 Mio. Jahren	Erste Insekten
	vor 230–65 Mio. Jahren	Die Herrschaft der Dinosaurier
	vor 200 Mio. Jahren	Archäopteryx (Urvogel)
	vor 65 Mio. Jahren	Meteoriteneinschlag: Die Herrschaft der Säugetiere beginnt
	vor 4 Mio. Jahren	Erste Hominiden «Lucy in Afrika» (Jacqueline und Chantal folgten)
	vor 1,8 Mio. Jahren	Aufrechter Gang (Erfindung von Rückenschmerzen)

ANHANG

	vor 1,5 Mio. Jahren	Faustkeil
	vor 1 Mio. Jahren	Entdeckung des Feuers: Beginn der Grillsaison
	vor 400 000 Jahren	Speer
	vor 200 000 Jahren	Homo sapiens wird Weltmarktführer
	vor 180 000 Jahren	Messer
	vor 130 000 Jahren	Neandertaler – größter Produktflop in der Primatengeschichte
	vor 60 000 Jahren	Hammer
	vor 80 000 Jahren	Klebstoff
	vor 32 000 Jahren	Feuerzeug
	vor 30 000 Jahren	Erster Dildo; Batterien noch nicht mitgeliefert
	vor 20 000 Jahren	Pfeil und Bogen

	vor 8000 Jahren	Boot
	6000 v. Chr.	Webstuhl
	4200 v. Chr.	Hieroglyphen
	4000 v. Chr.	Bier
	3650 v. Chr.	Rad
	2600 v. Chr.	Bau der Pyramiden
	2500 v. Chr.	Säge
	753 v. Chr.	Rom schlüpft aus dem Ei
	700 v. Chr.	Geld
	550 v. Chr.	Flaschenzug
	300 v. Chr.	Zahnrad
	214 v. Chr.	Chinesische Mauer

ANHANG

	200 v. Chr.	Papier
	620	Erster Porzellanladen in China; noch ohne Elefant
	800	Windmühle: Beginn der Energiewende
	900	Rakete
	1187	Kompass
	1253	Amorbach entsteht
	1280	Uhr
	1300	Brille
	ca. 1300	Kanone
	1345	Pestepidemie in Europa
	1458	Buchdruck
	1492	Entdeckung Amerikas

	1507	Kopernikus: heliozentrisches Weltbild … the church is not amused
	1517	Luther Thesen
	1564	Kondom
	1590	Mikroskop
	1596	Wasserklosett
	1600	Äppelwoi in Frankfurt
	1677	Waschmaschine
	1709	Heißluftballon
	1752	Blitzableiter
	1769	Dampfmaschine
	1782	Orgel in Amorbach
	1791	Brandenburger Tor

	1804	Eisenbahn
	1810	Konservendose
	1817	Fahrrad
	1876	Telefon
	1853	Spritze
	1859	Evolutionstheorie
	1879	Glühlampe
	1886	Auto
	1895	Bohrmaschine
	1916	Allgemeine Relativitätstheorie
	1922	Gummibärchen
	1925	Fernseher

	1928	Penicillin
	1940	Nylonstrumpfhose
	1945	Atombombe
	1949	Strichcode
	1957	Satellit
	1962	Minirock
	1968	Vince Ebert
	1969	Mondlandung
	1980	CD
	1983	Internet
	1998	Viagra
	2004	Dschungelcamp

	2007	iPhone
	2012	Higgs-Boson
	2016	Unberechenbar erscheint

DANKSAGUNG

EIN KOPF DENKT
SELTEN ALLEIN

Bücherschreiben ähnelt dem Kinderkriegen. Die Entscheidung, es tatsächlich anzugehen, fällt meist nach ein paar Gläsern Wein in euphorischer Stimmung. Am Morgen danach wird einem klar, was das bedeutet: monatelang schwanger zu gehen mit einem Projekt, das einem in regelmäßigen Abständen Übelkeit verursacht. Kurz vor dem errechneten Enddatum möchte man das «Baby» einfach nur in den Händen halten. Aber die letzte Hürde ist schmerzhaft, anstrengend und scheint ewig zu dauern. Einziger Unterschied zur echten Geburt: Beim Buch wird erst nach der eigentlichen Niederkunft gepresst.

Glücklicherweise habe ich das große Glück, ein phantastisches Team von prä- und postnatalen Experten, fürsorglichen Ratgebern und erfahrenen Geburtshelfern um mich zu haben.

Allen voran meine Managerin Susanne, die seit nunmehr 14 Jahren meine beruflichen Geschicke lenkt. Liebe Susanne, ich danke dir, dass du nie stehenbleibst, immer offen für Neues bist, mich vorantreibst, inspirierst, forderst, auf gute Ideen bringst und jede noch so große Herausforderung furchtlos und optimistisch angehst.

Eine der wichtigsten Personen bei diesem Projekt war wieder Andy Hartard: die Meisterin der Recherche, die Königin der Struktur, der Advocatus Diaboli des Inhalts. Ohne dich, Andy, würde ich immer noch am Vorwort rumeiern.

Ich hoffe, Sie haben über die Grafiken und Schaubilder im Buch geschmunzelt. Dafür sind die großartige Änni Perner und ihr Team verantwortlich, die mit ihrem Design dem Buch einen anderen Wert gegeben haben.

Obwohl das Buch «Unberechenbar» heißt, versucht mein Team alles, es zu einem berechenbaren Erfolg zu machen. Genannt sei hier besonders Sarah Ann Schneider, die die Presse- und Öffentlichkeitsarbeit steuert und dazu unermüdlich Zeitungen, Talkshow-Redaktionen und Radiosender kontaktiert.

Dies ist mein inzwischen viertes Buch. Und es ist das vierte Buch, das bei dem besten Verlag erscheint, den ich mir vorstellen kann. Als ich Barbara Laugwitz, der Verlegerin von *Rowohlt*, zum ersten Mal von der Buchidee erzählte, war sie spontan Feuer und Flamme. Liebe Barbara, ich weiß, dass deine Begeisterung und dein Vertrauen in meine Arbeit unschätzbar sind!

Es ist auch das vierte Buch, das meine Lektorin Julia Vorrath mit Akribie, wertvollen Kommentaren und mit wohlwollender Großzügigkeit, was meine mitunter wüsten Satzkonstruktionen angeht, begleitete (aber für einen geborenen Odenwälder, der ohne Konjunktive, Relativsätze und die zweite Lautverschiebung aufgewachsen ist, schlage ich mich ganz gut). Danke auch dir, Julia, für die vielen Jahre, die wir jetzt schon zusammen auf dem Buckel haben.

Wenn ich ein Buch schreibe, dann schließe ich mich nicht monatelang im Keller ein, sondern toure parallel mit meinen Shows durch die Lande. Dass das alles reibungslos funktioniert (und ich dabei nicht durchdrehe), dafür sorgt das Spitzen-Team von *Herbert Management:* danke euch allen, Walli, Tim, Julia, Christian, Ben, Peter und Yvonne!

In diesem Buch habe ich – mehr als in meinen vorherigen – sehr viel über mein persönliches Leben preisgegeben. Und da bleibt es natürlich nicht aus, über Menschen zu schreiben, die mich auf meinem Weg begleitet haben. Ich hoffe, lieber Jürgen, du bist nicht allzu sauer, dass ich dich mit deiner Controlling-Manie durch den Kakao gezogen habe. Gleiches gilt für dich und deine vergötterten Bremsscheiben, lieber Frank. Und natürlich: danke an dich, geliebte Valerie. Danke, dass du vor zehn Jahren in mein Leben getreten bist. In dieser Zeit ist dir gelungen, mich für Dinge zu begeistern, die mir vorher vollkommen unbekannt, unvernünftig und suspekt waren: die Liebe zum Theater, zum Reisen, zu Wien und Amerika und natürlich – die Liebe zu Katzen! Kurz: Du hast aus einem vernunftgesteuerten, leicht autistischen Naturwissenschaftler einen romantischen, emotionalen Narren gemacht. Ohne dich wäre das Leben zwar logisch, vernünftig und wahrscheinlich auch wesentlich berechenbarer – aber so viel weniger lustig, aufregend und tief. Und das Tollste dabei: The best is yet to come ...

QUELLEN

GIB PLAGIATS-JÄGERN KEINE CHANCE

ALI, AYAAN HIRSI (2007): *Mein Leben, meine Freiheit: Die Autobiographie*, München.

AMBROSE, STANLEY H. (1998): *Late Pleistocene human population bottlenecks, volcanic winter, and differentiation of modern humans,* Journal of Human Evolution. Band 34, Nr. 6, S. 623–651, Oxford.

AMNESTY INTERNATIONAL UK (2015): Live Q&A: Edward Snowden, www.youtube.com/watch?v=lhKXTVc5h4A, übertragen am 02.06.2015, Einsichtnahme: Juni 2015.

ÄRZTEBLATT ONLINE (2014): Gesundheitsausgaben in Deutschland erstmals über 300 Milliarden Euro, www.aerzteblatt.de/nachrichten/58251/Gesundheitsausgaben-in-Deutschland-erstmals-ueber-300-MilliardenEuro, 7. April 2014, Einsichtnahme: Mai 2015.

BUND, KERSTIN (2014): Generation Y: Wir sind jung …, in: DIE ZEIT, 10/2014.

BUNDESMINISTERIUM FÜR INNERES, REPUBLIK ÖSTERREICH (2005): Geografische Tatortanalyse, Öffentliche Sicherheit 5–6.

BUNDESZENTRALE FÜR POLITISCHE BILDUNG (2012): Die soziale Situation in Deutschland, Geschiedene Ehen nach Ehedauer, www.bpb.de/wissen/NHXRDM,0,0,Geschiedene_Ehen_nach_Ehedauer.html, Einsichtnahme: Mai 2015.

BYRNE, RHONDA (2007): *The Secret – Das Geheimnis*, München.

CARR, L., ET AL. (2003): *Neural mechanisms of empathy in humans:*

A relay from neural systems for imitation to limbic areas, Proceedings of the National Academy of Sciences, Vol. 100 no. 9, 5497–5502.

CHABRIS, C./SIMONS, D. (2011): *The Invisible Gorilla: How Our Intuitions Deceive*, New York.

CLARK, A. E., ED DIENER, Y., RICHARD E. (2008): *Lags and Leads in Life Satisfaction: A Test of the Baseline Hypothesis*, Economic Journal 118, Nr. 529, F222–F243.

DEATON, A., STONE, A. (2014): *Evaluative and hedonic wellbeing among those with and without children at home*, Proceedings of the National Academy of Sciences, Vol. 111 no. 4, 1328–1333.

DE GEUS, A., KLOSTERMANN, M. (1998): *Jenseits der Ökonomie. Die Verantwortung der Unternehmen*. Stuttgart.

DIAMOND, JARED (1992): *The Rise And Fall Of The Third Chimpanzee: Evolution and Human Life*, London.

DIETRICH, A., KANSO R. (2010): *A Review of EEG, ERP, and Neuroimaging Studies of Creativity and Insight*, Psychological Bulletin 09, 136(5), 822–848.

DUTTON, KEVIN (2013): *Psychopathen: Was man von Heiligen, Anwälten und Serienmördern lernen kann*, München.

EHRLICH, PAUL R. (1968): *Die Bevölkerungsbombe*, München.

ERICSSON, A., ET AL. (1993): *The Role of Deliberate Practice in the Acquisition of Expert Performance*, Psychological Review, Vol. 100, No. 3, 363–406.

FRESE, M., KEITH, N. (2015): *Action errors, error management, and learning in organizations,* Annual Review of Psychology, 66, 661–687, 2015.

FRESE, M., TSCHISCHKA, A. (2014): *Fehler sind nicht falsch, Report Psychologie*, 39(9), 338–340.

GFK-VEREIN (2014): *Selbstoptimierung noch kein Volkssport: Umfrage des GfK Vereins zum Thema Selbstoptimierung*, Pressemitteilung, Nürnberg.

GLADWELL, MALCOM (2009): *Überflieger: Warum manche Menschen erfolgreich sind – und andere nicht*, Frankfurt.

GOSLING, SAMUEL (2008): *Snoop. What Your Stuff Says About You*, Basic Books, New York.

GOTTMAN, JOHN (2000): *The Seven Principles For Making Marriage Work*, New York.

HAMILTON, WILLIAM D. (1964): *The Genetical Evolution of Social Behaviour*, Journal of Theoretical Biology 7, 1–52.

HANNAN, PATRICK J. (2006): *Serendipity, Luck, and Wisdom in Research*. New York.

HARFORD, TIM (2012): *Trial and Error: Warum nur Niederlagen zum Erfolg führen*, Reinbek bei Hamburg.

HARFORD, TIM (2014): *Big data: are we making a big mistake?* Financial Times online, http://www.ft.com/cms/s/2/21a6e7d8-b479-11e3-a09a-00144feabdc0.html#axzz3GJcCElI1. Einsichtnahme: Mai 2015.

HARTER, J. K., GURLEY, V. F. (2008): *Measuring Well-Being in the United States*, Association for Psychological Science, Vol. 21, No. 8.

IBARRA, HERMINIA (2004): *Working Identity: Unconventional Strategies for Reinventing Your Career*, Harvard Business Review Press, New York.

IDEEOLOGEN (2011): *Innovationsstudie 2011*, http://innovationsmanagement.ideeologen.de/innovationskultur/studie-innovation, Einsichtnahme: Mai 2015.

JOBS, STEVE (2011): *Connecting the dots*, https://www.youtube.com/watch?v=sr07uR75Qk0, hochgeladen am 18.10.2011, Einsichtnahme: Mai 2015.

JOHNSON, D. P., FOWLER, J. H. (2011): *The evolution of overconfidence*, Nature, 477, 317–320.

KELLEY, D., BOSMA, N. S., AMORÓS, J. E. (2011): *Global Entrepreneurship Monitor 2010*, Executive Report, Utrecht.

KLAUSNITZER, RUDI (2013): *Das Ende des Zufalls: Wie Big Data uns und unser Leben vorhersagbar macht*, Salzburg.

KLEIN, THOMAS (2000): *Der Trugschluss von der Liebe, Ruperto Carola*, Ausgabe 1/2000.

KRÄMER, WALTER (2009): *So lügt man mit Statistik*, München.

KRUGER, J., DUNNING, D. (1999): *Unskilled and unaware of it. How difficulties in recognizing one's own incompetence lead to inflated self-*

assessments, Journal of Personality and Social Psychology. Band 77, Nr. 6, S. 1121–1134.

LAND, GEORGE (1998): *Breakpoint and Beyond: Mastering the Future Today*, Scottsdale.

LEHRER, JONAH (2009): *How We Decide*, Boston, New York.

LEVITT, STEPHEN D. (2010): *SuperFreakonomics – Nichts ist so wie es scheint: Über Erd-Abkühlung, patriotische Prostituierte und warum Selbstmord-Attentäter eine Lebensversicherung abschließen sollten*, München.

MAINZER, KLAUS (2014): *Die Berechnung der Welt: Von der Weltformel zu Big Data*, Stuttgart.

MARKOFF, JOHN (2012): *How Many Computers to Identify a Cat?* New York Times online, http://www.nytimes.com/2012/06/26/technology/in-a-big-network-ofcomputers-evidence-of-machine-learning.html, 25. 06. 2012, Einsichtnahme: Mai 2015.

MAYNARD SMITH, J. (1964): *Group selection and kin selection*, Nature 200: 1145–1147, 1964.

MEADOWS, D., MEADOWS, D. H., ZAHN, E., MILLING, P. (1972): *Die Grenzen des Wachstums. Bericht des Club of Rome zur Lage der Menschheit*, München.

MISCHEL, WALTER (2015): *Der Marshmallow-Test: Willensstärke, Belohnungsaufschub und die Entwicklung der Persönlichkeit*, München.

NEMETH, C. J., ET AL. (2004): *The liberating role of conflict in group creativity: A study in two countries*, European Journal of Social Psychology 34, 365–374.

NILSSON, D. E., PELGER, S. (1994): *A Pessimistic Estimate of the Time Required for an Eye to Evolve*, Royal Society Publishing, Volume: 256 Issue: 1345, 22. April.

OFFENBERGER, MONIKA (2014): *Intelligenz im Tierreich. Was im Kopf steckt*, Süddeutsche online, www.sueddeutsche.de/wissen/intelligenz-im-tierreich-was-im-kopf-steckt-1.1850424 Einsichtnahme: Juni 2015.

OPPENHEIMER, CLIVE (2011): *Eruptions that Shook the World*, London, New York.

PETERS, THOMAS, J. (1982): *Auf der Suche nach Spitzenleistungen. Was man von den bestgeführten US-Unternehmen lernen kann.* München.

PINKER, STEVEN (2011): *Gewalt: Eine neue Geschichte der Menschheit,* Frankfurt.

RIFKIN, JEREMY (2010): *Die empathische Zivilisation: Wege zu einem globalen Bewusstsein,* Frankfurt.

SCHACHTER, S., SINGER, J. E. (1962): *Cognitive, Social, and Physiological Determinants of Emotional States,* Psychology Review, Vol. 69(5), 379–399.

SCHNURR, EVA-MARIA (2012): *Partnersuche: Spiele, und du wirst finden,* Spiegel Wissen: Liebe – Was Paare zusammenhält, Heft 2.

SILVER, NATE (2013): *Die Berechnung der Zukunft: Warum die meisten Prognosen falsch sind und manche trotzdem zutreffen,* München.

STÜVEL, HEIKE (2009): *Je gleicher die Partner, desto glücklicher das Paar,* WELT online, www.welt.de/gesundheit/psychologie/article3616398/Je-gleicher-die-Partner-desto-gluecklicher-das-Paar.html, Einsichtnahme: Juni 2015.

TALEB, NASSIM NICHOLAS (2007): *Der Schwarze Schwan: Die Macht höchst unwahrscheinlicher Ereignisse,* München.

TETLOCK, PHILLIP (2006): *Expert Political Judgment: How Good Is It? How Can We Know?,* University Press Group Ltd, New Ed.

THOMPSON, SUZANNE C. (1999): *Illusions of Control: How We Overestimate Our Personal Influence,* Current Directions in Psychological Science (Association for Psychological Science) 8 (6): 187–190, 1999.

TOMASELLO, MICHAEL (2014): *Eine Naturgeschichte des menschlichen Denkens,* Berlin.

DERS. (2010): *Warum wir kooperieren.* Berlin.

TRIVERS, ROBERT (2013): *Betrug und Selbstbetrug. Wie wir uns selbst und andere erfolgreich belügen,* Berlin.

VERSEL, NEIL (2013): *Phone detection of Parkinson's approaches 99 percent accuracy,* mobilhealth News, http://mobihealthnews.com/20068/phone-detection-of-parkinsons-approaches-99-percent-accurancy, Einsichtnahme: Juli 2015.

VINCE, GAIA (2005): *Voters give thumbs-down to baby-faced politicians,* www.newscientist.com/article/dn7502-voters-give-thumbs-down-to-baby-faced-politicians/#.VZOPbUbtgxk, Einsichtnahme: Mai 2015.

VODAFONE STIFTUNG DEUTSCHLAND gGMBH (Hrsg. 2014): *Studie des Instituts für Demoskopie Allensbach im Auftrag der Vodafone Stiftung Deutschland: Schule, und dann? Herausforderungen bei der Berufsorientierung von Schülern in Deutschland.*

WEBER, CHRISTIAN (2014): *Google versagt bei Grippe-Vorhersagen*, www.sueddeutsche.de/wissen/big-data-google-versagt-bei-grippe-vorhersagen-1.1912226, 14.03.2014, Einsichtnahme: Mai 2015.

WEST, GEOFFREY (2011): *The surprising math of cities and corporations*, TEDGlobal, www.ted.com/talks/geoffrey_west_the_surprising_math_of_cities_and_corporations 2011, Einsichtnahme: Mai 2015.

WILHELM, H., WILLMROTH, J. (2014): *Psychologie des Spendens. Mit Herz – aber ohne Verstand*, www.sueddeutsche.de/geld/psychologie-des-spendens-mit-herz-aber-ohne-verstand-1.2231093, Einsichtnahme: Mai 2015.

XUEA, ZHENGSHENG, ET AL. (2015): *The Bamboo-Eating Giant Panda Harbors a Carnivore-Like Gut Microbiota, with Excessive Seasonal Variations*, American Society for Microbiology online, http://mbio.asm.org/content/6/3/e00022-15.full, Einsichtnahme: Mai 2015.

ZANKL, HEINRICH (2002): *Die Launen des Zufalls. Wissenschaftliche Entdeckungen von Archimedes bis heute*, Darmstadt.

ŻELAŹNIEWICZ, A., PAWŁOWSKI, B. (2015): *Disgust in pregnancy and fetus sex*. Longitudinal study. Physiology & Behavior, Volume 139, S. 177–181, 02/2015.